求是书系·传播学
Communication

ew Perspectives
on Media Ecology

媒介生态学新论

邵培仁　著

ZHEJIANG UNIVERSITY PRESS
浙江大学出版社
·杭州·

图书在版编目（CIP）数据

媒介生态学新论 / 邵培仁著. —杭州：浙江大学
出版社，2022.10（2023.6 重印）
ISBN 978-7-308-22631-8

Ⅰ.①媒… Ⅱ.①邵… Ⅲ.①传播媒介－研究 Ⅳ.
①G206.2

中国版本图书馆 CIP 数据核字（2022）第 082561 号

媒介生态学新论

邵培仁　著

责任编辑	包灵灵	
责任校对	陆雅娟	
封面设计	周　灵	
出版发行	浙江大学出版社	
	（杭州天目山路 148 号　邮政编码 310007）	
	（网址：http://www.zjupress.com）	
排　　版	浙江时代出版服务有限公司	
印　　刷	浙江新华数码印务有限公司	
开　　本	787mm×960mm　1/16	
印　　张	18	
字　　数	330 千	
版 印 次	2022 年 10 月第 1 版　2023 年 6 月第 2 次印刷	
书　　号	ISBN 978-7-308-22631-8	
定　　价	68.00 元	

目 录
CONTENTS

第一章

媒介生态学研究的新视野

"在意识形态的天空,生态主义是一颗新星。"①这是布赖恩·巴克斯特(Brian Baxter)在他的生态政治学著作中提笔写下的第一句话。用生态学原理与方法来研究当代媒介现象和传播问题,被西方传播学者认为是所有社会科学研究方法中最行之有效的方法之一,其科学性和合理性甚至超过了辩证唯物主义方法。

从理论渊源上来说,媒介生态学显然是媒介学与生态学进行学科交叉的产物,或者说是从生态学角度对于传播学和媒介学问题进行重新审视、重新认识的结果。媒介生态研究已经成为传播学研究的新方向,从国外到国内许多的学者都把目光投向了这样一个比较新颖的研究领域。当前的媒介生态研究已经几乎渗透到传播学研究的方方面面,包括方法论、传播者、媒介组织、信息传播与接受、受众与文化、媒介政治、媒介管理等等。因此,媒介生态研究不仅从总体上提供一种全新的研究方法和一种全新的视野,而且在传播学研究的各个方向都提供了有益的启示和创造性的成果。

但是,就当前的研究成果来看,媒介生态研究还比较散乱,缺乏焦点,没有形成理论体系,也存在争议,还不是一种学问或一门科学。因此,有必要在当前研究成果基础上对媒介生态研究进行进一步的理论阐述和知识梳理,真正建立起媒介生态学基础理论框架,并使研究进一步深化。

第一节　媒介生态学研究体系

"生态运动的兴起使我们进一步意识到,所有的事物都是相互联系着的,我们应当同我们的总体环境保持某种和谐。"②媒介作为社会的一个子系统,

---

① 巴克斯特.生态主义导论[M].曾建平,译.重庆:重庆出版社,2007:1.
② 格里芬.后现代精神[M].王成兵,译.北京:中央编译出版社,1998:227.

其人与各构成要素之间、媒介与媒介之间、媒介与外部环境之间也存在着密切的互动关系并保持某种和谐，从而构成了媒介生态的基本样貌和研究的主要对象。

一、媒介生态学的定义

1. 生态与生态学

在汉语中，"生态"一词最早出现在南朝梁简文帝《筝赋》："佳人采掇，动容生态。"意指显露美好的姿态或展示生动的意态。基于生态学的观点，生态是指一切生物的"生命态"和"生存态"，以及生物之间、生物与环境之间的关系。生命态是指生态系统相对稳定的"平衡态"，生存态是指生态系统的"自组织""自维生"的"循环态"活动，良好的平衡态和循环态是生态系统所追求的最高价值。在英语中，"生态"（ecology）一词源于希腊语"oikos"，原意是"家""家园"。这一词语的含义逐步延伸、扩展，"家"被用来指自然界，最终成为对所有有机体相互之间以及它们与其生物和物理环境之间关系的研究[①]，成为一个生物学或者说自然科学领域的概念。从辞源学的角度看，生态学（ecology）源于希腊语"oikos＋logos"（原意为"学科"或"讨论"）。oiko logos的意思是"对（生物）栖息场所的研究"。

专门研究生态现象的生态学出现于 1866 年。在这一年，德国动物学家恩斯特·海克尔（Ernst Haeckel）率先提出"生态学"（德文 Oikologie）一词，并将其定义为"生态学是研究生物与其环境相互关系的科学"[②]。他所指的环境包括生物环境和非生物环境两类。正是在这种意义上，生态学被人们称为"环境的生物学"。由于生态学与经济学（economics）具有同一词源，在词义上有共同点，因此生态学又被人们称为"自然经济学"。[③]

尽管后来又有许多生物学家对生态学的概念从不同角度进行探讨，但均未能超过恩斯特·海克尔的定义范围。因此，我们还是同意这样的定义，所谓生态学，就是研究生物和人与环境之间相互关系及其互动规律，研究自然生态系统和人类生态系统的结构和功能的一门科学，研究范围包括个体、种

---

① 转引自：邵培仁，等.媒介生态学：媒介作为绿色生态的研究[M].北京：中国传媒大学出版社，2008：2.
② 杨忠直.企业生态学引论[M].北京：科学出版社，2003：1.
③ 卢升高，吕军.环境生态学[M].杭州：浙江大学出版社，2004：1.

群、群落、生态系统以及生物圈等层次。这一定义的好处是,将人放在了中心的位置,将自然生态系统与人类生态系统同等对待,强调各种生态因子之间的整体互动和平衡发展。

现代生态学已不仅仅是一门研究生物与环境相互关系的学科,更是已成为指导人类行为准则的综合性学科,是研究生物存在条件、生物及其群体与环境相互作用的过程及其规律的科学,其目的是指导人与生物圈(即自然、资源与环境)的发展。

自然是无数生命循环的起点和终点,也是生命循环的基础之一。女娲是中国上古神话中的创世女神,也被尊奉为人类之母。她用泥土造人的传说,既反映了人与自然的生命依存关系,也说明了人类的繁殖机制也是一种生态机制。说到底,人只是地球之壤,自然之子。人对待自然的最佳对策,就是低下那高昂的头,尊重自然,顺应自然,而实际上以往人类对自然的态度和做法不仅倍受质疑,而且让人担心。"这个担心就是,人类处在地球的'第六个灭绝期',它完全可以与人类物种出现之前由千万年自然过程导致的偶然产生相媲美。"①我们希望这种担心永远不会成为现实,但人对待自然的态度确实已经到了非改变不可的程度了。

同是地球之壤、自然之子,与男性相比,女性与自然似乎是天然的盟友。西美尔曾说过:"在女人身上,物种性东西与个体性东西是共生的。如果说,女人比男人更紧密、更深刻地同自然幽暗的原初根据(urgrund)联系在一起,女人最本质、最富个体性的东西同样比男人更强烈地扎根于最自然、最普遍的保障类型统一的功能。"②芒福德认为,女性的繁殖功能也是一种生态功能。他说:"对于妇女而言,柔软的内在器官是她生命的中心,不管是幼儿还是成人,她的手和脚的运动能力都要比屈伸和拥抱的能力差。"如果说缸、蓄水池、箱柜、谷仓、壳仓、房子、沟渠、村庄等"容器"是女性性状特征的延伸,那么城市则是"母性的拥抱"(maternal enclosure)、"容器的容器"(a container of container)。③ 因此,如果说军事学、政治学、管理学、物理学是"男性的学科",那么生态学、艺术学和文学则是"女性的学科"。甚至还有学者认为,妇女的独特"关怀"方法使她们更适合于担任"非人类存在物的道德关怀的看护者"

① 巴克斯特. 生态主义导论[M]. 曾建平,译. 重庆:重庆出版社,2007:2.
② 西美尔. 金钱、性别、现代生活风格[M]. 欣仁明,译. 上海:学林出版社,2000:8.
③ Mumford, L. *The City in History: Its Origins, Its Transformations, and Its Prospects*[M]. New York: Harcourt and World, 1961: 15-16.

的角色。"很明显,从审视那些社会的性别作用来看,无论是男人还是女人,都被要求去发展对待非人类存在物的相似态度——关怀与保护。"①总之,生态学不仅仅是一门富有魅力的"女性的学科",它还将成为 21 世纪世界范围内的热门话题和价值体系。

生态学由生物生态学转向人类生态学再转向人文生态学,这是学科发展的必然趋势。特别是到了 20 世纪初,人类生存环境的恶化所带来的一系列问题使人们逐步认识到,生态问题不是仅仅靠生物学或自然科学就能解决的,生态也绝不仅仅是一个生物学或自然科学的概念,它还有更为丰富的内涵。于是,从 20 世纪 40 年代起,众多学科包括人类学、文化学、社会学乃至哲学、神学、伦理学、政治经济学等开始逐步加入生态问题的探讨中来,生态学开始了它的"人文转向",最终出现了媒介生态学(media ecology)。

2. 媒介生态

不论是北美的媒介环境学还是中国的媒介生态学,媒介生态都不是一种原创的东西。它实际上只是一种基于系统论的思维方式,即把媒介及其所处的社会类比作一种生物圈,并按照生物系统的方式理解媒介及其环境,同时也运用了生物生态学的一些研究方法。对于媒介生态的理解有很多的表述方式,实际上每一种表述方式都希望能够接近"媒介生态"这个词的核心含义。结果在有关媒介生态的言论中,媒介生态的表述大多是一些直觉的、感悟的、混沌的、灵性的表述,是泛化的而非专业的表述,尽管它们不无精神上的聪慧与气韵。

我们也许能够在一种最朴素的意义上接近媒介生态这个概念。这样看来,媒介本身不是一种僵死的封闭的物质实体,而是一种具有"生命"特征的生机勃勃的开放系统。它通过自身的生命活力及其与社会大"生命"系统的信号和物质交流保持自己的生存、发展和相对的动态平衡,从而重建了人与自然、人与媒介、人与社会、媒介与社会之间的亲和关系。这就几乎把所有的与社会相关的各种传播活动都纳入了媒介生态的研究范畴。但是我们有一个聚焦点,这就是媒介,我们还可以进一步将其限制为社交媒介和大众传播媒介。

因此,媒介生态的中心关注点在于媒介系统与社会系统之间的互动。这

---

① 巴克斯特. 生态主义导论[M]. 曾建平,译. 重庆:重庆出版社,2007:175.

些互动不仅有媒介系统的内部要素互动,还有人与媒介、媒介与媒介、媒介与社会、社会与自然、国家与国家、区域与全球之间的互动,这些频繁复杂的整体互动关系会导致信息、能量、资源的交换、交流与共享,还有相互影响和相互建构。如同自然生态系统或社会生态系统一样,媒介是一个生命体和生态系统,也是整个社会生态系统的一部分,与其他社会生态子系统相互作用、相互竞争和相互利用,并受到政治、经济、文化、科技、国际关系等外在环境的影响,从而促使媒介生态的微观系统、中观系统同社会宏观系统保持协调和联通,通过信息、能量和资源的交换达到某种平衡与和谐。

完整的媒介生态系统包括媒介生态因子(媒介各构成要素之间、媒介之间相对平衡的结构状态)和环境因素(政治、经济等外部环境因素与媒介关联互动而达到的一种相对平衡的结构状态)两方面。媒介生态因子构成媒介微观生态,是媒介各构成要素之间、媒介之间的相互作用所产生的平衡,这种平衡能够使媒介的结构趋向完美的状态。媒介各构成要素之间、媒介之间的相互作用所产生的平衡,还要受到环境因素的制约。环境因素构成媒介宏观生态,是指政治、经济、文化等生态因子与媒介的相互制约和相互影响。从这个意义上说,媒介处在环境中,同时媒介本身也构成生产和传播环境。

因此,所谓媒介生态,我认为是指在一定社会环境中人与媒介各构成要素之间、媒介之间、媒介与外部环境之间关联互动而达到的一种相对平衡的和谐的结构状态。在这里,媒介生态所关注的是环境而不是机器,是全局和整体而不是局部和个体,是关联互动的关系而不是独立封闭的机构。自觉遵循媒介生态系统的信息、物质、能量流动规律和整体优化、互动共进、差异多样、平衡和谐、良性循环、适度调控等原则,处理好"人—媒介—智能—社会—自然"五个维度之间和媒介生态"分子—种群—集群—环境—系统"五大要素之间相互依存、相互作用、共进共演、和谐发展的整体互动关系,是物质文明、精神文明和生态文明建设以及媒介作为生态文明研究理念的题中应有之义。

媒介生态与传播生态有着紧密的联系。媒介生态系统是社会信息传播系统的枢纽,它在运行过程中所呈现出的生态状况在很大程度上决定了传播生态系统的基本形态,但是,媒介生态不能够代表传播生态版图的全貌。传播生态系统除了大众传播系统之外,还有人际传播系统、组织传播系统,比如北美的媒介环境学研究基本上就是一种传播生态、传播环境甚至是文化环境的研究。从传播作为绿色生态研究的角度来说,传播生态就是指社会信息传播系统各构成要素之间、各构成要素与其外部环境之间、社会信息传播系统与其外部环境之间关联互动而达到的一种相对平衡的结构状态。在这种意义上，媒介生态系统是传播生态系统的一个子系统，基于媒介在整个传播系统中日益表现出的主导性力量，当然是其中最重要的一个子系统。

媒介生态与生态文明的关系也十分密切。2007年党的十七大报告首次提出："要建设生态文明，基本形成节约能源、资源和保护生态环境的产业结构、增长方式、消费模式。"①2018年3月11日全国人大投票表决，通过了《中华人民共和国宪法修正案》，"生态文明"正式写入宪法。"生态文明"是继"可持续发展""和谐社会"之后又一重要概念，它极大地促进了中国学者对于媒介生态学的关注和研究，也意味着中国从国家层面确认了媒介生态学研究的重要性、必要性和合理性。生态文明是人类遵循人、自然、社会和谐发展这一客观规律而取得的物质文明与精神文明的总和。媒介既反映物质文明、承载精神文明和传播生态文明，又汇聚、融合物质文明、精神文明和生态文明，而它的载体、内容、生态则分别属于物质文明、精神文明和生态文明。生态文明的核心是以人与自然、人与人、人与社会、国与国和谐共生、友好互动、共进共演、发展繁荣为基本宗旨的社会形态，而媒介生态传播服从、服务于这一社会形态，为三大文明协调发展提供信息、知识、理论和智慧。

3. 媒介生态学

所谓媒介生态学，是指用生态学的观点和方法来探索和揭示人与媒介、智能、社会、自然五者之间的相互关系及其发展变化的本质和规律的科学。作为一门新兴的独立学科，媒介生态学是人类处理"人—媒介—智能—社会—自然"五级维度之间和媒介生态"分子—种群—集群—环境—系统"五大要素之间整体互动关系的生态智慧的结晶。它既反映了人类对媒介生态现象和媒介生态规律的漫长认识过程，也反映了人类对媒介生态经验和媒介生态知识的逐步积累和系统建构。换句话说，媒介生态学的诞生是一个长时间的缓慢的渐进的转向过程，即逐步由生物生态转向社会生态、由社会生态转向传播环境、由传播环境转向媒介生态、由单一研究转向综合研究、由依附关系转向独立地位的过程。

媒介生态学上的这种长时间的缓慢的渐进的转向过程与整个社会的转型过程互动共进、步调一致。对于媒介生态学，不论它是一个标志、一种运

---

① 国务院新闻办公室. 胡锦涛在党的十七大上的报告(全文)[EB/OL]. (2007-10-26)[2021-07-01]. http://www.scio.gov.cn/tp/Document/332591/332591_7.htm.

动,还是一种理念、一种追求,它都意味着人类学术史上的"第二次大转型",标志着人类正由"文明"向"后文明"过渡,由"学术"向"后学术"转变,由"学科"向"学环"演变。

推动这一根本性转变的原动力,不是人类对自己过去的建设成就和生活状况不满意,而是人类对自己过去的"人的形象"和"人的行为"的不满意,需要对它们进行重新思考、重新认识和重新评判。至少人在过去征服自然和争夺资源的斗争中,缺少生态考量和生命意识,有点自私、残酷、不理性和不人道。《尚书》说:"惟天地,万物父母;惟人,万物之灵。"作为"万物之灵"的人,应该由过去的崇拜自然、征服自然转变到"顺应天时"、协调自然的意识上来,应该由同天地做斗争的时代回归到视天地为"万物父母"的时代,进而达到"天人合一""天人相应""和实生物"和"人—媒介—智能—社会—自然"整体和谐互动的理想生态境界。

因此,对于这种根本性的转变,有人称之为"革命范式",有人称之为"绿色革命"和"信息环保",有人称之为"世界观转化工程",有人称之为"划时代的组织重建"。不论它是什么或叫什么,媒介生态学所倡导和主张的,既不是要人们崇敬和膜拜自然和媒介生态,也不是要人们审视和征服自然和媒介生态,而是要人们平等地对待自然和媒介生态,把自然和媒介生态当作自己的生命体来爱惜与呵护,并向世界传达积极、开放和友好、多元的媒介生态精神面貌,彰显出媒介生态学的生命力和影响力。

二、媒介生态学研究对象和宗旨

媒介生态学的研究对象,既有特殊性和确定性,又有普遍性和广泛性。我认为,媒介生态学的研究对象就是媒介生态现象。它应该既包括媒介生态活动现象,也包括媒介生态意识现象、媒介生态关系现象和媒介生态规范现象;其中媒介生态意识现象,包括媒介生态认识观、媒介生态价值观、媒介生态伦理观、媒介生态法制观、媒介生态保护观、媒介生态忧患观。媒介生态还既包括跨国媒介生态、大众媒介生态、组织媒介生态和人际媒介生态,又包括自然生态和社会生态,而社会生态则含有政治生态、经济生态、文化生态、科技生态和媒介生态等。所有这些媒介生态学研究对象都会从不同角度、不同视维和不同窗口进入我们的研究视野和研究范围,成为建构媒介生态学理论体系的有机组成部分。

媒介生态学研究宗旨就是从人与媒介、社会、自然的普遍联系中,从媒介生态的内在机制和外在联系以及各种媒介生态因子之间的相互关系中,探索和揭示媒介生态发展与变化的本质和规律。媒介生态发展与变化的本质是媒介生态活动的根本性质,是指媒介生态活动组成要素之间的关系到媒介生态良性发展变化的内在的稳定的联系。它是由媒介生态活动本身所具有的特殊矛盾所决定的。媒介生态发展与变化的本质具有稳定的、内在的、深刻的、普遍的性质或特点,而媒介生态发展与变化的现象则表现出易变的、外露的、表面的、个别的特征。所以,认识媒介生态发展与变化的本质需要借助于抽象思维、科学方法并通过艰难探索才能把握,而对于媒介生态发展与变化的现象则可以通过感官直接或间接感知和获取。

媒介生态规律是指媒介生态活动中内在矛盾诸方面的联系和斗争的客观法则和必然趋势。其根本特点就在于不以人的意志为转移,具有客观性、必然性、重复性和隐蔽性。"顺天者存,逆天者亡。"(《孟子·离娄上》)人类只有积极探索和遵循媒介生态规律,主动按媒介生态规律办事,才能提高信息传播效果和媒介生态质量,赢得最大的社会效益和经济效益。

当然,媒介生态学还应该有更高的追求:由注重人的生存性指标转向注重人的发展性指标,由注重反映量的硬指标转向反映质的软指标,由注重单项性指标转向多样化指标,由注重共通性指标转向人性化指标,由注重社会财富指数转向个人幸福指数,由注重追求最大经济效益转向追求适度经济效益,由注重追求最大活动空间转向追求适度活动空间,由注重追求物质财富转向追求精神财富。总之,媒介生态学研究一定要以人为本、以和为贵、以纯为要、以真为据,要以建设绿色媒介生态为最高追求和最大目标,主张构建人类命运共同体,倡导"天人合一"的理念,尊重和爱护自然,强调人与人之间的和解与和谐,以和谐、平等和包容的理念开展不同文明之间的对话,共商共建美丽友好的媒介生态,共赏共享媒介生态文明的成果。

三、媒介生态学研究体系

中国的媒介生态学体系(图1-1)以中国传统生态文化的"人本观、整体观、互动观"三大观念为理论根基,以"人—媒介—智能—社会—自然"五个维度为理论框架,以媒介生态"分子—种群—集群—环境—系统"五大要素为核心概念,以"绿色、友好、平衡、循环"四大目标为基本宗旨,同时还要将那些客观地存在于媒介生态活动中的、与媒介发生关系并影响到媒介生态状况的各种现象都纳入自己的观察、分析之中。

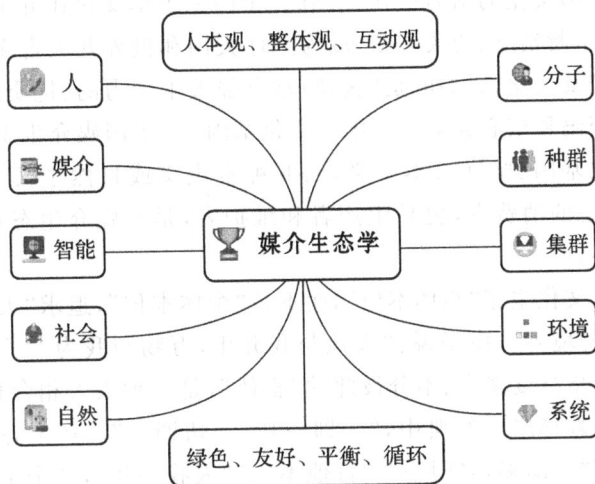

图 1-1　中国的媒介生态学体系

1. 媒介生态学研究的三大观念

作为中国媒介生态学体系的理论根基的"人本观、整体观、互动观",三者之间是一种正三角形的稳定结构关系,不分主次、本末和轻重,呈三足鼎立之势,有着稳固、坚定、抗压的特点。

中国传统文化的人本观认为,人是"万物的主宰","造化的精灵",生态的核心。人在宇宙中具有至高无上的地位、强烈的主体精神和可以不断提升、完善的人文素养。天人合一,家国同构。"天下之本在国,国之本在家,家之本在身。"(《孟子·离娄上》)"修身,齐家,治国,平天下。"(《礼记·大学》)"身"是人的物质和精神的载体,因此"身"即"人","修身"即"修人"。人既是家庭,也是国与天下之根本。没有人,世界是没有意义的。可见,在中国社会结构中,身(人)、家、国与天下之间是一种"垂直"的"递进"的"代际关系",不同于西方社会那种"横向"的"平面"的"个体/社会结构"。中国传统文化认为,人的高贵之处是精神、责任和使命,是"合二姓之好,上以事宗庙,下以继后世"(《礼记·昏义》),是追求人生三不朽,即立德、立功、立言。[①] 费孝通先生也说:人世"要紧的是光宗耀祖,是传宗接代,养育出色的孩子"。而这正是

---

① 《左传·襄公二十四年》:"太上有立德,其次有立功,其次有立言,虽久不废,此之谓不朽。"孔颖达疏:"立德,谓创制垂法,博施济众;立功,谓拯厄除难,功济于时;立言,谓言得其要,理足可传。"

中国社会和中国文化的活力所在。[①]"强大中国和中华文化在五千年历史长河中亘古亘今、不断延续、历久弥新,成为全球大国和世界几大古文化中唯一没有中断的国家及文化,靠的就是(这种)富有强大生命力的、优质的、具有内在联系的遗传密码和核心元素——中华文化基因。"[②]中国媒介生态学体系构建必须传承文化基因、坚守人本主义,而非神本主义或自然主义,因为人是主体,是媒介生态的消费者,也是生产者和维护者,是与媒介生态互动互助、和谐共演的核心。

中国传统文化主张"整体本位",而不是"个体本位";追求"天人合一""万物为一"的精神境界。庄子说:"天地与我并生,万物与我为一。"(《庄子·齐物论》)"一"是指高度融合、不分彼此的"整体",是一种天人相合相应、物我浑然一体。在佛教华严宗经典中,"一即一切,一切即一"。在生态整体中,"一即十,十即一""一即多,多即一","自他不二""人我一体",各个生态分子就像石榴籽一样紧紧地抱成一团。人不仅与媒介和社会,而且与天地、万物、自然共同凝结成有机协调的整体。生态整体观就是人要"与天地合其德,与日月合其明,与四时合其序"(《周易·文言》)。希望人不仅要充分地尊重、顺应自然规律,而且要与万物、自然处于和谐、友好、均衡、统一的生态整体状态。人作为生态整体的一分子,既要与自然和谐共处、同万物共生共存,又要与时俱进、与世共演。正是在这种情况下,人类不仅要积极追求"整体全球化"[③],而且要共同构建"整体传播学"[④],"携手搭建资源互惠、技术共通、人员共作、渠道共享的传媒共同体"[⑤]。

"天地交而万物通,上下交而其志同。"(《周易·泰·象传》)交即互动、交流,是指两个以上要素或分子之间相互作用、相互交流、相互影响并逐步走向和谐协调、完整统一的过程。中国人的互动观不仅贯穿于人际交往、社会互动之中,也反映在国与国的交往史上,无论是甘英出使大秦(古罗马)、玄奘西游、鉴真东渡、郑和七下西洋,还是安敦派使者来汉、马可·波罗的传奇,无一不体现了"和而不同,交而遂通"的互动理念。古今"丝绸之路"的构建与维

---

① 费孝通. 费孝通全集(第十六卷)[M]. 呼和浩特:内蒙古人民出版社,2009:387-388.
② 邵培仁. 文化基因:中华文化历久弥新的根基与力量源泉[J]. 现代视听,2020(3):84-85.
③ 邵培仁,陈江柳. 整体全球化:"一带一路"的话语范式与创新路径——基于新世界主义的分析视角[J]. 暨南学报(哲学社会科学版),2018(11):13-23.
④ 邵培仁. 携手共同构建人类整体传播学[J]. 国际新闻界,2018(2):62-65.
⑤ 邵培仁. 共同建设美好的传播世界[J]. 中国出版,2018(1):1.

系,中国"使用的不是战马和长矛,而是驼队和善意;依靠的不是坚船和利炮,而是宝船和友谊"①。"中华文化的发展史和交往史表明,一种文化要延续、繁荣和传播开来,'和而不同'(多元、共存)、'交而遂通'(接纳、欣赏)是很好的互动路径,也是中华文化的优秀价值。"②"和而不同""交而遂通"正日益成为越来越多国家的互动合作的共识。同样,"传播学的理论模式不只应该是整体的,还应该是互动的。整体是传播模式的静态特征,互动是传播模式的动态特征;整体是互动因素的聚合与归并,互动是整体形态的链条与部件。""只有把各个相对独立的个体要素结合、融汇到整体联系之中进行研究,才能全面地、深刻地理解和认识这些要素。"③互动观相信,只要各个传播要素或生态分子之间积极地相互交流、彼此沟通、有机协同,就会自发地出现媒介生态在时间、空间和功能上的良性循环和有序结构。

2.媒介生态学研究的五级维度

钱俊生、余谋晶将人与自然关系的历史过程分为蒙昧阶段、效仿阶段、征服阶段、和谐阶段等四个阶段④,与马克思将人类社会历史划分为"原始社会、奴隶社会、封建社会、资本主义社会、共产主义社会(社会主义社会是它的第一阶段)"五种社会形态或五个阶段有异曲同工之处。我的理解是,原始社会应该是人类对自然认识的"蒙昧阶段",奴隶社会是人类对自然的"效仿阶段",封建社会、资本主义社会和社会主义社会的初级阶段应该是人类对自然的"征服阶段",只有进入社会主义社会中级阶段之后才是人与自然共生共存、互动互助、共进共演的"和谐阶段"。

在媒介生态学研究的历史视维和比较视野中,"人—媒介—智能—社会—自然"五级维度是一种垂直的竖向的由小到大、由微至著的金字塔式的思维结构和逻辑路径,既反映了人类社会历史发展的形态特征,又呈现了人类生态思想演变的基本轨迹,可以清晰地看出:在人类发展史上,人类生态思想先后经历了从生态1.0、生态2.0到生态3.0时代,如今正在走进生态4.0时代(图1-2),由此形成了媒介生态学研究比较合适的理论框架。

① 新华社.习近平在"一带一路"国际合作高峰论坛开幕式上的演讲[EB/OL].(2017-05-14)[2021-08-30].http://www.xinhuanet.com//politics/2017-05/14/c_1120969677.htm.
② 邵培仁,姚锦云.华夏传播理论[M].杭州:浙江大学出版社,2020:188.
③ 肖容.整体互动论:独树一帜的传播模式——略论邵培仁的传播学研究[J].徐州师范学院学报(哲学社会科学版),1992(3):139,140.
④ 钱俊生,余谋晶.生态哲学[M].北京:中共中央党校出版社,2004:1-2.

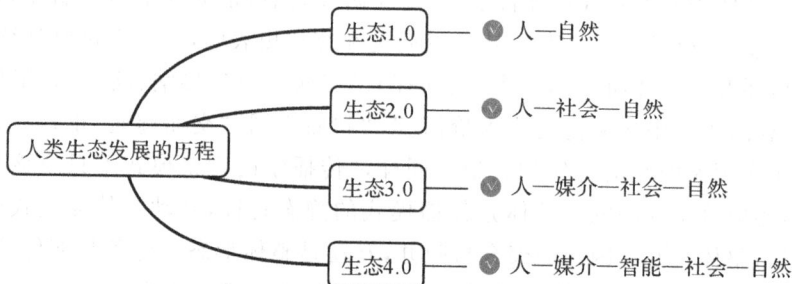

图 1-2　人类生态发展的历程

生态 1.0 时代（从约 170 万年前到公元前 21 世纪）属于史前时期或原始时期，人类发明了语言，但还没有文字和社会组织，人与自然之间缺乏有效中介，人需要直面自然生态，其生存发展要顺应并依赖自然，其生态认识是朦胧的和迷糊的，生态思维结构是"人—自然"的二级维度。

生态 2.0 时代（约在公元前 20 世纪到公元 10 世纪）属于媒介前时期，人类发明了文字，有了城市、社会组织及有组织的社会活动，"社会"成为人在思考和处理同自然的关系时的一个重要因素和维度，呈现出"人—社会—自然"的三级维度。为了生存，人类不仅要顺应和依赖自然，而且开始积极、主动地效仿自然。

生态 3.0 时代（约在公元 11 世纪到公元 19 世纪）属于媒介时期和征服阶段，是人类与自然关系最紧张的时段。这个时期人类发明了纸张、印刷术、电话、广播、电影、电视等媒介，"媒介"使得过去的二元空间、三元空间演化为四元空间，即"人—媒介—社会—自然"四级维度。媒介不仅成为人类思考和处理人与自然紧张关系的重要因素和维度，而且成为极其得力的助手，是非常出色的绿色生态环境的宣传者、组织者、维护者和捍卫者。

生态 4.0 时代（自公元 20 世纪向后）属于智能时期和生态文明时代，人类真正达到"天人合一""人我为一"的境界，进入物质文明、精神文明和生态文明协调发展的新时代，开始迈步进入"万物感知、万物互联、万物一体、万物智能的智能社会。""城市智能化、交通智能化、生活智能化、媒体智能化建设，即将迎来爆发式发展。"①人类在 20 世纪发明了无线电话、电脑、网络和新媒体，

① 邵培仁. 主动智能化：中国媒体发展繁荣的新引擎[J]. 现代视听，2019(4)：82.

在 21 世纪发明了大数据、区块链、人工智能等前沿信息技术并飞速演进。随着太阳能、风能、水电能、氢气能、潮汐能、地热能等绿色低碳能源的快速发展和各项大型绿化工程、治沙防沙工程、南水北调工程、节能节水工程的建设和使用，媒介的功能被无限扩展和放大了，人工智能的粘连性、高速率让各种生态要素之间的联系和互动更加协调、和谐，一种以虚实结合、多能聚合、创新融合、开放共享、全面立体智能互动为特征的五级维度（"人—媒介—智能—社会—自然"）正呈现在世人的面前。[①]

3. 媒介生态学研究的核心概念

我在《媒介地理学新论》一书中是以"空间、时间、地方、景观、尺度"五个基本概念进行深入分析和研究的[②]，本书的分析和探讨则是以"分子、种群、集群、环境、系统"为媒介生态学的基本概念。"概念"是对所感知的事物的共同本质特征的抽象、概括的结果和产物，又是思维活动借以进行的最基本的知识单元，并随着社会历史和人类认识的发展而变化。"分子、种群、集群、环境、系统"等词语作为我们用来描述和表达媒介生态现象和特点的基本概念，必须根据分析和论述的需要对其内涵和外延或含义及适用范围重新进行操作性定义，使其成为进行学术研究的思维单位，从而不再完全等同于这些词语的原本义核和义象。

"分子—种群—集群—环境—系统"五个基本概念是媒介生态学研究的关键要素，各个概念之间呈现出外延逐步伸展、范围渐次扩大、前者人存后者、后者包括前者的一个套一个的"空心木娃娃"组成的"俄罗斯套娃结构"（图1-3），也好像是石料由上到下、由小到大堆砌而成的金字塔。

对于媒介生态学五个基本概念的分析和研究要想有所发现、有所创见，一定要在研究中"三向结合"，即"纵向"追根溯源，深挖文化之基因和脉络；"横向"无边无际，审视世界之历史和潮流；"竖向"顶天立地，上接理论之"天气"，下接实践之"地气"，理论与实践结合，高端与底层兼顾，宏观与微观融合。否则，就做不成有高度、深度、广度和温度的学术成果。

---

① 生态 1.0 到 4.0 时代及五级维度划分的理论和事实依据，请参见：邵培仁. 论人类传播史上的五次革命[J]. 中国广播电视学刊，1996(7)：5-8；邵培仁. 传播学[M]. 3 版. 北京：高等教育出版社，2015：403-406.
② 邵培仁. 媒介地理学新论[M]. 杭州：浙江大学出版社，2021.

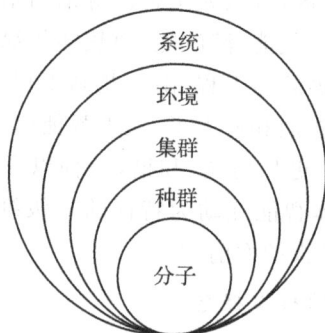

图 1-3　媒介生态学研究的核心概念

4.媒介生态学研究的四大目标

"绿色、友好、平衡、循环"是媒介生态学研究的根本目标和基本追求。绿色是自然的表征，是生命健康、环境友好的体现，蕴含着生态平衡和良性循环，意味着人与各种生态要素的有机协调、和润互动、融合和谐，寄予着人类生态环境的美好愿景。在媒介生态活动中，人类要实现绿色、友好、平衡、循环的媒介生态目标，就要发展环境友好型媒介产业，降低媒介生产能耗和物耗，保护和修复自然和媒介生态环境，坚持和维护信息公平、信息正义、环境无害化和资源减量化，反对信息污染、信息毒害、信息侵略、信息欺诈、信息鸿沟，发展循环媒介经济和低碳传播科技，使媒介经济和传播活动与各种生态要素互动互助、有机协调，物质文明、精神文明和生态文明和谐、平衡、健康发展。

我们有理由相信，21 世纪将是一个智能时代和低碳社会，绿色、友好、平衡、循环将成为全世界人民的共同追求，人类将出现物质文明、精神文明和生态文明建设极其繁荣昌盛的宏大局面和壮丽景观，人类不仅要追求富裕的物质生活，而且要追求富裕的精神生活和媒介生活，它们将平衡发展、共进共富。为此，媒介生态学研究必须提前做好准备。

第二节　媒介生态学研究内容

当我们把媒介生态现象作为核心的研究对象时，我们也许可以依据媒介生态学研究体系，进一步明确和适当延伸媒介生态学研究的主要内容或核心范畴。

媒介生态学的研究内容,依据不同的标准、从不同的角度可以划分、寻找到不同的研究内容:(1)从媒介生态理论的逻辑构成看,主要有媒介生态的活动现象、意识现象、关系现象和规范现象等四项内容;(2)从媒介生态的关系构成看,主要有人、媒介、智能、社会、自然等要素;(3)从生态的核心概念看,主要有媒介生态分子、种群、集群、环境、系统等五个概念;(4)从信息的传播过程看,主要有一级生产者(传播者)、二级生产者(媒介)、三级生产者(营销)、消费者(受众)和分解者(回收、利用者)等线性生态的研究内容;(5)从理论的层面级差看,主要有跨国媒介生态、大众媒介生态、组织媒介生态和人际媒介生态等四个层级;(6)从媒介的种群结构看,主要有出版生态、报纸生态、期刊生态、广播生态、电视生态、电影生态、网络生态、电信和邮电生态等八项内容;(7)从分布的主要领域看,主要有媒介政治生态、媒介经济生态、媒介文化生态、媒介科技生态等内容。

我们不应该采用单一角度和单一标准来确定媒介生态学的研究内容,而应根据"建立起科学的符合中国国情、结合中国实际、告别西方研究范式的绿色媒介生态理论体系"的目标和任务[①],采用学科建构的原理与方法、学科演变的历史与现状、媒介生态的核心概念、传播过程的重要因素、媒介生态的种群结构等相结合的方法,通过充分地分析研究,提炼一整套完全不同于西方研究传统和研究范畴的、具有中国特色和自身特点的研究范式和理论体系,它包括媒介生态学的原理与方法、媒介生态学的历史与现状、媒介生态的观念与规律、文化基因、信息生态分子、媒介生态种群、媒介生态群落、媒介生态环境、媒介生态系统、物质文明精神文明和生态文明、生物圈与全球传播等主要内容。这些内容都可能从特定的窗口进入媒介生态学研究的视野和方向。

同时,我们还会对下述内容在本书中或今后的研究中给予适当的关注。

一、媒介作为环境的研究

媒介作为环境的研究,在西方学界已经有比较深厚的学术根基,也积累了许多研究成果,其中有很多值得我们借鉴和学习的地方。由于这种研究基本上是一种宏观研究和文化研究,对于开阔宏观分析的视野很有好处。它包括并可以拓展为媒介环境理论的学者群研究(如英尼斯研究、麦克卢汉研究,还有詹姆斯·凯利、尼尔·波斯曼、保罗·莱文森、乔舒亚·梅罗维兹、林文

① 邵培仁.建设平衡和谐、良性循环的中国媒介生态系统[J].今传媒,2010(7):27-29.

刚等人均可专门进行研究）、媒介社会环境史研究、特定时期和地域的媒介形态研究、媒介观念思想史研究、人类神经和感官系统与媒介环境的互动关系研究、新媒介环境下的后人类研究，还有媒介政策规制、经济影响和文化氛围等研究。还有媒介对人们心态的影响、媒介对人们行为的影响、重大社会变故中的媒介，特别是"网络时代"的媒介所建构的"虚拟环境"和"拟态环境"的研究，等等。

二、媒介作为虚拟空间的研究

这是社会学研究中的一个最新课题，也是值得媒介生态学研究关注的一个研究方向。这类研究指出：自古以来，人类集体认知最基本的手段就是集体试错，从集体的失败和成功中学会如何更有效地合作、更有效地竞争。人类试错的社会成本乃至环境成本是极其高昂的。这可以从两次世界大战以及工业化导致全球气候变化的事实得到充分证明。

网络技术开始颠覆人类自古以来的集体认知模式，因为这一技术为人类在虚拟空间中获得真知提供了可能。同样，在媒介生态的虚拟空间中，我们也可以按照有利于媒介生态的规则和规律，以虚拟的传播者和管理者身份进行涉及国家利益、文化安全、媒介生态的传播、运营和监测、控制的对阵演示，以了解、掌握媒介运营与媒介政策在博弈过程中的可能方案以及妥协与平衡的规律。在这种虚拟的媒介生态空间中，通过虚拟角色的互动和演练，我们可以检验媒介运营和制度安排的各种理论和假说，即使错了，也不必付出真的资源和环境代价。这就像当今的许多军事演习通过计算机模拟来进行一样，模拟与实战得到的数据通常相差无几。目前，许多人只看到虚拟空间技术的娱乐价值，还没有看到它在媒介运营与制度安排的互动和演练中所带给人类社会和媒介生态的巨大知识价值。

三、媒介作为微生态的研究

媒介微生态研究也可以称为组织研究，即把研究视野聚焦在媒介作为一个相对独立和具有相应边界的"微小生态"系统。媒介生态是一种动态和互动的过程，也是一种空间结构的关系。基于系统观的媒介生态蕴含了凸现和变异的概念，给媒介组织的变化提供了充分的解释和足够的理由。因此，重视媒介生态系统内部的人与人、人群与人群、单位与部门、人与媒介、信息与媒介以及心理健康、权力分配、符号管理等问题的研究，应该是对过去媒介作为环境研究过分宏大叙事并已形成研究惯性的现象的一种纠正和补充。

媒介微生态研究试图探寻和提示媒介作为一个整体互动的组织,其内部各种生态因子之间复杂互动的关系和演变机制,以及在这种相互影响、碰撞和磨合的过程中所呈现的系统整体特点和规律性。它的研究内容包括媒介内部的机构设置、管理制度、人事管理、财务管理、信息管理、栏目设计、版面安排、沟通机制、企业文化等等。这些研究都是一些内部事务和内部矛盾,而且比较零散、细小,是一种微观研究。因为它"微",它才可以对宏观研究和中观研究形成互补关系,使宏观研究大而不空;因为它"微",它才可以作为生态细胞而成为媒介生态学研究的基础性工程,成为我们建立和发展绿色媒介生态学的必经之路。

四、媒介作为临界点的研究

媒介作为临界点的研究,就是要找出媒介生态系统及其因子能在生态异常和危险情况下继续顽强地生存和发展的特性和关键,在媒介和社会交界的模糊区域或事物发展变化的转折处寻找解决媒介生态问题的方案。它要求研究者从具体的媒介生态问题出发,把所有与生态相关的生态因子和变化连接起来,形成一个个相对完整的研究话题。这种研究具有双重性和交叉性,也就是说研究的问题具有社会和媒介的双重特征。例如,"人的中心性"研究,就是以人作为意识中心和各种信息、物质力量交换和交流的中心或中介,围绕人和人群而展开的双学科研究领域;"混沌和流变性"研究,也是一个变化最剧烈,并预示着各种可能和方向的双学科研究领域;对"虚拟人""虚拟现实""拟态环境"的研究,更是一个非常前沿的、涉及人类未来工作和生活的多学科研究领域。

因此,这类研究的最好切入点,就是在学科的交叉地带找到有价值的模糊区域或临界点,以全景视野和多学科知识进行立体分析和深层透视。这样如果选择一个好的切入点,就有可能从一点、从一个特定的角度对整个媒介生态进行全景透视,从而滴水现阳、窥斑见豹,不仅能由小见大,而且能发现更多的奥秘。

五、媒介作为零碳社会的研究

人类正阔步迈向数字互联的全球性低碳、绿色世界。媒介生态学研究必须同生态社会、零碳社会建构与发展趋势相适应,而不可置身事外。杰里米·里夫金认为:"我们正面临全球危机。科学家们表示,由人类燃烧化石燃料而引起的气候变化,已经使人类和其他生物面临地球上第六次大规模的生物灭绝。""我们今天熟悉的生活,将一去不复返。"当前最为紧迫的就是,"希望美国与欧盟和中国一道,引领世界进入零碳生态时代。""如果这三巨头不能抛开地缘政治,开始逐步走向生物圈式合作,认识到我们是濒危地球上的濒危物种,那么人类注定会走向灭亡。"①

在全新的零碳时代,生态文明和"绿色新政"正在快速地发展成为世界性的某种时尚和潮流。为了应对气候变化,避免灾难发生,世界上的碳排放大国纷纷行动起来,争取在 2050 年前实现碳中和(净零排放)。欧盟委员会宣布了欧洲绿色新政(European Green Deal),努力使欧洲成为世界上"第一个实现碳中和的大陆"。拥有 14 亿人口的中国也在大力推动后碳时代转型计划,不仅将"生态文明"写进宪法,制定和发布了《工业绿色发展规划》《"十四五"节能减排综合工作方案》《关于推进绿色"一带一路"建设的指导意见》《海水淡化利用发展行动计划(2021—2025 年)》《关于加强绿色数据中心建设的指导意见》等文件,而且 2020 年 9 月 22 日在第 75 届联合国大会上提出中国"二氧化碳排放力争于 2030 年前达到峰值,努力争取 2060 年前实现碳中和(净零排放)"的庄严目标,中国正在以绿色政府、绿色城市、绿色能源、零碳建筑、零碳生活等媒介景观向全世界展示阔步走向零碳社会的路线图。

六、媒介作为生态疾病的研究

这是以问题带动学术研究,以研究推动问题解决。在信息传播或媒介运营中,如果出现了生态疾病甚至生态危机的突起点和苗头,及时准确地抓住了问题,也就抓住了媒介生态系统中的突变和动因的关键,从而就可以把握整个媒介生态系统的动态变化及趋势,找到解决问题的办法和措施。比如,在信息爆炸、信息超载、数据过剩和信息"病毒"的侵袭之下,不仅媒介生态面对危机与挑战,受众也感受到巨大的心理压力,引发一系列信息疾病:有人手忙脚乱,焦虑不安,情绪暴躁;有人消极被动,精神麻木,智力退化;有人紧张害怕,草木皆兵,四面楚歌;有人回避信息,抵制信息,扰乱信息;还有人自我封闭,残酷冷漠,心理变态。此时,若从信息爆炸、信息超载、数据过剩和信

---

① 里夫金. 零碳社会——生态文明的崛起和全球绿色新政[M]. 赛迪研究院专家组,译. 北京:中信出版集团,2020:前言 1-2.

息"病毒"等具体问题入手,我们就可以找到解决媒介生态问题的关键和把手。

解决此类问题,媒介生态学界呼吁新闻媒体要理性而不要草率,要向公众提供更多的真相、知识、科学和思想来化解、消除、治愈受众的心理问题。可是,真相、知识、科学和思想偏偏是新闻媒体的"四根软肋"。真相是事实信息的内核和提纯,是剥离虚假外衣、剪除荒诞枝蔓、吹去浅表尘埃的事物本相。知识是人们在实践和学习中获得的认识和经验,是通过系统化思维进行高度提炼和重新组合的真相信息的精髓。科学则是对真相信息、知识信息和事物变化规律的梳理和总结,是反映现实世界各种现象的本质和规律的有系统的学问或知识。思想是人类的特殊智慧和一切行为的基础,是对人类全部实践经验和精神产品的有机融合和活用创新。它们是人们战胜谣言、谎言、谬误和信息"瘟疫"的四大法宝和四条防线。[①]

第三节　媒介生态学研究原则

媒介生态学研究原则是依据已发现的媒介生态规律、以往的经验和教训以及研究的目的,对媒介生态现象和问题进行研究的过程中所需要遵循的指导思想和基本要求。随着媒介生态演化过程中各种生态因素和条件的发展变化,以及媒介现代化进程的加快和人们对传播规律性认识的不断深入,人们对研究原则的认识也将不断发展变化。但是,在现时代,媒介生态学研究需要遵循和坚持以下六条原则。

一、整体优化原则

整体优化原则"既是对当下世界经济、文化、传媒巨大影响力的正确抉择和合理应对,也是对人类远古智慧的重新认识和理性回归"。古希腊的"万物是一"是西方整体主义的最早发端,庄子的"天人合一"是东方整体观念的最早起源,它们的思想精髓和文化基因已经深入经济、政治、文化、传媒和社会"经世"的各个方面,甚至直到今天仍然是我们的思想武器和行动准星。[②] 中国人的"整体思维,具有将诸多方面整合为一个分析单元或一套完整系统的

---

① 邵培仁."万事通"新闻媒体的"四根软肋"[J]. 现代视听,2020(1):81.
② 邵培仁. 走向整体的传播学[J]. 中国传媒报告,2013(1):1.

倾向"，它"特别善于将事物组合成套"，而且"排斥对称性破缺"。①

"物无贵贱，众生平等，合境共生，万物一体。""世界从来没有像今天这样互联互通、唇齿相依、水乳交融。如果说新航路的开辟是世界开始连成一个物理整体的标志性事件，那么互联网的出现则是世界连接成一个传播整体的里程碑，是人类朝着世界传播整体化进程迈出的关键性一步。"②媒介生态系统具有"自然的有机整体性"。"这一领域的特点是不仅把传播作为其研究主题，而且把注意力转向与传播有关的整个领域。"③媒介生态学面对的是一个充满活力、饱含生机、拥有自己的意志和情感的有机整体，当然，那也是一个充满神秘和魅力、令人尊敬又令人畏惧的媒介生态领域。平时，媒介似乎有点散漫，甚至有点各自为政，然而一旦面临危机，它们就会立即形成具有整体特征的一座堡垒、一道长城，充满斗志和激情。

"一个和尚挑水喝，两个和尚抬水喝，三个和尚没水喝"，说的是不经约束的部分之和会小于整体，但也要认识到优化组合的部分可能等于或大于整体。整体与部分有紧密的内在联系，但并非不可分割，只要依据分割同一性、同质性、科学性的原则进行梳理和整合，完全可以再现整体性。在这个社会中，万物感知，万物互联，万物智能，万物一体。因此，不论是从媒介生态学的角度，还是从媒介管理学或传播学的角度，我们都应该用系统论和整体论的观念来研究媒介生态，强调媒介的信息传播、经营管理要与社会系统的生态需求保持协调一致、和谐融洽，从而既有利于人类的物质文明建设，也有利于人类的精神文明和生态文明建设，使社会、经济和生态环境的整体效益达到最佳。

二、互动共进原则

万物相互关联、"相生相养"。作为绿色生态研究的媒介生态学，主张人与媒介、媒介与媒介、媒介与社会、社会与自然之间和谐协调、互动互助、共进共演、携手并进。恩格斯早就对人类征服自然的"雄心壮志"提出过质疑：

> 我们不要过分陶醉于我们人类对自然界的胜利。对于每一次这样的胜利，自然界都对我们进行报复。每一次胜利，在第一线都确实取得

---

① 吕坤维. 中国人的情感：文化心理学阐释[M]. 谢中，译. 北京：北京师范大学出版社，2019：43.
② 邵培仁. 共同构建人类整体传播学[J]. 中国传媒报告，2017(4)：1.
③ 小约翰. 传播理论[M]. 陈德明，叶晓辉，译. 北京：中国社会科学出版社，1999：8.

了我们预期的结果，但是在第二线和第三线却有了完全不同的、出乎预料的影响，它常常把第一个结果重新消除。美索不达米亚、希腊、小亚细亚以及别的地方的居民，为了得到耕地，毁灭了森林，他们梦想不到，这些地方今天竟因此成了荒芜不毛之地……

> 因此，我们必须在每一步都记住：我们统治自然界，决不像征服者统治异民族那样，决不同于站在自然界以外的某一个人，——相反，我们连同肉、血和脑都是属于自然界并存在于其中的；我们对自然界的全部支配力量就是我们比其他一切生物强，能够认识和正确运用自然规律。[①]

在人类发展历史上，人类对自然的许多胜利都是有代价的，并且代价往往过高，经常是得不偿失。我们要相信人与自然之间有一种"互动互助、相生相济"的共进共演的关系。

所以，对于媒介生态，我们应该鼓励采用一种内外结合、上下互动、左右联通、"相生相养"的统筹协调、包容互动、互利共赢的原则或理念，处理和应对媒介世界的变化和挑战；应该彻底改变传统观念，科学利用人—媒介—智能—社会—自然之间互利共生的生态关系，保持媒介生态系统与周围环境的协调、有序和动态平衡，寻求建立在"竞争中合作、在合作中竞争"的新型"竞合关系"。

三、差异多样原则

早在 2 千多年以前，周太史史伯就提出了"和实生物，同则不继"（《国语·郑语》）的著名命题，指明了系统的和生性、差异性和多样性。环境和谐的确有助于万物生长发育，但是如果生态完全没有竞争、过于雷同，万物则无法持续发展繁荣。孔子说："君子和而不同，小人同而不和。"（《论语·子路》）在中国传统文化中，"和"作为差异性、多样性的统一和异质差分要素的有机统一，是以异质对立要素的存在为前提的。差异性和多样性反映了事物"生态的丰富度、均匀度和优势度的指数"状况。[②] 没有差异和对立就没有"和"，"和"是在差异和对立中存在的，也是在差异和对立中发展的。"以他平他"，相异事物的相互协调就能发展；"以同裨同"，相同事物的重复叠加，就会窒息生机。差异性和多样性既是生态动态平衡的重要标志和生态合理序级的必要条件，

---

① 马克思, 恩格斯. 马克思恩格斯选集(第 4 卷)[M]. 北京：人民出版社, 1972：383.
② 戈峰. 现代生态学[M]. 北京：科学出版社, 2008：443.

也是丰富资源生态位、满足不同信息需求的正确对策。

"和而不同",尊重差异,提倡多样,是中国传统文化中"一元主导、多元共生"的社会治理之道,也是1980年联合国教科文组织国际传播问题研究委员会编撰的报告《多种声音,一个世界:交流与社会·现状和展望》①着力论述的中心思想,更是当代人类社会的普遍共识。2001年11月联合国教科文组织通过的《世界文化多样性宣言》声称:"在日益走向多样化的当今社会中,必须确保属于多元的、不同的和发展的文化特性的个人和群体的和睦关系和共处。""文化多样性是交流、革新和创作的源泉,对人类来讲就像生物多样性对维持生物平衡那样必不可少。"因此,"捍卫文化多样性是伦理方面的迫切需要,与尊重人的尊严是密不可分的"。② 无论是为了维护一个多元文化的和谐社会,还是为了遵循媒介生态学研究的多样性原则,重视差异,提倡多样,鼓励多元,都是当前一个十分重要的问题。同样,致力于推崇世界多极化、文化多样化、思想多元化,反而可以使人类传播和媒介生态中的世界性与地方性、全球性与民族性、普遍性与特殊性、整体性与个体性等各种对立关系得到有机化解、协调融合和重新升华,媒介生态达到最佳的状态。

四、平衡和谐原则

阴阳平衡,万物和谐。《礼记·中庸》说:"中也者,天下之大本也;和也者,天下之达道也。致中和,天地位焉,万物育焉。"平衡,就是阴阳协调、黑白牵制。周敦颐在《太极图说》中说:"无极而太极。太极动而生阳,动极而静,静而生阴,静极复动。一动一静,互为其根。"在太极图(图1-4)及其理论阐述中,太极图阳中有联通阴的通道,阴中有融入阳的窗口,物质与信息由阳而入,由阴而出,又由阴而入,由阳而出,如此循环往复、生生不息,四维空间犹如水滴在三维空间流动、穿越、投影,外圆内方,虚实转换,阴阳协调,柔中有刚。

阴阳平衡消解了矛盾,矛盾维护了阴阳平衡。平衡,就是取之有约,用之有度,适可而止,恰到好处。《论积贮疏》说:"生之有时,而用之无度,则物力

---

① 联合国教科文组织国际传播问题研究委员会. 多种声音,一个世界:交流与社会·现状和展望[M]. 中国对外翻译出版公司第二编译室,译. 北京:中国对外翻译出版公司、教科文组织出版办公室,1981.
② 《世界文化多样性宣言》,联合国大会2001年11月2日第二十次全体会议根据第IV委员会的报告通过。

图 1-4　太极图

必屈。《乐记》认为："乐者,天地之和也,……和故百物皆化。""乐文同,则上下和矣。""声音的多样性,原本就是世界最自然的特征","只有保持并合理发扬这种多样性才是正道"①。平衡和谐、"中和差异的策略是削减过多的差异,使冲突得以回归到可协调、和解的范围之内"。它"不允许过度强烈地破坏各个差异之间的对称性,使'和'的多样性与多元性得以维持,从而达到 A 与非 A 的动态平衡"。换个角度讲,"中国人的辩证思维具有包容性,可以将表面上不一致、相矛盾的行为和观念整合到一起,以此建立和维持生活中的和谐"②。

在媒介生态研究中,遵循平衡和谐原则,关键是更新思想观念,改变思维方式,使崇尚和维护平衡和谐的理念和原则内化为人们的思维方式和行为习惯。首先,要从平衡和谐的维度或视野观察问题和分析矛盾,使其成为学术研究的坐标系和切入点。其次,要将平衡和谐作为一种标准和尺度,将其贯穿于认识和解决"人—媒介—智能—社会—自然"和"分子—种群—集群—环境—系统"之间的相互关系及其存在问题的过程之中。再次,要深入媒介生态的内在结构,揭示矛盾或系统的均衡性、协调性、互动性、融洽性在媒介发展中的作用及其互动规律。最后,要以追求和促进媒介生态与环境的平衡和谐发展为根本目的和最终归宿。建立平衡和谐的媒介生态,一要在人与人之间的信息传播和消费差距上保持适度平衡和谐;二要在媒介与媒介之间的权力和资源分配差距上保持适度平衡和谐;三要使"人—媒介—智能—社会—

---

① 邵培仁,姚锦云. 华夏传播理论[M]. 杭州:浙江大学出版社,2020:176.
② 吕坤维. 中国人的情感:文化心理学阐释[M]. 谢中,译. 北京:北京师范大学出版社,2019:41-42.

自然"的相互作用具有可持续性;四要在人自身的功能与需求之间保持动态平衡与和谐发展。这就要求我们正确地把握平衡、和谐的本质内涵以及平衡和不平衡、和谐和不和谐的辩证法,在矛盾和冲突中促进媒介生态的科学发展。

五、良性循环原则

良性循环原则要求人们遵循媒介生态系统的信息、物质、能量流动规律,就像花开花谢、月圆月缺、周而复始、循环无尽。《三国演义》开篇就说:"话说天下大势,分久必合,合久必分。"这种历史演变中的政治生态循环不一定都是良性的、友好的。但是,遵循自然生态循环规律,则易产生良好效果。"绿水青山就是金山银山。"①东汉王充在《论衡·自然篇》写道:"天覆于上,地偃于下,下气蒸上,上气降下,万物自生其中间矣。""下气"与"上气"上下循环、相互作用,生长于其中的万物自然生机盎然。《管子·形热解》写道:"春季,阳气始上,故万物生;夏季,阳气毕上,故万物长;秋者,阴气始下,故万物降;冬者,阴气毕上,故万物藏。"四季变化与植物生长是有规律可循的,因此,只要"序四时之大顺",则获"万物之繁盛"。"夫春生夏长,秋收冬藏,此天道之大经也,弗顺则无以为天下纲纪,故曰'四时之大顺,不可失也'。"②在媒介生态的滋养和发展中,也需要"序四时之大顺",顺时代之潮流,应社会之脉动,走良性循环、和谐发展之路。即使是传媒科技上的创造、媒介管理上的变革、传播学术上的创新,也要立足现实,面向未来,顺时而为,与时俱进,而不要悖逆时势、违反人道而行事。同时,还需要以"循环式食物链"代替"单程式食物链",以"绿色生态链"和"蓝色生态链"代替"灰色生态链"和"黑色生态链"。

绿色的媒介生态是与时俱进、与境相适的,它不是静而不动,也不是动而不静,而是有动有静,动静结合,不断发展变化。媒介生态系统是一种动态的、有机的和具有整体特征的运行机制,它以信息传受和媒介买卖为基点,把不同的人、媒介及其环境联结为一种网状的结构性存在。它不是单纯建立在个体参与的基础上,而是建立在群体存在及其共同参与的基础上的;它不会

---

① "绿水青山就是金山银山"是时任浙江省委书记习近平于 2005 年 8 月在浙江湖州安吉考察时提出的理念。2017 年 10 月 18 日,习近平在《决胜全面建成小康社会 夺取新时代中国特色社会主义伟大胜利——在中国共产党第十九次全国代表大会上的报告》中指出,坚持人与自然和谐共生,必须树立和践行绿水青山就是金山银山的理念,坚持节约资源和保护环境的基本国策。
② 司马迁. 太史公自序[M]//司马迁. 史记. 北京:中华书局,1982:3290.

只考虑系统生存所必需的经济效益,还会着眼于"人的全面发展"和更深刻的社会关联性,将社会效益放在首位。社会上的每一个人都可以在媒介系统中找到自己的需求,每一个媒介也可以在社会系统中得到应有的资源,媒介生态系统各种因子的良性互动,带来的不仅是需求各自的满足,还有信息共享、群体认同、文化整合和整体利益最大化。这是媒介生态系统与其他生态系统的重要区别,因为前者是共享性的生态系统,后者是独享性的生态系统。

因此,媒介要生存和发展,除了要保持各种生态要素之间的和谐平衡之外,还要建立起能使各种媒介生态资源共享共赢、良性循环的机制,从而使媒介生态系统的传播要素之间和资源要素之间能产生持久性的、连续性的、流动性的、有序的良性循环。

六、适度调控原则

适度就是要适中、中和、不多不少、不偏不倚、无过无不及、恰到好处、适可而止,就是既不偏激也不冷漠,"去其两端,取其中而用之"。适度也是一种理想的处事尺度和心理状态,犹如自然的水平姿态,宁静、平和而不晃荡:"平者,水停之盛也,其可以为法也,内保之而外不荡也。"(《庄子·德充符》)在媒介生态研究中,应怎样回答是什么力量和机制在决定媒介种群密度和种群增长这个问题?自然调节论认为:主要是环境因素、自然天敌、气候因素(外部因素)和个体特性(内部因素)。适者生存,顺者正昌。这四种因素的正合作用可以使整个媒介生态系统保持某种适度的平衡和循环。媒介生态系统与其他生态系统不同,政治、经济、文化和意识形态、政策调控等环境因素,新媒介、新科技等自然天敌,客观的气候因素,媒介竞争与媒介管理等内部因素,的确也是自然调节媒介种群密度和种群增长的四大重要因素。但是,作为社会生态系统中的一个子系统,媒介生态系统具有社会性,如果过度地单纯依赖自然调节而放弃"适当干预"和适度调控,必然会产生一系列媒介生态问题,诸如信息爆炸、信息入侵、信息污染、信息欺诈、媒介暴政、媒介恐慌、媒介恐怖等。

因此,我们需要遵循可持续发展原则,以环境容量、自然资源承载力和生态适宜度为依据,突出"既满足当代人的需求,又不危及下一代人满足其发展需求的能力"的思想,寻求最佳的程度适当的媒介生态区域和生态位,不断开拓和占领空余生态位,合理地适度地利用自然资源,充分发挥媒介生态系统的潜力,强化适度调控媒介生态变化趋势的能力,使其始终沿着平衡和谐、良性循环、善良友好的轨道前进。古人奉行"富国而贫治"和"富者而节俭"的生态原则,甚至认为节俭与否是做人的标准、家庭盛衰的秘诀:"圣人节俭,小人淫逸,节俭则昌,淫逸则亡。"(《墨子·辞过》)古人还主张让"衣服有制,饮食有节"(《商君书·画策》)成为生活常态。同样,媒介生态发展也要"取之有度""用之有节""简洁自在",因为自然、节俭、适度是最美好的生活方式和生态模式。但是,一旦媒介系统出现信息污染、舆情恐慌、环境恶化和思想危机,则需要"适当干预"和适度调控,而不可放任自流、任其泛滥。①

第三节　媒介生态学研究任务

媒介生态学是大众传播领域里的世界观和方法论。就像欧文·拉兹洛在论述生态学对于当代社会的意义时说的那样:"它对我们的生活和未来的重要性再怎么强调也不过分。这个观点不仅能帮助我们解决正在渗透到生活的日益增多的方面的意义危机,在传统的以及现代的世界观已无力对我们的世界和我们在其中的地位提供一种自洽的和使人信服的想象的情况下,它也能作为一幅大尺度图像帮助我们找出到达第三个千年破晓时等待我们的复杂而互相依赖,然而潜能和前途极大的世界之路。"②他认为,人类史上只出现过"两次真正的革命",一次是农业革命,另一次是工业革命,在即将来临的人类生态学时代里"生态革命"将是"第三次真正的革命"(图 1-5)。在"第三次真正的革命"中,媒介生态学面临着十分艰巨的研究任务。

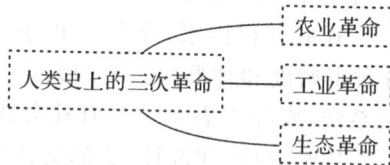

图 1-5　人类史上的三次革命

崔保国曾在《媒介是条鱼:理解媒介生态学》一文中提出,媒介生态学研究需要完成四项任务:(1)探索全球范围内媒介生态变化的规律;(2)揭示人

---

① 邵培仁. 媒介生态学研究的基本原则[J]. 新闻与写作,2008(1):25-26.
② 拉兹洛. 布达佩斯俱乐部全球问题最新报告[M]. 王宏昌,译. 北京:社会科学文献出版社,2004:106.

类信息传播活动同媒介生态环境之间的关系;(3)探索媒介生态环境变化对人类生存的影响;(4)研究媒介生态危机和危机信息管理系统。他认为,媒介生态环境总是不断演化发展的,媒介形态变异随时随地都会发生。为使媒介生态向着有利于人类可持续发展的方向发展,我们需要了解媒介生态环境变化的过程、基本特性、结构形式和规律。环境既是媒介产品的消费者,又是媒介的资源。研究信息传播与媒介环境的关系,就是为了确保信息资源足够丰富和信息传输渠道畅通无阻,使人类和环境协调发展。研究信息媒介技术的发展变化以及媒介形态的各种变化,研究媒介生态环境变化同社会信息系统之间的关系,则可以为人类提供一个健康的媒介生态环境,控制信息污染和信息生态危机。最后,研究信息爆炸和信息污染、信息安全和信息犯罪、媒介产业的数字化和全球化所引发的一系列媒介生态环境问题,从区域媒介生态环境的整体出发,利用信息系统分析和媒介生态的规律寻找解决媒介生态问题的最优方案也是一项重要任务。[①] 这些观点都是十分重要和有见地的。

下面,我在此基础上再对媒介生态学研究任务做几点补充。

一、建立作为绿色生态研究的科学的媒介生态学

绿色媒介生态的基本内涵,一是高效、低耗和高品、低密,二是无毒、无害和清洁、健康,三是预防、创新和循环、双赢。面对中国媒介生态研究的悠久而古老的传统思想、西方世界五花八门的媒介生态研究的理论和我国当下媒介生态研究的窘迫现状,怎样摆脱当下媒介运营中不红不白不黑的"灰色生态"状况,怎样正确地阐明媒介生态活动的本质、过程、功能,怎样科学地论述媒介生态学的对象、内容、地位,怎样对中国传统文化中的生态思想和西方的媒介生态理论进行合理的分析研究、批判吸收和协调融合,进而建立起科学的符合中国国情、结合中国实际、告别西方研究范式的绿色媒介生态理论体系,这是摆在所有从事媒介生态学研究和教学的人员面前的一个十分艰巨的任务。

二、为媒介生态设计和规划的正确决策提供科学的理论依据

决策是行动的先导,理论是决策的重要依据。"任何实践活动,无不包含

---

① 崔保国. 媒介是条鱼:理解媒介生态学[J]. 中国传媒报告,2003(2):17-26.

着'决策制定过程'和'决策执行过程'。"①并且,决策的制定过程总是制约、规定着决策执行过程及其效果。正确的决策产生正确的行动,收到的是好的效果;错误的决策产生错误的行为,得到的也是坏的效果。因此,对媒介领导者和管理者来说,领导和管理的过程就是决策制定和执行的过程。然而,要对媒介生态系统中各种规划和活动进行科学的决策和管理,要对若干个有价值的媒介生态的设计方案和发展规划进行正确的选择,没有科学的媒介生态理论和方法是不行的。列宁认为,"要管理就要内行,就要精通生产的一切条件,就要懂得现代高度的生产技术,就要有一定的科学修养。这就是我们无论如何都应当具备的条件"②。媒介生态学研究的当务之急应当是为媒介生态设计和规划的正确决策做出自己的贡献,而各级媒介单位的领导者、决策者和管理者也应当自觉地用媒介生态理论来武装自己。

三、为信息传播和媒介运营的有序进行提供生态学层面的理论指导

一切理论都来源于实践,由实践赋予其生机与活力,同时理论又会反作用于实践,对实践产生巨大的影响作用。信息传播和媒介运营系统不是孤立的、封闭的,而是同人、媒介、社会和自然之间存在着非常复杂的相互依赖、相互作用的各种互动关系。正如美国传播学家德弗勒和鲍尔-洛基奇(L. DeFleur and Ball-Rokeach)指出的那样:大众传播与媒介运营"一方面在于目标,另一方面在于资源。生活在一个社会的部分意义就在于个人、群体和大型组织为了达到个人和集体目标,必须依赖其他的人、群体或系统控制的资源,反之亦然"③。如何使媒介与政治、经济、文化等环境的互动关系形成平衡和谐、良性循环的状态,如何使媒介种群密度和种群增长速度保持在一个相对适度的水平,如何在密集的生态位组合中找到空缺富余的生态位和新的发展空间,这些都需要媒介生态理论从宏观、中观和微观等层面的论述中加以阐述和指导。媒介生态学的研究者应该也完全能够从我国国情出发,密切联系实际,将媒介生态学成果直接运用到实践领域,为信息传播和媒介运营提供优质服务,更要为物质文明、精神文明和生态文明建设和协调发展贡献智慧。

---

① 西蒙. 管理行为[M]. 杨砾,等译. 北京:北京经济学院出版社,1988:3.
② 列宁.列宁全集(第30卷)[M]. 北京:人民出版社,1990:394.
③ 德弗勒,鲍尔-洛基奇. 大众传播学诸论[M]. 杜力平,译. 北京:新华出版社,1990:339-340.

四、研究解决媒介生态的污染、退化、破坏及其生态保护、修复和重建等问题

这实际上是对人类"干预"媒介生态系统的研究。这种"干预"包括正反两方面的四项研究：一是研究人类活动对媒介生态系统的污染；二是研究人类活动对媒介生态系统的破坏；三是研究人类如何对媒介生态污染进行清理和修复；四是研究人类如何对媒介生态破坏进行重建和维护。前两者是反面的消极的干预，后两者是正面的积极的干预。目前，在人类干扰和其他生态因子的影响下，中国的媒介生态系统正在遭受过度的开发利用，有的则遭到严重损害和破坏，有大量媒介生态系统处于混乱、无序、恶化的不良状态，承载着超负荷的环境、生产和广告压力，出现了信息污染、信息爆炸、新闻造假、暴力色情、媒介弱智化、媒介荒漠化、媒介功能退化、媒介资源枯竭等一系列媒介生态危机问题。"善积者昌，恶积者丧。"([晋]陈寿《三国志·蜀书·后主传》)如果我们不尽快查清人类活动造成媒介生态系统退化、衰败的机理并找到修复和重建的途径，不尽快建立媒介生态的监测和保护措施，那么我们不仅会遭到媒介生态的疯狂报复，而且对媒介形象甚至于国家形象都将产生非常不利的影响。

五、对媒介生态规划、安全、风险进行预测和控制

"凡事预则立，不预则废。"(《礼记·中庸》)"明者防祸于未萌，智者图患于将来。"([晋]陈寿《三国志·吴书·吕蒙传》)生态预测和控制是指在掌握现有生态信息的基础上，依照一定的方法和规律对未来的生态安全、风险进行测算，以预先了解生态发展的过程与结果，并提前进行适当的控制，以防不良生态蔓延和恶化。面对媒介生态污染、生态安全、生态危机和生态风险，媒介生态理论家"感受到一种责任感，他不仅仅要描述社会，而且要做改革甚至革命性变化的积极代理人"[1]，试图"帮助我们认识到什么是重要的，什么并不重要。它们能使我们对将要发生的事件做出预测"，并"帮助我们用有根据的预测代替随意猜测而改进此过程"，"对某一行为的有效性和合宜性做出判断"。[2] 科学具有可预测性，媒介生态理论可以用来预测行为及其结果。在媒

---

① 巴兰,戴维斯. 大众传播理论：基础、争鸣与未来[M]. 曹书乐,译. 北京：清华大学出版社,2004：34.
② 小约翰. 传播理论[M]. 陈德明,叶晓辉,译.北京：中国社会科学出版社,1999：4,51.

介生态研究中,通过观察和分析,我们发现了媒介生态问题,找到了解决问题的办法,然后按照媒介生态学原理对媒介发展进行生态规划和具体实施,接着就要对其进行预测和控制,这样才能确保各种资源条件充分有效的利用和媒介生态良性循环系统的合理建构。在具体的媒介生态工程建设(如媒介生态产业园、媒介生态循环工程、媒介生态监测中心)项目中,媒介生态研究也可以发挥预测、监督、评估和控制的功能。应该说,这项任务的提出具有一定的超前性,因为在世界各国媒介生态研究领域还没有人提出和进行过此类研究。

第四节　媒介生态学研究方法

"工欲善其事,必先利其器。"(《论语·卫灵公》)没有方法的进步,就没有科学的发展。真正的科学方法是认识对象的"类似物",是发现真理、纠正错误的有力武器。法国科学家贝尔纳写道:"良好的方法能使我们更好地发挥运用天赋与才能,而拙劣的方法则可能阻碍才能的发挥。因此,科学中难能可贵的创造性才华,由于方法拙劣可能被削弱,甚至被扼杀;而良好的方法则会增长、促进这种才华。"①赛弗林和坦卡德(W. Severin and J. Tankard)写道,"方法就是用以验证理论的整个框架",而"经过证实的理论将使我们得以预见某些事件的结果"和"预知传播的过程和效果"②。

过去,一些西方学者总认为,中国古代不仅没有科学哲学思想,而且也没有科学方法。根据周瀚光的研究,中国古代的许多哲学家和科学家都曾经提炼并总结出了自己的一套科学方法,例如《周易》的取象运数、孔子的举一反三、庄子的技进于道、孟子的苟求其故、《黄帝内经》的阴阳五行、《吕氏春秋》的耕之大方、《九章算术》的由问而术、张仲景的见病知源、孙思邈的博学精思、沈括的验迹原理、徐光启的责实求精、宋应星的穷究试验。这些科学方法都具有勤于观察、善于推类、精于运数、明于求道、重于应用、长于辩证这几个特点,并且还在发展过程中形成了一种共同遵循的一般科学方法论模式,即"实际问题→概念方法→一般原理→实际问题",就是首先从生产和生活中提炼出实际问题,然后提出相应的概念和方法去解决它们,再在这些概念和方

---

① 贝尔纳. 科学研究的方法论[M]. 陈体芳,译. 北京:科学出版社,1984:11.
② 赛弗林,坦卡德. 传播学的起源、研究与应用[M]. 陈韵昭,译. 福州:福建人民出版社,1985:11.

法的基础上抽象出一般原理,最后再把这些一般原理运用到实际问题的解决中去。从现代科学方法论的角度看,这种方法论模式主要是一种科学发现的方法论,而不是科学证明的方法论,这也有助于说明中国古代为何有那么多的科学发现、发明和创造。①

但是,传统的"科学能满足人类知识的需求,却不能满足人们精神上的追求;它能解释万物是怎样运转的,但不能解释万物的要求或目的"②。在媒介生态学研究中,科学的研究方法应该有其特殊的解释性和兼容性,不但可以引导媒介生态学者对研究对象从不同层面加以立体的多维的审视和剖析,还可以在理性、客观俯视与超越的基础上反观、内察研究者本身的自主、自为意识。因此,每一位媒介生态学研究者都需要重视并掌握各种研究方法,认识和了解研究方法的特点并注意综合运用各种方法。

一、媒介生态学的主要方法

媒介生态学是一门新兴的多学科协调交叉的边缘学科,其研究方法也是一个多层次、多角度、多学科的方法论体系。因此,可作为媒介生态学研究方法的有许许多多。但是,联系较为密切的主要有四类方法③。

1.哲学方法

它是指辩证唯物主义和历史唯物主义的世界观和方法论。这是我们认识世界、改造世界、从事任何科学研究都需要遵循的最根本的方法。唯物主义要求我们辩证地客观地认识和分析媒介生态现象,从一定的历史条件出发来考察媒介生态系统和人类传播活动的内在机制与外在联系。

2.学科方法

它是指通过运用某一学科的基本理论、准则、尺度和方法,甚至一套独特的术语,从某一特殊的角度或层面来观照和分析研究媒介生态对象,从而可以从不同方面揭示媒介生态活动的本质规律和各种关系。可以用于媒介生态学研究的主要有生态学方法、传播学方法、地理学方法和社会学方法。

3."三论"方法

系统论、控制论和信息论方法虽然属于自然科学领域中的研究方法,但

---

① 周瀚光.中国古代有没有科学哲学思想[N].中华读书报,2021-11-24(9).
② 巴克斯特.生态主义导论[M].曾建平,译.重庆:重庆出版社,2007:24.
③ 邵培仁.传播学[M].3版.北京:高等教育出版社,2015:17-24.

由于它们对社会科学研究具有普遍的适用性、启发性、精确性,现在已经被人们横向移植、合理借用到媒介生态学研究中来了。

4. 具体方法

具体方法主要是指质化研究方法和量化研究方法。

二、合理运用媒介生态学的研究方法

媒介生态学作为新兴的边缘学科和交叉学科,同社会科学和自然科学中的相关学科有着一种天然的相互交叉、相互渗透、相互融合、互动互助、共进共演的趋势。因此,从其他科学中借用新概念、新模式、新方法,将全人类生活发展的整个过程纳入自己的研究视野,致力于宏观研究与微观研究结合、质化研究与量化研究结合、系统分析与控制分析结合,不再局限于条块分割,不再满足于政治、经济、文化三足鼎立的研究格局,这既是合理运用媒介生态学研究方法的基本要求,也是它解决内容狭隘、方法陈旧问题,彻底改变原本面貌,焕发学术青春的必然选择。

1. 宏观研究与微观研究结合

媒介生态学的发展趋势是宏观和微观两个方向,需要我们以宏观与微观相结合的方法进行立体的多层面的研究和分析。在媒介的微观生态层次,研究集中在以媒介为中心的具体的业务领域,包括信息生产与传播、媒介经营与管理等内部生态关系方面。在媒介的宏观生态层次,研究集中在以社会为中心的种群与群落、媒介与媒介、媒介与社会、媒介与政经文教系统等的外部环境关系方面。为了保证媒介生态学的科学性,媒介生态学研究不仅要将静态研究与动态研究结合起来,将理论研究与经验研究结合起来,还应该将微观阐释与宏大景观结合起来,既不能止步于微观描述,也不能只偏向于宏观叙事。缺乏微观研究的媒介生态学是空洞无物、玄妙深奥的研究;而缺乏宏观研究的媒介生态学则是缺乏方向、流于表面的研究。只有将宏观研究与微观研究结合起来,才能使媒介生态学成为有形有色、有血有肉的生命体,在整个生态环境中找到自己的坐标和方向。

2. 质化研究与量化研究结合

"质"是指一件事物是什么、如何、何时和何地等意义,隐含着"过程"和"意义"的双重意涵。质化研究(qualitative research)是一种从整体出发对社会现象进行立体描述和深度诠释的过程,反对将社会现象切割分析或运用数字进行研究。它的特点是:(1)在研究过程中所收集的资料是关于人、地、事和会谈等描述性的软性资料;(2)研究的问题不是来源于概念、定义的变项,而是在复杂的情境中逐渐形成的概念架构;(3)整个研究的焦点可以在资料收集过程中逐渐清晰,而不是在开始时就设定的问题或假说;(4)任何对研究现象或行为的理解,需要深入了解被研究者的内在观点,外在可看见的因素往往是次要的;(5)资料收集过程侧重于被研究者的日常生活情境,与被研究者做持久的接触与互动,并从这些互动经验中收集全面的资料。[①] 可以作为媒介生态学研究的质性方法主要有:深度访谈法、焦点小组访谈法、口述史研究法、行动研究法和参与观察法。

如果说质化研究是将小样本和归纳逻辑运用于对媒介生态现象的探究过程,那么量化研究主要是将大样本和演绎逻辑运用于对媒介生态现象的研究过程。量化研究(quantitative research)是一种围绕研究对象设计标准化问卷对大量样本进行调查和测量,再将统计结果由访问样本进一步推广到对象总体的过程。它的特点是:(1)通过数据和数理统计对媒介生态现象进行精确化研究;(2)对媒介生态活动及过程进行随机性定量描述;(3)以计算机为主要的统计和分析工具;(4)依据一整套严格周密的操作程序,即首先建立研究假设,接着确定实验手段,然后收集各种数据并进行整理分析,最后得出研究结论,验证假设,形成研究成果。常用的有调查(电话调查、邮件调查和网络调查)研究法、内容分析法、控制实验法。

质化研究和量化研究各有特点,互有短长,没有明显的优劣之分,都有其存在的价值。媒介生态学主张根据研究的目的和内容科学地、合理地将质化研究和量化研究结合起来,以获得对媒介生态现象的立体的、整体的和可以确定方位的认知。

3. 系统分析与控制分析结合

所谓系统(system),是指"由互相关联的、能通过传送和反馈回路彼此影响和彼此控制的部分组成。"[②]系统论方法就是运用系统理论把媒介生态现象作为一个整体加以认识、考察和改造的科学方法。它着重从对象的普遍联系和有机结构中进行综合的探索和分析,从而在复杂的、散乱的系统构成中获

① 潘淑满. 质性研究:理论与应用[M]. 台北:心理出版社,2003:16-17.
② 巴兰、戴维斯. 大众传播理论:基础、争鸣与未来[M]. 曹书乐,译. 北京:清华大学出版社,2004:200.

得关于研究对象的整体性认识和知识。

"生态系统(ecosystem)是指一定空间区域内生物群落与非生物环境之间通过不断的物质循环、能量流动和信息传递过程而形成的相互作用和相互依存的统一整体。"① 媒介生态系统是指媒介与政治、经济、受众等生态因子之间通过不断地进行资金流动、信息传递、注意力的收集和消费而形成的相互制约与调控的统一整体。"适者生存","优胜劣汰"。任何一种媒介生态系统必然会培育出其特殊的适应生存与发展所需要的资源和能力,以及在生存竞争状态下表现出特有的行为和作用。媒介生态学视角认为,我们不仅应该考虑媒介产业内部构成要素之间的互动,还应该把媒介生态研究放在社会大环境、大系统之中,以整体的眼光考虑媒介与社会系统之间的互动。媒介生态学运用系统研究方法的目的在于:从总体上精确地描述出媒介生态系统生成、发展和老化、消亡的时间流程与系统组合、迭加和变换、运动的详情细貌,向媒介生态管理者和决策者提供最有效的媒介生态修复或重建的建议和方法,甚至可以提供"人—机系统的科学计划、设计、评价和构建"。

所谓控制,列尔涅尔认为,是指"为了'改善'某个或某些对象的功能或发展"而"加于该对象上的作用"。② 控制论方法是一种研究系统的控制过程和特征的科学方法。在媒介生态学研究中,我们主要研究如何对"离向""越轨"和"紊乱"的倾向进行调节和干预,并将媒介生态系统的"无序""衰退"的趋向变回到"有序""进化"的轨道上来。具体来说,媒介生态控制的基本属性就在于,它首先是一种积极主动的干预和作用,并且是以复杂的因果关系和以可能世界的存在为条件的。其次,媒介生态控制的目的在于通过作用于某因而出现或实现某种预期的媒介生态效果,即控制总是通过"一种特定的作用"而达到"某种特定的目的"。再次,媒介生态控制离不开内在操作方式的能动选择,因为施控者为了实现目的,总要从多种可能的"因"中选择出能实现目的的那种"因"而施加作用,以促使某种"果"的出现。一句话,控制是一种"有目的的行为",没有目的,便无所谓控制。这是运用控制论方法的最基本、最核心的问题。

与控制论有密切联系的方法有以下几个:一是功能模拟方法,即通过对研究对象模型功能的分析研究,来揭示原型(被模拟对象)的形态、特征和本

① 林育真. 生态学[M]. 北京:科学出版社,2004:154.
② 列尔涅尔. 控制论基础[M]. 刘定一,译. 北京:科学出版社,1980:85.

质。二是黑箱模拟方法,即主要"研究观察者与其环境之间的关系"。三是最优化方法,即研究如何选择媒介生态管理者耗费最少的费用、时间和人力而又能获得最佳效果的建设、修复或治理方案。四是反馈方法,即研究媒介生态管理者如何自觉地、合理地运用信息反馈,来调整、校正和优化自己的媒介生态系统。

系统论方法和控制论方法之所以可以成为媒介生态学研究方法,并主张两者要综合运用,是因为它们有助于我们从整体上有机地把握和认识媒介生态生成、发展和老化、消亡的时间流程与系统组合、迭加和变换、运动的详情细貌,也有助于我们通过控制媒介生态、改善媒介生态再现最优化的生态结果。但是,这两种方法要想真正行之有效,尚有一些问题亟待进一步深入研究。

第二章

中国媒介生态研究的历史和现状

生态学研究已经成为人文社会科学研究的新方向,从国外到国内有许多的学者都把目光投向这样一个比较新颖的研究领域。当代生态学研究已经几乎渗透到人文社会科学研究的方方面面,包括哲学、社会学、传播学、政治学、文化学、管理学等等。因此,当代生态学不仅从总体上为人文社会科学提供了一种全新的研究方法和研究视野,而且在各个研究领域都提供了有益的启示和创造性的成果。

第一节　中国媒介生态研究简述

恩格斯指出:"我们只能在我们时代的条件下进行认识,而且这些条件达到什么程度,我们便认识到什么程度。"①同样,我们研究中国媒介生态学研究的历史和现状,也只能是它发展什么程度,我们便认识到什么程度。

一、中国媒介生态学研究的定位

通过近年来媒介生态学方面的译介与交流,中国学者发现国内外媒介生态学不仅研究对象、范畴和路径不同,连对它的理解和阐释也不尽相同。

媒介生态学诞生于北美特别是美国和加拿大,仔细分析还可以找到它的欧洲学术渊源和基因;而中国的媒介生态学研究更多的来自一种学术自觉和社会责任,是原发和原创的研究。美国、加拿大、日本等国的媒介生态研究主要以文化研究和人类学研究方法为主,内容丰富多彩,范围广阔庞杂,主要是一种媒介环境的研究②;中国的媒介生态研究是一种原创性的学术研究,主要

①　马克思,恩格斯.马克思恩格斯选集(第3卷)[M].北京:人民出版社,1972:562.
②　邵培仁,等.媒介生态学:媒介作为绿色生态的研究[M].北京:中国传媒大学出版社,2008:24-27;邵培仁,廖卫民.思想·理论·趋势:对北美媒介生态学研究的一种历史考察[J].浙江大学学报(人文社会科学版),2008(3):180-190.

从媒介发展的生存环境方面着手研究，涉及媒介的生存策略、经营管理等，内容集中，范围明确，是真正的媒介生态研究。①

媒介生态学研究当然可以从不同角度进行，要受到它所处"生态环境"的影响和制约，所以对于中外学者在研究角度上的差异我们无须做过多的辩驳。但是，通过对中外媒介生态学者研究思路的梳理，我们已能够根据自己的理解廓清媒介生态的内涵和外延，依据自己的文化特点、国情生态和社会环境，对人与媒介各构成要素之间、媒介之间、媒介与社会和自然环境及其各种关系之间整体互动、关联演化的一种和谐平衡的结构状态、现象和问题进行研究，从中找到分析问题、解决问题的路径和办法。

把生态问题明确带入传播研究或者媒介研究领域中，并提出"媒介生态学"(media ecology)这个术语的，是多伦多学派的领军人物马歇尔·麦克卢汉(Marshal McLuhan)，但正式使用者却是纽约学派的主将尼尔·波斯曼(Neil Postman)。根据麦克卢汉的建议，波斯曼还在纽约大学创办了"媒介生态学"(media ecology)专业及其博士点。1968 年，波斯曼在演讲中将媒介生态学定义为"媒介作为环境"研究的学科。波斯曼写道："媒介生态学是研究媒介传播是如何影响人的理解力、情感和价值观的，以及人和媒体之间的互动是如何影响人类的生存的。'生态学'一词意味着环境的研究：它们的结构、内容和对人的影响。'环境'一词意味着一个赋予人类特定思考、情感、认知行为方式的复杂的信息系统。它结构着什么是我们能看见的、能说的；它制定了我们行事的规则并坚持按此行事；它规范着什么是我们可以做的、什么不可以。有时就像我们在教室里或办公室里，这种场合的特别规范是清晰而正式的。媒介生态学就是这样将'媒介作为环境'来研究的。"②

兰斯·斯特拉特(Lance Strate)也说：媒介生态学"是关于媒介环境的研究。主导思想是，科学与技术，信息的样式和传播的符号主导着人类事物"③。克里斯汀·尼斯特洛姆(Christine Nystrom)则认为，到目前为止，意味着 20 世纪是一个变化的世纪。抽象的文明的变化……媒介生态学者们知道他们

---

① 崔保国. 媒介是条鱼：理解媒介生态学[J]. 中国传媒报告，2003(2)：17-26.

② Postman, Neil. What is Media Ecology, "The Reformed English Curriculum."[M]//Eurich, A. C.(ed.). High School 1980：The Shape of the Future in American Secondary Education. New York：Pitman，1970.

③ Strate, Lance. An Overiew of Media Ecology, "Understanding MEA"[J/OL]. Medias Res1(1)，1999(Fall)[2021-07-01]. www.media-ecology.org.

的兴趣在于——传播媒介的互动，技术、技艺和人类的情感、思维、价值观和行为的进程。他们也知道，关于这些互动的问题，正是他们关注并提出的。①

在这里，"媒介作为环境的研究"，成了西方媒介生态学研究中重要的理论命题、研究取向和基础构架。事实上，从北美的多伦多学派到纽约学派，他们的着力点也主要是研究各种传播符号和传播的物理结构是如何对文化产生根本影响的，并从人类传播的结构和过程来分析文化的形成、延伸和变迁。可以看出，北美学者更多的是从符号环境、感知环境、社会环境等角度和宏观的哲学、文化层面来进行媒介环境的研究与分析的。兰斯·斯特拉特的《麦克卢汉与媒介生态学》②和戴维·阿什德的《传播生态学——控制的文化范式》③都属于此类研究。欧洲学者稍有不同，如英国学者马修·福勒的《媒介生态学：艺术与技术文化中的物质能量》④一书，从当前对于标准化、文化进化论、控制论文化以及监视的辩论入手，分析了电台、电话、摄像机、监控、计算机媒体以及网络的确定形态，解读了一种被全面吸纳、抽象和铺陈并可无限重组式生产的客体化媒体物件及内容所形成的媒介文化即"标准物件文化"现象，并提出了在政治上富有挑战性的问题。即便如此，它们依然在整体上是偏向于宏观的哲学层面的具有批判意味的媒介文化与技术关系的媒介环境研究。对此，何道宽在同林文刚探讨"media ecology"的中文翻译时，林文刚在他主编的《媒介环境学：思想沿革与多维视野》一书中文版序言中给译者何道宽写了三段话，主张从研究的理论主体和实际内容将其译为"媒介环境学"：

> 我们用媒介环境学来翻译英语的 media ecology，主要是因为波斯曼（1970 年）在首次公开就这门学科的定义和范式的讲话时做了这样的表述：媒介环境学把环境当作媒介来研究。在这个意义上，媒介环境学至少有 3 个层次上的概念：符号环境、感知环境和社会环境。换句话说，媒介环境学研究作为符号环境的媒介、作为感知环境的媒介和作为社会环境的媒介（即传播媒介在社会里的角色）。这些概念显示，媒介环境学如

① Nystrom, Christine. Towards a Science of Media Ecology: The Forumlation of Integrated Goceptual Paradigms for the Study of Human Communication System[D]. New York: New York University, 1973: 3.
② 斯特拉特. 麦克卢汉与媒介生态学[M]. 胡菊兰，译. 开封: 河南大学出版社, 2016.
③ 阿什德. 传播生态学——控制的文化范式[M]. 邵志择，译. 北京: 华夏出版社, 2003.
④ 福勒. 媒介生态学: 艺术与技术文化中的物质能量[M]. 麦颠，译. 上海: 上海社会科学院出版社, 2019.

何强调人在媒介研究中的作用,它又如何研究人与传播媒介的关系。

之所以选择媒介环境学来翻译英语的 media ecology,还有一个同样重要的原因。这个表达本身体现并唤起环境保护主义(environmentalism)的观念和实践;反过来,它使人看清媒介环境学人文关怀和身体力行的一面,说明它是一种实践哲学、一种社会思想学说……'践行'媒介环境学和'研究'媒介环境学,具有同等重要的意义。媒介环境学的天然使命是促使这个世界成为更加适合人生存的地方和环境。

为了维持理念上的一致和清晰度,我建议把迄今为止我的一切中文著作里 media ecology 的译名从媒介生态学一词更名为媒介环境学。①

何道宽对于这一译名的变更声明,一方面好像讲清了北美媒介环境学研究的真实情况,另一方面也似乎加剧了它的混乱性和不确定性。通常,如果某个译名能够达到一呼百应的效果,也许有利于学术概念和理论的澄清与统一;但是,如果某个译名只得到少数人甚至只有几个人的坚持和认可,而多数人不予理会,反而不利于学术的发展与进步。这就像当年引进传播学时,有学者提出"communication"在英语中有传递、交流、通信、交往、沟通等含义,既指单向传播又指双向交流。现在翻译成"传播"只显示了其单向传播的意蕴,而失却它双向交流的意涵。因此,"communication"应该译成"交流","communication theory"应该译成"交流理论","communication science"应该译成"交流学",并且率先将自己的著作也依此全部改了过来。但是,整个中国传播学界无人响应,学界依然普遍坚持使用"传播""传播理论"和"传播学"。我在这里重提旧事,既不是反对什么,也不是支持什么,只是提醒学界同行:一旦某个译名已经约定俗成、得到普遍采纳,就不要轻易改变。

虽然"媒介作为环境的研究"即北美洲和日本的媒介环境学,大多是从宏观的、哲学的和文化的层面及批判的态度对社会环境和文化环境进行研究,也有的是在研究其他学科的问题时涉及环境和生态现象,并非我们所定义的媒介生态研究;而且所研究的还是宏观的哲学视野下的微观层面的、小格局的甚至是琐碎的现象和事件,少有宏观层面的、大视野的、大格局的研究,研究又多以描述、分析加批判为主,不对媒介生态退化、生态失控、生态危机提出治理、调控和干预的措施,没有让理论与实践结合,缺乏现实意义和应用价

---

① 何道宽. 异军突起的第三学派——媒介环境学评论之一[J]. 深圳大学学报(人文社会科学版),2006(6):106.

值,但是,它还是对中国的媒介环境、环境传播及生态和气候传播与生态研究产生了一定的影响,具有一定的借鉴和启迪意义。

总之,中国媒介生态学与北美的媒介环境学不同,它以媒介生态系统为中心,以媒介时空耦合为主线,以人—媒介—智能—社会—自然(天地)的五个维度关系为研究基础,以媒介分子、种群、集群、环境、系统和生物圈为核心概念,以媒介高效、友好、和谐为主要方向,以媒介可持续发展为核心追求,以媒介整体互动为目标,以媒介生态工程为手段,展开全方位、多视角、多层面的分析研究,以揭示媒介生态系统的内在机制与外部关系相互作用、相互联系的本质和规律。

二、中国媒介生态学研究历史简述

知识发生即知识成育,知识发生学就是指通过科学方法反映和揭示人类知识从幼稚到成熟的发生、发展、演化的经历及其历史的科学。知识发生学不仅要探究和展示知识生成、发展和演化的全部过程,而且要研究知识如何发生、怎样发生和为何发生;不仅要探究概念知识、原理知识的生成与演变,而且要探析方法知识和应用知识的发展和变化。

分析和探究新知识发生和扩散过程的起点和源头,是个体不是群体。因为"新的知识总是源自个体。""知识只能由个体创造。换言之,没有个体,组织不能创造知识。因此,组织的角色是支援和激励个体的创造活动,或者说,组织应该为个体提供适当的环境。"①探索和揭示中国媒介生态学历史及其知识发生、扩散的过程,也必定先从创造新知识的源头——个体开始,然后再依次分析和展示其逐级逐层、由此及彼、由近到远、由小到大的创新扩散的全部过程。

张健康采用知识发生学方法,在总结中国媒介生态学研究历史和现状中认为:"中国媒介生态学思想最早可以追溯到《政治传播学》②一书提出的影响深远的'整体互动模式'。这一模式很好地反映了邵培仁教授传播理论研究的先进理念——'整体互动论'。"③因为不仅"整体互动论"贯穿和渗透于邵培

---

① 竹内弘高,野中郁次郎. 知识创造的螺旋:知识管理理论与案例研究[M]. 李萌,译. 上海:上海人民出版社,1995:30,11.
② 邵培仁. 政治传播学[M].南京:江苏人民出版社,1991.
③ 肖容. 整体互动论:独树一帜的传播模式——略论邵培仁的传播学研究[J]. 徐州师范学院学报 (哲学社会科学版),1992(3):138.

仁媒介生态学研究的全部过程之中,而且根据知识发生学的原理,在中国知网数据库查询的近四千篇媒介生态研究论文中分析归纳出来的"十大研究热点",即"媒介生态环境""媒介融合""媒介生态系统""传播生态""生态位""传统媒体""大众传媒""新媒体""传媒生态"和"媒介素养",媒介生态学关键概念也主要来自邵培仁的第一批学术成果。①

在中国传统文化和现代学术中,有着丰富的生态思想和生态智慧,但是符合媒介生态学定义的学术研究,我认为是在进入 21 世纪后才开始的,西方媒介生态学研究与中国的情况比较接近。所以,如果可以依据这一角度来回顾进入 21 世纪以来中国媒介生态研究的基本状况,我认为可以根据知识发生学原理分为三个发展时段,即理论创建期、理论阐释期、理论应用期;总结为五个特点,即本土性、原创性、生态性、包容性、应用性。

1.理论创建期(2001—2008 年)

中国在媒介生态学研究领域如同在媒介管理研究领域一样,其理论创建期的过程不仅比较短,而且成熟快,在较短时间内完成了从媒介生态研究基本概念的提出、核心元素的确立、理论愿景的描述、理论框架的建构等完整的概念知识和原理知识的创建过程。

清华大学崔保国认为:"媒介生态学研究在我国的展开,来自我国传播学者的自觉,不同于传播学研究那样是从海外引进的。""中国学者的媒介生态研究意识是原发的,而不是引进的。""邵培仁教授最早发表了媒介生态研究的系列论文,开了国内媒介生态研究的先河。"②支庭荣评论:"在国内,邵培仁教授是媒介生态学本土化研究的开拓者。""在《媒介生态学》的字里行间,跳动着作者的忧患意识与报国情怀。"③梅朝阳认为,邵培仁教授的媒介生态学系列成果不仅开拓了新的学术研究领域,而且"建构了不同于国外学者的媒介生态理论体系",是"具有中国特色的媒介生态学"。④ 部书错指出:"邵培仁教授是我国媒介生态学研究的开拓者和集大成者,他所倡导的中国媒介生态学与美国媒介环境学相比,具有如下三个显著的特点:一是学科的包容性更

① 张健康. 中国媒介生态研究历程回顾及其发展趋势[J]. 华夏传播研究,2020(2):303-320.
② 崔保国. 媒介是条鱼:理解媒介生态学[J]. 中国传媒报告,2003(2):18.
③ 支庭荣. 从隐喻到思辩:一个学术种群成长的样本——读邵培仁教授新著《媒介生态学》[J]. 中国传媒报告,2008(2):118,119.
④ Mei, Zhaoyang. Media Ecology with Chinese Characteristics: A Reperusal[J]. *Critical Arts*,2019 (33):99.

大。媒介生态学以生物学为起点,涉及政治经济学、经营管理学等多个学科大类。二是方法的建设性更强。媒介生态学回避了批判学派'重批判、轻建设'的思维范式,采取'重建设、轻批判'的学科策略,在大力推进学科建设的完善与升级上具有更强的建设性。三是特色的体现性更广。媒介生态学的原发意识来源于中国现实,其学术营养的儒家智慧和学术取向的天人合一,无不体现和谐社会的时代特色。"①

中国媒介生态学的元理论(概念知识和原理知识)是媒介生态学发展的基本理论,是中国媒介生态学发展的起点和基点,具有重要理论价值,对媒介生态学的发展至关重要。张健康认为,中国媒介生态学元理论的主要来源是邵培仁,其代表作是:《论媒介生态的五大观念》《传播生态规律与媒介生存策略》《论媒介生态系统的构成、规划与管理》《媒介生态学研究的新视野——媒介作为绿色生态的研究》《信息公平论:追求建立世界信息传播新秩序》《媒介生态学研究的基本原则》《建设平衡和谐、良性循环的中国媒介生态系统》《媒介生态城堡的构想与建设》《当代传播学的生态转向与发展路径》等②,以及《媒介生态学:媒介作为绿色生态的研究》。③

其实,在此之前,邵培仁在《论人类传播史上的五次革命》一文中,就曾针对"传统媒介死亡论"提出"媒介生态规律可能有别于自然生态规律"的观点,认为在"新的传播革命爆发后,人类在旧的传播革命中所使用的传播手段不会被随之抛弃,而总是以一种新的面貌又出现在新的传播活动之中。它们的生存与发展似乎并不遵循优胜劣汰、物竞天择的法则,好像更符合互动互助、共进共演的原理。例如,文字传播并未淘汰语言传播,电子传播并不排斥印刷传播,而网络也未对抗电子传播,它们的发展似乎是一种相互竞争、相互借鉴、相互协调的关系"。④媒介生态演化、发展的事实似乎已经证明并且还将继续证明媒介生态的法则有其特殊性。有别于自然生态法则的"优胜劣汰、物竞天择",媒介生态法则的"互动互助、共进共演"也已得到学术界广泛的认同和引用。

① 邵书措. 中国特色的媒介生态学理论——邵培仁教授媒介生态学最新研究述略[J]. 东南传播,2009(10):4.
② 张健康. 中国媒介生态学研究的量化考察、焦点回顾与质化分析[J]. 江苏师范大学学报(哲学社会科学版),2015(2):150-157.
③ 邵培仁,等. 媒介生态学:媒介作为绿色生态的研究[M]. 北京:中国传媒大学出版社,2008.
④ 邵培仁. 论人类传播史上的五次革命[J].中国广播电视学刊,1996(7):8.

在国内,《中国传媒报告》是最先开辟研究专栏的重要杂志。在2003年第2期和第3期,该杂志连续以"媒介生态研究"专栏发表一系列国内外专家学者在媒介生态方面的重要研究成果,其中包括林文刚的《媒介生态学在北美之学术起源简史》、兰斯·斯特拉特与凯瑟·曼孔卢姆的《刘易斯·芒福德与科技生态学》、崔保国的《媒介是条鱼:理解媒介生态学》、陈星的《试论史前媒介生态中非语言媒介的演变》、骆正林的《公共政策变迁和媒介生态循环》、刘云的《试论中国电视文化生态的转型》等。这一系列论文的发表、转载和网络传播,推动了媒介生态概念知识的扩散与我国媒介生态学研究的发展和深入。

在这一时期,从媒介生态学主体论角度进行研究的主要有以下论文:许永的《优化媒体资源从认识媒介内生态开始》,王炎龙的《传媒生态规律与电视生存逻辑》,陈兵的《拯救传播:论传播生态的失衡与重建》,梅婷婷的《论中西媒介生态学研究的差异》,张志林、王京山的《网络媒介生态位初探》,何镇飚的《从媒介生态角度谈广告自律》,邵静的《中国户外广告业的运营现状与发展对策——以媒介生态种群论为切入视角》,陈祁岩的《中国媒介产业化发展演变的生态学探讨》,邢彦辉的《传媒生态系统中的资源循环》,叶芳、庾月娥的《中国大陆"媒介生态理论"研究述评》,黄娴的《媒介研究的一个新领域:论中国的媒介生态学研究》,陈燕的《媒介生态学的产生与流变》,还有张健康的博士学位论文《媒介生态的失衡与调适》和郑虹的硕士学位论文《论中国媒介生态学研究的历史轨迹与发展趋势(1978—2008)》等。

从2001年到2008年,在中国传播学界的共同努力下,媒介生态学从无到有,应时顺势,提出了媒介生态的五大观念、五种规律和五大要素,对中国生态传播思想进行了系统梳理和总结,找到了儒释道三教生态思想的共通性和特色性,提出了以"循环式食物链"代替"单式食物链"、以"绿色生态链"替代"灰色生态链"的学术主张,为中国媒介生态学研究开辟了崭新的研究领域,构建了科学的研究框架,打下了扎实的学术基础,在开创初期即取得了令人瞩目的学术发展。

2. 理论阐释期(2009—2015年)

由于在理论创建期基本确立了媒介生态研究的宗旨、目标、任务和基本概念、核心元素、理论框架,很快进入了概念知识和原理知识阐释、机理探究和后果预测阶段。在这一阶段的学术成果中,有的论文对一些媒介生态研究的概念内涵、知识结构和学科外延进行了拓展,深化了媒介信息、符号、受众等生态要素研究,开阔了原有的学术视野和分析角度;有的论文对中国媒介生态现状中的一些问题和矛盾进行了客观分析,对可能出现的后果进行预测并提出对策,为媒介生态理论联系具体实际进行研究提供了样本;有的论文看到了传统的新闻传播理论和方法的局限性,发现媒介生态学理论和方法在分析和解决具体生态问题时具有特殊而突出的机理活性和学术阐释力;有的论文对具体的地方媒体、专业媒体、广播电视节目进行生态分析,提出改革和优化的措施或方案;有的论文发现全球媒介生态在网络与新媒体等传播科技的冲击下正在发生蜕变和沦落,要求人们予以重视、警惕和预防;有的论文对媒介生态学研究的历史、现状进行了梳理和总结,或对其发展前景进行了非常乐观的展望。这些代表性论文主要有:徐钱立的《中国媒介生态学研究的知识结构与学术视野》,邵培仁的《建设平衡和谐、良性循环的中国媒介生态系统》,李雷的《媒介排斥:当代社会的信息传播失衡》,邵培仁、彭思佳的《信息低保:构建信息公平社会的基本保障》,邵鹏的《电视读书节目濒危的原因及拯救——媒介生态学视角下的思考》,邵培仁的《警惕全球新闻媒介的蜕变与沦落》,冯洁的《对媒介生态传播环境下多媒体作品的法理分析》,袁靖华的《生态范式:走出中国传播学自主性危机的一条路径》,黄仁忠、王勇的《论我国媒介生态变迁的三个阶段》,魏先努、周文的《媒介生态学研究综述》,张健康的《中国媒介生态学研究的量化考察、焦点回顾与质化分析》,海阔、何娟的《媒介生态学的研究前景展望》,等等。

还有几本学术专著也各有特色:陈亚旭的《媒介生态与地域性传播:中国地市报生存发展态势研究》一书[①],分别从媒介生态位、生态种群、食物链、生态环境空间、生态能量和生物钟等方面入手对中国地市报生存发展现状和态势进行剖析和研究,还在研究中运用热力学、生物能量学的原理,分析了地市报的能量聚集、耗散和转换,从中探寻地市报的"脱困""腾飞"之道。陆高峰的《中国新闻人从业生态研究》一书[②],从媒介生态学、传播学、社会学与管理学等学科交叉的角度,结合实证调查与人文思辨研究两种方式,分析当下新闻人从业生态状况及其对媒介产业发展带来的影响,探讨新闻从业生态圈、媒介产业生态圈与社会宏观生态圈之间的互动关系与生态规律,分析其中存

在的政治、经济与文化原因,提出了一些切实有效的生态修复与优化方案。吴玉兰的《中国财经类媒体发展研究:以媒介生态学为视角》一书①,借鉴媒介生态学相关理论和方法,既解读财经类媒体发展所依存的社会政治、经济、文化等要素构成的外生态,又分析财经类媒体的生态定位、传播理念、媒介融合、生态失衡、竞争策略等现实问题构成的内生态及其互动关系和可持续发展之路,从而在媒介内外生态的双重视角中审视财经类媒体发展的动因、存在的问题、发展策略以及今后的发展趋势,为财经类媒体的转型发展探索出一条新的发展思路。

3. 理论应用期(2016 年至今)

中国媒介生态学与西方媒介环境学的不同之处在于:中国媒介生态学扎根于中国传统文化和现代学术,以媒介生态为中心,考察与分析人类社会的各种外部因素及媒介生态的各种内部因素的相互关系和相互作用,讲究理论联系实际,重视创造和总结方法知识和应用知识;西方媒介环境学产生于西方文化和学术传统,以人类社会为中心,关注与研究社会文化环境和媒介文化生态对人类的作用和影响,偏重哲学层面的思考和想象。媒介生态理论来自实践,但又高于实践和指导实践。媒介生态研究在经过了理论创建期、理论阐释期,大约在 2016 年进入理论应用期和知识整合期,媒介生态理论进一步在各个新闻传播学领域甚至包括其他学科得到广泛运用,着眼于报刊、广播、影视、图书、网络和新媒体等不同媒介类型的分支生态研究不断发展,媒介生态理论指导传媒实践沿着正确、科学发展的力度不断强化。媒介生态理论研究由宏观向中观、微观方面延伸,进入应用期、整合期或升华期,既表明它是一种有较强阐释力和应用性的全新的有效的研究范式,也表明它是一种具有自己的研究对象、范畴、理论体系的比较成熟和有发展前景的学科,还表明学者们具有学术自信、学术底气和学术担当。

在这一阶段的学术成果中,不仅有众多学术论文涉及媒介生态理论和生态问题,而且爆发性地出现了许多与媒介生态学有关的学术专著,甚至还出版了全球传播生态蓝皮书——全球传播生态发展报告。② 代表性的学术论文有:胡正荣的《深度融合需要重构全媒体生态》,叶欣、吴飞的《数字化语境下的传媒业生态重构》,方爱华的《传媒生态系统成长研究》,殷瑜的《西部媒介

---

① 吴玉兰. 中国财经类媒体发展研究:以媒介生态学为视角[M]. 北京:中国社会科学出版社,2010.
② 高伟,姜飞. 全球传播生态发展报告[M]. 北京:社会科学文献出版社,2020—2021.

生态环境对于民族关系建构的影响》，张卓、赵红勋的《打破引进僵局 创造中国模式——媒介生态环境下电视媒体的发展进路》，郭应喆的《新媒体生态中新闻类杂志的发展路径研究》，黄丹的《新媒体语境下广播电视媒介生态研究》，方爱华的《全场景时代移动音频行业的生态变革》，陆高峰的《微信舆论生态治理研究的价值、现状与路径》，商超余的《"双轨制"媒体生态下我国国家形象的建构》，等等。代表性的学术专著有：谷鹏的《媒介生态与奥运报道》①，陈明欣的《成人教育传播研究：以媒介生态学为基本视角》②，邵培仁的《走向绿色：华莱坞电影生态研究》③，杨艳妮的《社会化媒体生态演化研究》④，李林容、陈成、赵红勋的《微信与媒介生态环境》⑤，李娟的《媒体生态与新闻主导力研究》⑥，郑保章、何苗、李良玉的《新媒体环境下中国科技传播生态及其评价体系建构分析》⑦，等等。

综观上述研究，我们可以得出如下结论：(1)中国媒介生态研究在较短时间内走过了"想象描述→建立理论→揭示机理"的主要过程，占据了"概念知识→原理知识→方法知识→应用知识"的全部领域，经历了"综合→分化→整合"的内容提炼和升华，显示出健康发展的良好生态；(2)中国媒介生态研究主要动用中国传统文化和现代学术的知识资源，更侧重于媒介内源性、内因性的生态研究，重点讨论的是本土媒介在传播过程、媒介业务、媒介经营管理等方面的生态问题、矛盾和现象；(3)这种以媒介生态为中心的、偏向中观和微观层次的研究，与以人类社会为中心的、偏向文化传播和宏观层次的西方媒介生态研究有着显著的差异。

根据上述结论，还可以推导出中国媒介生态学研究具有四个特点：(1)中国媒介生态学研究在创建创新阶段即主张学术研究本土性和创新性，重视概念知识、原理知识、方法知识和应用知识的创造和推广，注意强化学术研究的"文化基因"和"中国特色"，以避免在同西方学术的交流和竞争中丧失自我和本真，这种做法对后来的媒介生态研究起到了较大的思维定式和思考顺推的

① 谷鹏. 媒介生态与奥运报道[M]. 苏州：苏州大学出版社,2017.
② 陈明欣. 成人教育传播研究：以媒介生态学为基本视角[M]. 济南：山东教育出版社,2018.
③ 邵培仁. 走向绿色：华莱坞电影生态研究[M]. 北京：首都经济贸易大学出版社,2019.
④ 杨艳妮. 社会化媒体生态演化研究[M]. 北京：科学出版社,2019.
⑤ 李林容,陈成,赵红勋. 微信与媒介生态环境[M]. 北京：知识产权出版社,2020.
⑥ 李娟. 媒体生态与新闻主导力研究[M]. 北京：中国广播影视出版社,2021.
⑦ 郑保章,何苗,李良玉. 新媒体环境下中国科技传播生态及其评价体系建构分析[M]. 北京：科学出版社,2021.

作用。(2)中国媒介生态学研究始终聚焦"生态性",坚持以媒介生态为中心,以"人—媒介—智能—社会—自然"五个维度为理论框架,以媒介生态"分子—种群—集群—环境—系统"五大要素为核心概念,以"绿色、友好、平衡、循环"四大目标为基本宗旨,不轻易地向泛文化、泛传播、泛学科方向蔓延,为建构新兴的具有本土特色的传播学科进行了有益的探索和成功的试验。(3)中国媒介生态学研究虽然是对本土性和生态性研究的创新,但又是具有包容性和开放性的学术研究。它既扎根本土、聚焦生态、联通古今,又中外勾连,兼顾本土化与亚洲化、全球化,贯穿历史、现实与未来。(4)中国媒介生态学研究反对"对空言说",鄙视说空话讲废话,主张求真务实,理论联系实际,既有理论性、学术性,又有指导性、应用性。同时,上述事实还恰好证明,由于中国媒介生态学研究具有本土性、原创性、生态性、包容性和应用性等优良特性和丰富的充足的知识含量,才很快发展成为扎根在中国传统文化和现代学术大地上的一棵有着旺盛生命力的学术大树。

最后,我们必须认识到,如果说知识的发生和创造主要源自个体,那么知识的完善和扩散则主要由"个体与组织的综合""由上至下与由下而上的综合""层级体制与任务团队的综合""东方与西方的综合"的组织完成。而且"未来也属于那些能够将东方(A)与西方(B)进行最佳综合并且能够构造组织创新的通用模型(C)的"科研种群或集群。① 因此,如果要探索和展示中国媒介生态学历史及其知识发生、扩散得更加详细的过程或知识成育生涯,我认为,可以从中国媒介生态学研究中新概念、新观点和新思想的首次提出,追踪知识的发生和创新;可以从新概念、新观点和新思想在国内外被引用、评论的频次、频率等情况,检验其知识的扩散、传播范围及被认可度;还可以从论文或专著获奖或外译等情况,观察和检查知识创新和扩散被学术界和学术机构认定或肯定的程度。这才是十分有价值的学术研究。

第二节　中国古代生态思想研究

"中国文化是中华民族的精神血脉,没有它,我们就是蛮族野民;中国文化是华夏子孙的护身法宝,没有它,我们就会危机四伏。中国文化是宗教、学

---

① 竹内弘高,野中郁次郎. 知识创造的螺旋:知识管理理论与案例研究[M]. 李萌,译. 上海:上海人民出版社,1995:11-18.

术、艺术的综合体。解决中国问题、深化中国改革、完善中国模式、传播中国
文化,一定要宗教(儒释道)传播、学术传播、艺术传播三者互动互助、共进共
演、同时发力。""中国传统文化历来倡导天人合一,人天互爱,昭示学术与自
然、理论与实践是一体之两面,失去一面另一面便显得苍白、乏味、无趣。"①党
的十九大报告提出的"人与自然是生命共同体"以及"人与自然和谐共生"的
价值理念,创造性地继承了中国传统文化中的生态思想(图 2-1),同时接轨世
界范围内生态文明建设的潮流和趋势,为中国生态文明建设和中国媒介生态
理论研究指明了正确的方向。因此,探索和研究中国媒介生态学知识的发
生、发展和扩散,必须寻找和梳理中国古代生态思想和知识成育、传承及其对
现当代生态学包括媒介生态学影响、加持的量级、脉络和轨迹,尽管这样做极
其困难。

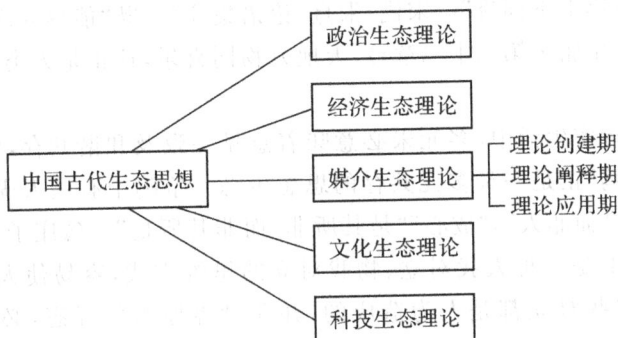

图 2-1　中国古代生态思想与媒介生态理论的关系

　　从某种意义上讲,中国媒介生态理论的知识成育和生长营养不仅来源于
中国传统文化和现代学术的土壤,也来源于全球文明社会的生态智慧和中国
古代社会的生态思想。

一、"和而不同":儒释道多元共存的生态思想

　　"和而不同"是儒释道三家生态思想的共同主张,贯穿于中国生态思想史
的整个发展过程。"和而不同"意味着多元、包容、共存,即多样性意义上的和

---

① 邵培仁. 传媒的魅力——邵培仁谈传播的未来[M]. 北京:首都经济贸易大学出版社,2014:65,
23.

谐、平等、共处。"宇宙万物是相互依存、互相联系的过程。"①历史上的儒释道虽然有过冲突与矛盾,但总体上仍能相互包容、和睦相处,井水不犯河水。儒释道的"和而不同"构成了中国文化生态的特有结构,"儒以治国,道以修身,佛以养心",生态位不同,功能性各异,三教和合相济,就像一首交响乐的三个乐章,抑或像一曲和声中的三个不同"声部",异彩纷呈,各显神通,共同构成了中华和合生态文化的思想风景。②

如果说音乐的多样性是自然而成的,那么人类群体、文化、观念的多样性同样是天然存在的,都应该予以尊重和平等对待。庄子主张"齐物"和"道通为一",强调万物多元而平等。"诚者,非自成己而已也。所以成物也。成己仁也,成物知也。"(《中庸·第二十五章》)"诚"是世界的本体,"至诚"是人生的最高境界。"成己"是仁,"成物"是智。人与物合一,共体共生,融合为一,"直与天地万物上下同流"([宋代]朱熹《论语集注》),既"能尽人之性",又"能尽物之性"(《中庸·第二十二章》),天地万物同喜乐,这正是人类追求的美好世界。

虽然在现实生活中,多元未必意味着意见一致及和谐共存,但在庄子看来,"百家争鸣"正是一种多元共存的思想生态。争鸣中有些人固执己见,以势压人,"是己而非人","成心""是其所非,而非其所是"。(《庄子·齐物论》)"成心"实际上是一种人我对立、物我对立的思维方式,容易使人陷入偏执。庄子认为,这些对立都是人为造成的,并非世界原本的样态,必须消除"成心",消除人我与物我的对立,树立一种万物共存平等的生态思想。"无物不然,无物不可。故为是举莛与楹,厉与西施,恢恑憰怪,道通为一。"(《庄子·齐物论》)也就是说,从道的角度看,小草和大树,丑女和美人,以及各种奇怪事物都是整体相通的,都有生存和发展的权利。可以说,庄子《齐物论》的"齐物"之旨,就是阐述"人物平等""万物平等"的观念。③

儒家同样主张求同存异、平等共存,认为万物多元乃天地所赋予。《尚书·尧典》:"百姓昭明,协和万邦,黎民于变时雍。"《礼记·中庸》:"万物并育而不相害,道并行而不相悖。""辟如天地之无不持载,无不覆帱,辟如四时之错行,如日月之代明。"要建设一个远离封闭、开放包容的生态世界,就要像天

---

① 邵培仁,等. 亚洲传播理论:国际传播研究中的亚洲主张[M]. 杭州:浙江大学出版社,2017:85.
② 邵培仁,姚锦云. 华夏传播理论[M]. 杭州:浙江大学出版社,2020:17.
③ 陈鼓应. 庄子今注今译(上册)[M]. 北京:商务印书馆,2012:41.

地那样既可承载,亦能覆盖;又像四季交错运行,日月变换光明。孔子说:"君子和而不同,小人同而不和。"(《论语·子路》)大家可以共存于天地间而互不妨害,文明的繁盛离不开求同存异、开放包容,离不开文明交流、互学互鉴。

"和而不同"的更高境界是"和为贵"。孔子说:"礼之用,和为贵。先王之道,斯为美。"(《论语·学而》)孟子则将"人和"看得最重:"天时不如地利,地利不如人和。"(《孟子·公孙丑下》)为人之"和",正是践行天地本然之道,因而也是"天下之达道"。"和也者,天下之达道也。致中和,天地位焉,万物育焉。"(《礼记·中庸》)荀子的"和"观念更为"现实":"刑政平,百姓和。"(《荀子·王制》)"万物各得其和以生,各得其养以成。"(《荀子·天论》)董仲舒则将天道之"和"落实为人事之"和",扩大其功用:"天有两和以成二中,岁立其中,用之无穷。""和者天之功也。举天地之道,而美于和,是故物生。""春秋杂物其和,而冬夏代服其宜,则当得天地之美,四时和矣。"(《循天之道》)在儒家生态思想中,"和而不同"是一个完整的、从天地之道到社会生活不断发展变化的开放过程。

"和而不同"是"和"与"不同"的协调,是"一元"与"多元"的融合。中国传统文化中的核心生态理念是"一元主导、多元共生"。"一元主导",意即事物发展中必须有整合性、凝聚性的核心力量主导着事物发展的方向和趋势,犹如原子结构中原子核的作用;"多元共生",意即事物发展和运动的内在生态结构和外在生存环境中存在着各种各样的既各自独立又相互联系、相辅相成、共生共荣的力量和因素。在具体的生态互动场景中,人与自然"万物一体",个体与家族"法祖齐家",家族与社会"和合共生",它们共同构成中国古代社会生态的理想画卷。

佛家讲和时更加系统化和生活化。梵语中"僧伽",意译即为"和合众"[①]。佛家的"六和敬",即"身和同住,语和无诤,意和同悦,戒和同行,见和同解,利和同均"。(《大乘义章》卷十二)"住在佛家,修六和敬,所谓三业、同戒、同见、同学。"(《仁王护国般若波罗蜜经卷上·受持品第七》)印顺认为:在"六和中,'见和同解'、'戒和同行'、'利和同均'是和合的本质;'意和同悦'、'身和同住'、'语和无诤'是和合的表现。"[②]佛家希望人们和谐相处,"不念旧恶,不憎恶人。"(《八大人觉经》)星云大师常用文字浅显、义理清晰的"四好"开示大

①　韩焕忠.佛教对中国和文化的贡献[J].中国宗教,2009(12):29-31.
②　印顺.佛法概论[M].上海:上海古籍出版社,1998:10.

家:"存好心,说好话,行好事,做好人。"这"四好"不仅指明了世间做人做事的方向,也概括了"和"在日常生活中的基本形态。在佛家看来,"是缘起果","展转相依","缘"是"和"的铺垫和牵引,"和"是"缘"的结晶和果实。"谓识为缘,而有名色。名色为缘,而有六处。六处为缘,而有其触,触为缘受,受为缘爱,爱为缘取,取为缘有,有为缘生。"(《缘起圣道经》)一因一果,环环相扣,前呼后应,互动互助,共进共演。

儒释道"和而不同",并不意味着"老死不相往来",相反,"和而不同"的源流在于"和实生物""交而遂通"。"和实生物""交而遂通"意味着万物的多元恰恰要求互相接纳和欣赏;只有互相接纳和欣赏,才能进一步成就万物的生长与延续,让生态良性循环、持续发展。①

中国历史上一直存在"儒道互补""三教合一"现象;儒释道思想及其研究互动互助、共进共演、互不排斥,这也是学界公认的事实。在传播生态研究中,中国传统文化和儒释道主张遵循的总原则是"和为贵"与"忍而刚",倡导和要求人们待人处事、吐纳言语要"温、良、恭、俭、让",力求圆通平和,避免冲突碰撞,恪守"中庸之道",保持适度适量、恰到好处。② 同时,主张讲良言、戒恶言,讲精言、戒多言,讲实言、戒浮言,讲有用之言、戒无用之言。即使在今天,这些生态原则和传播主张仍然历久弥新,让人受益匪浅。③ 因此,我可以说,中国传统文化在本质上就是一种主张天地人三极共生共存、共进共演、和合平等的泛生态文化。

二、"天人合一"的儒家生态思想

"天人合一"反映了儒家人与自然和谐共生、命运一体的生态思想。冯友兰先生从释义出发认为,"天"有五义:曰物质之天,即与地相对之天;曰主宰之天,即所谓皇天上帝,有人格的天、帝;曰运命之天,乃指人生中吾人所无可奈何者;曰自然之天,乃指自然之运行;曰义理之天,乃为宇宙之最高原理。④《论语》中的"天"是自然之天、义理之天和命运之天。⑤ "天何言哉?四时行

---

① 邵培仁,姚锦云. 华夏传播理论[M]. 杭州:浙江大学出版社,2020:180.
② 邵培仁. 作为天地人三极视维的中国古代生态思想[J]. 华夏传播研究,2020(12):3-14.
③ 邵培仁. 传媒的魅力——邵培仁谈传播的未来[M]. 北京:首都经济贸易大学出版社,2014:80-82.
④ 冯友兰. 中国哲学史[M]. 上海:华东师范大学出版社,2000:35.
⑤ 杨伯峻. 论语译注[M]. 北京:中华书局,1980:10.

焉,百物生焉,天何言哉?"(《论语·阳货》)孔子"创生性"界定"天"为包容四时运行、创生万物的"自然之天","与当代环境伦理学的观点不谋而合,体现了其卓越的生态智慧。"①"天人合一"的"人"是自然造化的"万物之灵"。所谓"天生百物,人为贵"(郭店楚墓竹简)。"知(智)者乐水,仁者乐山。"(《论语·雍也》)天与人是相依相存相亲的命运共同体。人的精神标志和高贵之处是"仁",即仁者不仅要爱人,而且要爱物、爱天地,要有大爱之心,其做人的底线是"己所不欲,勿施于人"(《论语·颜渊》)。正所谓"亲亲而仁民,仁民而爱物。"(《孟子·尽心上》)"仁者以天地万物为一体,使有一物失所,便是吾仁有未尽处。"人与自然是具有生命特征的"相生相养"的一体性生态系统。

天地人三足鼎立,顺天应地,万世太平。"有天道焉,有人道焉,有地道焉,兼三材而两之。"(《周易·系辞下》)汉代董仲舒说:"天地人万物之本也。天生之,地养之,人成之。""三者相为手足,不可一无也。"(《春秋繁露》)天地人三者也均有其遵循之道:"立天之道,曰阴与阳;立地之道,曰柔与刚;立人之道,曰仁与义。"(《易·说卦》)宋儒张载说,人要"为天地立心,为生民立命,为往圣继绝学,为万世开太平"(《近思录拾遗》)。这是一个顶天立地的充满浩然之气的"人",不仅尊天、敬天、法天、知天命、畏天命和乐天命,而且能肩负起参赞和辅助天地万物化育的生态责任。孟子曰:"顺天者存,逆天者亡。"(《孟子·离娄上》)荀子要求顺天而制,"应时而取之""理物而勿失之"(《荀子·天论》)。宋儒张载也主张"代天而理物,曲成而不害其直"(《正蒙·至当》)。人只有顺应自然、保护自然和"应时而取"自然,才能不伤害自然并得到自然的滋养和回报,否则一旦得罪了自然,就连祷告的地方都没有了:"获罪于天,无所祷也。"(《论语·八佾》)

儒家将"诚"作为"天人合一"的指导思想、天地万物的本性和自然界生存的本质。孟子说:"诚身有道,不明乎善,不诚其身矣。是故诚者,天之道也;思诚者,人之道也。至诚而不动者,未之有也;不诚,未有能动者也。"(《孟子·离娄章句上》)"诚者自成也,而道自道也。诚者物之终始,不诚无物。"《中庸·第二十五章》宋代张载说:"儒者则因明至诚,因诚至明,故天人合一。"(《正蒙·乾称》)

孔子认为,人要"乐水""乐山",还要主动换位思考、移情山水,将自己的道义品德投射给自然万物,使其更加美好。但是,人的审美也要适度适中、恰

---

① 高伟洁.秦汉时代生态思想研究[D].郑州:郑州大学,2017:19.

到好处。"乐而不淫,哀而不伤。"(《论语·八佾》)乐而生淫、哀而伤身都是不好的。董仲舒认为孔子就做得很好:"天人之征,古今之道也。孔子作春秋,上揆(揣度)之天道,下质诸人情,参之于古,考之于今。"(《汉书·董仲舒传》)孔子的"乐感生态文化"是一种基于个体生态体验的快乐文化,也是一种"精神超越而不迷失、行为自由而不放纵、生活务实而不庸俗"的文化,还是一种积极、乐观、向上和面向未来的文化。

二、"万物一体"的道家生态思想

道家生态思想是一种无为的、整体的、平等的生态观。其核心观点是老子的"道法自然"。"有物混成,先天地生。寂兮寥兮,独立而不改周行而不殆,可以为天地母。""人法地,地法天,天法道,道法自然。"(老子《道德经·二十五章》)"郭象和向秀在《庄子注》解释'自然'说:'天地以万物为体,而万物必以自然为正。自然者,不为而自然也'。"[①]"不为"即"无为"、不干预、不乱来;"道法自然"是一种无心、无欲、无为的心理,也是一种自然而然、自均自成、无功任运的状态。"老子说:'是以圣人⋯⋯以辅万物之自然而不敢为。'这里很是明确地说'自然'就是'万物的自然'。'圣人'遵循'道'的'无为'推行'无为政治',是为了辅助和配合'万物的自然',这就是简本说的'道,恒亡为也,侯王能守之,而万物将自化'。'自化'与'自然'义近,它是说'万物'自行变化。"[②]"道法自然"实际上就是一种对自然生态最好的尊重、爱惜和保护。人类源于自然界,就应该顺应、尊重和依赖于自然界,遵从自然之道,与自然和谐共处。

道家强调"道法自然",是因为"万物一体",世间万物一荣俱荣、一损俱损,是相互依赖、平等"天钧"的命运共同体。庄子说:"天地与我并生,万物与我为一"(《庄子·齐物论》),"万物群生,连属其乡","同与禽兽居,族与万物并"《庄子·马蹄》,"万物皆种也,以不同形相禅。始卒若环,莫得其伦,是谓天钧。"(《庄子·寓言》)这些观点都反映出道家所坚持的"万物一体"或"物我为一"的生态观念,希望人与自然万物相互尊重、关心、爱护和帮助,"取之有度""用之有节",共同生存与发展。因此,每个人都要有公心和同体观,应该

---

① 任俊华,刘晓华. 环境伦理的文化阐释——中国古代生态智慧探考[M]. 长沙:湖南师范大学出版社,2004:217.
② 詹石窗,谢清果. 中国道家之精神[M]. 上海:复旦大学出版社,2009:261-262.

做到"汝游心于淡,合气于漠,顺物自然而无容私焉"(《庄子·内篇》)。就是说,人与天地万物不仅是共生共存、共进共演、"天钧""若环"的整体,而且还是平等的伙伴,不分高低贵贱,没有谁可以特殊。"故道大,天大,地大,人亦大。域中有四大,而人居其一焉。"(《道德经·二十五章》)人应该低下高昂的头颅,放下"同天斗其乐无穷,同地斗其乐无穷"的执念,走顺天敬地、和谐共处的生态之路。老子说:"我有三宝,持而保之。一曰慈,二曰俭,三曰不敢为天下先。"(《道德经·六十七章》)"是以圣人去甚,去奢,去泰。"(《道德经·第二十九章》)老子反对人们过度消费、沉溺声色、挥霍无度、贪图享乐的生活态度,主张过"见素抱朴,少私寡欲"(《道德经·十九章》)、清静恬淡、节制俭省的极简生活,享受素简之乐。

西方的许多学者很早就关注到中国道家思想中关于人与自然和谐共生的传统,并给予相当高的评价。美国学者马夏尔说:"在公元前 6 世纪,中国道家已经表达了最早的、清晰的生态思想……道家提供了最深刻、最雄辩的自然哲学,首次启发了人们的生态意识。"①法国学者索安认为,道教是东方文化传统之一,它可以帮助人类"找到生存的方式",使人类的"神经质自我""侵略性社会"和"被我们破坏的星球"更加和谐。② 道家"万物一体"和"返璞归真"的生态思想,即使在今天仍然有特殊的价值和意义。

三、"万物平等"的佛家生态思想

佛家认为:"众生身中,有金刚佛性,犹如日轮,体明圆满,广大无边。""众生不见,若逢智风,飘荡五阴,重云灭尽,佛性圆照,焕然明净。"(《十地经》)就是说,"一切众生悉有佛性"(南本《涅槃经·如来性品》)。"悉有佛性"也称"正因佛性",是指众生禀赋都潜藏着佛教教义的普遍性和永恒性,也指众生都有接受佛教智慧的潜质和可能;是指有情的众生具有佛性,而低端的不能言说的无情的动植物也有佛性,正所谓"有情无情,皆是佛子","青青翠竹尽是法身,郁郁黄花无非般若"(《大珠慧海禅师语录·卷下》)。世界上万事万物,"缘起共生",包括有情的众生和无情的鸟鱼虫兽、花草树木都有包含着佛法的某种特性,都有自己合乎佛性的内在价值和本质特性。

佛家主张"众生体性平等"的生态观,认为"上从诸佛,下至傍生(畜生),

①　熊铁基. 重视对道家思想中生态智慧的研究[N]. 人民日报,2018-07-24(7).
②　索安. 西方道教研究编年史[M]. 吕鹏志等,译. 北京:中华书局,2002:125.

平等无所分别。"(《大般若经》) 每个生命既不必自卑,亦不可自傲,人类和自然界的动植物的地位是平等的,生命是宝贵的,都享有同等的生存权和发展权。人不能因为"我执"而自以为真的是"万物之灵""宇宙主宰",从而为了自己的需求和利益而伤害自然和万物,将一切生物都视为供自己征服的对象和享用的资源。殊不知,宇宙间的一切生命都是平等的、有尊严的,而且是命运共同体和利益共同体,伤害世间他物其实就是伤害人类自己。

所以,佛家认为,人要有"慈悲心",要善待一切生灵,戒杀、放生、吃素、节俭、报众生恩。慈悲心是大乘菩提心,是指人对事物怀有的慈爱、怜悯之心。"慈悲是佛道之根本"。"大慈与一切众生乐,大悲拔一切众生苦。"(《大智度论·二十七》)"慈爱众生并给予快乐(与乐),称为慈;同感其苦,怜悯众生,并拔除其苦(拔苦),称为悲。"(《 佛学大词典 》)慈悲天下,博爱万物。"无分别心而起的平等绝对之慈悲,此系佛独具之大悲,非凡夫、二乘等所能起,故特称为大慈大悲。"(《大智度论·二十九》)

在佛教看来,万事万物不仅是平等的,而且都是有尊严的。汤因比说:"宇宙全体,还有其中的万物都有尊严性,它是这种意义上的存在。就是说,自然界的无生物和无机物也都有自己的尊严性。大地、空气、水、岩石、泉、河流、海,这一切都有尊严性。如果人侵犯了它的尊严性,就等于侵犯了我们本身的尊严性。"①罗尔斯顿也认为:"佛教禅宗在尊重生命方面是值得人们钦佩的。它并不在事实与价值之间、在人类与自然之间标定界限。在西方人看来,自然界并没有内在的价值,它通过科学和技术的力量,才逐渐作为工具的价值。自然界不过是一种有待开发的资源。而禅学并不是人类中心论,并不倾向于利用自然,相反,佛教许诺要惩戒和遏制人类的愿望和欲望,使人类与他们的资源和他们周围的世界相适应。我们知道禅宗懂得如何使万物广泛协调,而不使每一物失去其自身在宇宙中的特殊意义。"②因此,即使历史发展到今天,人类仍然需要这种具有普遍意义的"万物平等"、善待众生、"清心寡欲"的生态思想。

---

① 汤因比,池田大作. 展望 21 世纪:汤因比与池田大作对话录[M]. 荀春生,等译.北京:国际文化出版公司,1997:414.
② 罗尔斯顿. 尊重生命:禅宗能帮助我们建立一门环境伦理学吗[J]. 初晓,译. 哲学译丛,1994(5):11.

四、中国传统文化中的传播生态思想

在轴心时代,中国先秦同样"出现了这个时代的新特点:人意识到存在整体、自身和自身的界限(grenze)。他体会到世界的可怕和自身的无力"①。当时"所有圣贤都颂扬一种同情和怜悯的精神,他们强调,人必须摒弃自大、贪欲、暴力和冷酷。不仅杀人是错误的,你甚至不应对别人说出一句带有敌意的话,或者做出一个过激的手势。进一步说,几乎所有轴心时代的贤哲都意识到,你不能只对自己的亲友行善,而应当以某种方式将你的关切扩展至整个社会。""尊重一切生命的神圣权利——而非正统的信条——即宗教。如若人们怀着善意行事,对其同伴宽大为怀,则有可能拯救这个世界。"②因此,作为人与自然整体互动关系中的一个分子,人必须客观地理性地了解、认识自然,敬畏和尊重自然,顺应自然规律,合理地利用自然和科学地保护自然,同自然保持一种良性互动、和谐平衡的生态关系,否则就可能得不到自然的呵护和滋养。

媒介信息传播也要符合生态原则,适度适量,适可而止。孔子认为:"无多言,多言多败;无多事,多事多患。"(《孔子家语·观周》)他甚至认为:"刚毅木讷近仁。"(《论语·子路第十三》)墨子道:"言无务(力求)为多而务为智,无务为文(文采)而务为察。"(《墨子·修身》)老子认为:"多言数穷,不如守中"(《道德经·第五章》)。欧阳修曾说:"妙论精言,不以多为贵。"(《六经简要说》)孔融在《临终诗》中更有刻骨铭心的总结:"言多令事败,器漏苦不密。"俗话说:"明人不用多言,好马只须扬鞭。"言不在多,而在精,更在稳。〔清代〕顾文伟甚至做到"力求一字稳,耐得半宵寒"(《苦吟》)。针对弟子所问"外人皆称夫子好辩,敢问何也",孟子对自己的"好辩"做了解释:"予岂好辩哉,予不得已也。"(《孟子·滕文公下》),这也从侧面告诉人们,孟子也知道信息传播的量要不多不少、适可而止,有时多言、好辩实是在"不得已而为之"。

佛学对于信息传播强调善良、友好、和气、平实、守信。《乾隆大藏经·十善业道经》中第四、五、六、七条善业道经分别为,反对"妄语""两舌""恶口""绮语",教人在信息传播中如何避免招灾致祸。那么,如果想"离恶口"怎么

---

① 雅思贝斯. 历史的起源与目标[M]. 李夏菲,译. 桂林:漓江出版社,2019:10.
② 阿姆斯特朗. 轴心时代:人类伟大思想传统的开端[M]. 孙艳燕,白彦兵,译. 上海:上海三联书店,2019:7.

办呢？那么"得成就八种净业"："一、言不乖度。二、言皆利益。三、言必契理。四、言词美妙。五、言可承领。六、言则信用。七、言无可讥。八、言尽爱乐。"即使是在今天，这也算得上是深得传播之精髓、言语之生态的高论。

同西方文化有所不同，中国传统文化传播是十分重视受众的信息反馈的。孔子就主张讲话要看人脸色，而不看脸色说话的人，就犹如盲人："未见颜色而言，谓之瞽。"(《论语·季氏篇》)统治者更要注意听取和疏导社会舆论。"防民之口，甚于防川(大水)，川壅而溃，伤人必多，民亦如之。是故为川者，决之使导；为民者，宣之使言。"(《国语·周语上》)"贤路当广而不当狭，言路当开而不当塞。"(《宋史·乔行简传》)不让人民说话极易导致灾害，但开放言路也要注意正确疏导。这些论述犹如当代社会心理学研究中的"民怨释放论"和"排气阀理论"，是一种受众研究理论，其实也是一种信息传播的生态主张。

第三章

媒介生态观念与生态规律

对媒介生态观念和媒介生态规律进行专门探讨，并不是要试图提出一种关于媒介生态现象和问题研究的终极性的重要观点，而是为了给"作为绿色生态的媒介研究"提供一个紧凑而连贯的分析模式和解释路径，也是为了给绿色媒介生态建设与实践提供一种全面协调的、平衡规范的、良性循环的指导思想和基本原则。

运用绿色生态思想来分析和研究信息传播和大众媒介时，我们发现媒介生态本身作为一种思维方式深蕴其中的媒介生态整体观、媒介生态互动观、媒介生态平衡观、媒介生态循环观和媒介生态资源观等五种媒介生态观念[①]，同时也在观察与研究中总结出媒介生态位规律、媒介食物链规律、媒介生物钟规律、媒介最小量规律和媒介适度性规律等五种媒介生态规律[②]。了解和掌握这些生态观念和生态规律，有助于我们极大提高大众媒介的社会效能和经济效益。同时，这对于我们迎接市场经济的考验，与西方媒介巨人展开全方位的竞争，化解媒介生态危机，正确而科学地管理媒介，建立可持续发展的媒介经济，都具有重要的意义和作用。

第一节　媒介生态的核心观念

媒介生态学的任务之一就是重新确立一套科学的合理的生态观念。这套生态观念"并不把科学当作纯粹工具性和技术性思维方式的仆人，而是把它当作展现世界辉煌神奇的一种方式"[③]。"观念是思想的结晶，行动的向导。""人受观念的支配，传播观念支配人的传播行为。"[④]生态学本身是一种思

① 邵培仁. 论媒介生态的五大观念[J]. 新闻大学，2001(4):20-22,45.
② 邵培仁. 传播生态规律与媒介生存策略[J]. 新闻界，2001(5):26-27,29.
③ 巴克斯特. 生态主义导论[M]. 曾建平，译. 重庆:重庆出版社，2007:9.
④ 邵培仁. 传播观念断想[J]. 杭州大学学报(哲学社会科学版)，1997(4):128-133.

维方式,它蕴含了一些基本的认识和理念,这些理念与传播实践结合,形成了媒介生态观念。这些观念是在经济全球化和传播全球化的条件下,为建立"人—媒介—智能—社会—自然"五者之间整体互动关系和实现媒介生态系统良性循环而做出的新的认识和理性思考。确立正确的媒介生态观念,首要的意义在于深入地认识和理解媒介生态的本质和规律,更好地运用媒介建构优秀的社会文化,促进社会全面、和谐、可持续发展。

一、媒介生态整体观

弗莱雅·玛休斯(Freya Mathews)认为,整体主义理论将每一个特定的自我(每个自我都是能够自我发展的系统)和它是其中的一部分的整体联系在一起,宇宙自我的全部目的就会与个体自我(包括人类)的存在和目的融为一体。[①] 媒介生态学一直是用一种生态整体观的视线来看待事物,宇宙间没有封闭的单个的个体自我,个体自我首先隶属于一个整体,而它们隶属的整体又属于一个更大的整体。在整体结构中任何个体或者生态因子都是息息相关、互动互助,同时又是不断变化、共同演进的,它们共同形成特定的整体性。[②]

因此,首先媒介体系应该被看作社会系统的部分,它的存在、性质和变化都需要我们从社会文化等非常广泛的层面来思考问题,可以说没有单独存在的媒介,只有社会中的媒介,社会种种因素都影响媒介的存在和形态,这使我们的研究视野扩展到了社会的方方面面。

同时,从具体层面上来说,媒介生态整体观是人类面对媒介残酷竞争、信息生态恶化挑战的最佳对策和生存智慧。在信息社会里,人与人的交往日益密切,媒介与社会的互动更加频繁,对此媒介生态整体观不仅主张充分考虑媒介系统与外部世界复杂的有机联系,而且强调重视媒介经营管理中由各种要素和资源共同构成的整体关系。就是说,不论是从传播的角度还是从管理的角度,媒介生态学所要研究的都不只是支撑传播活动的几种要素(如信息、媒介、受众)和某些重要资源(如人力资源、财力资源),而是一个有机的"人—媒介—智能—社会—自然"五个维度和媒介生态的"分子—种群—集群—环

---

①　Mathews, Freya. *The Ecological Self*[M]. London:Routledge,1991:155.

②　邵培仁,陈江柳. 人类整体传播学:人类命运共同体视域下的传播研究[J]. 现代传播,2019(7):13-20;沈珺,邵培仁. 整体全球化与中国传媒的全球传播[J]. 当代传播,2019(1):46-52;邵培仁. 携手共同构建人类整体传播学[J]. 国际新闻界,2018(2):62-65.

境—系统"五大要素之间相互联系、相互依赖的整体互动生态系统。

这种任何事物都互相联系的整体观,要求研究者和管理者不论遇到什么问题、何种矛盾,都要从媒介与环境的整体特点和全局关系出发考虑问题或提出对策,而不是局限于传播或管理中的单个问题或矛盾本身。对于信息传播和媒介管理中的许多问题和矛盾来说,若割断它与其他要素、资源和社会环境的复杂联系而孤立地加以分析和处理,通常是不能从根本上解决问题的,因为被割断联系的游离整体的孤立的要素或问题是无法认识、无法把握、无法支配的。

不仅处理传播和管理中的具体问题要有整体观,制定媒介发展战略也要有整体观。科学协调多元管理要素,合理配置各种媒介资源,制定卓越的媒介发展战略,以创造巨大的社会效益和经济效益,是许多媒介领导者都试图达到的目标。在以往的实际操作中,我们常常见到:有的媒介忙于向外拓展,而忽视本地资源的开发;有的媒介急于多角发展,而误了新闻传播的主业;有的主管部门随意组合媒介集团,结果貌合神离,形不成一个拳头;有的媒介缺乏主见,见异思迁,结果顾此失彼,收效甚微。这些都是人们缺乏媒介生态整体观念的表现。正确的做法是在制定媒介的发展战略和规划时,将媒介、资源与环境看作一个相辅相成、密不可分的整体系统,而后对各种要素和资源加以科学协调、合理配置,最终形成有机融合的媒介整体战略"金三角"。

二、媒介生态互动观

在中国传统文化里,人不仅视自己与天地为一体,而且视天地如父母、师父。"天地与我并生,而万物与我为一。"(《庄子·齐物论》)"天地者,万物之父母也。"(《老子·达生》)"乾称父,坤称母。"(〔宋代〕张载《正蒙·乾称篇》)"内直者,与天为徒。"(《庄子·内篇》)因此,古代中国主张人不与天地斗争,而要人天一体、家国同构、和谐互动。"天与人不相胜也,是之谓真人。"(《庄子·大宗师》)同时,与人相处要如兄弟姐妹,与物互动要如同群同类。"民,吾同胞;物,吾与也。"(〔宋代〕张载《正蒙·乾称篇》)后世学者概括为"民胞物与"。美国人际传播学家戈夫曼(E. Goffman)在《公众的关系》(1971)的前言中,曾有远见地建议人们:使用"互动生态学"(interaction ethology)来指称描写行为在微观传播语境和互动结构中的意义和构成的研究。① 中国传统文化中"互补原则有包容差异的特性"。"阴阳两极式的辩证关系不仅有助于维持现在的秩序,还能创造出既包含 A 又包含非 A 的新和谐秩序。"②大众传播媒介是社会的一个具有自我特点和结构的子系统,它自身的各种要素和资源之间,它与政治、经济、文化、教育等社会系统之间均存在着相互联系、相互作用、彼此磁吸的互动互补关系。与以往不同,我们主张确立的媒介生态互动观,在对生态环境问题的考察与认识上,不仅反对人与自然相对立的"二元论"观点,而且质疑"人定胜天"的合理性;倾向于人与自然是一体的"一元论"思想,相信"人天双赢"的可行性,主张媒介与媒介、媒介与社会、社会与环境和谐协调、携手并进。

长期以来,人们信守的是"优胜劣汰、物竞天择、适者生存"的竞争观念。但是,综观人类传播史上五次革命发生与发展的历程,我们发现媒介的"生存与发展似乎不遵循优胜劣汰、物竞天择的法则,好像更符合互动互助、共进共演的原理。因为,书写传播并未淘汰语言传播,电讯传播并不排斥印刷传播,而互动传播也未对抗电讯传播",它们之间似乎是一种相互协调、共进共荣的共生关系。③ 在当今世界,媒介市场也不是早期人们所想象的那种你死我活的争斗场,而是由各种相互联系的共生要素组合在一起的整体互动的生态系统。各个媒介在不同领域、不同层面,运用不同工具和载体,针对不同受众和资源,尽其所能,各司其职,共存共进。

在这种态势和趋势下,我认为,媒介宜采用基于生态互动理念的新的生存与发展策略:

1.共存共生策略。当两种或多种媒介为了生存与发展进行竞争时,承认并尊重其他媒介的生态价值和生存、发展的权利,相信对方能够从某些方面给自己以一定的启迪和智慧,采取"生活并让他人生活"的策略,是一个更重要、更人道的生态学原则。

2.分工互助策略。互动互助,分工协作,是当今媒介经营管理活动中最重要的发展趋势,也是当前媒介兼并、媒介联合、媒介集团组建的重要原因。它可以使人、财、物、讯(息)等资源在更大范围内得到交换和共享,形成优化

① 转引自:肯顿. 行为互动:小范围相遇中行为模式[M]. 张凯,译. 北京:社会科学文献出版社,2001:45.
② 吕坤维. 中国人的情感:文化心理学阐释[M]. 谢中,译. 北京:北京师范大学出版社,2019:41.
③ 邵培仁. 论人类传播史上的五次革命[J]. 中国广播电视学刊,1996(7):5-8.

组合、合理配置,从而降低成本,增加效益,因此应该大力提倡。

3.互惠互利策略。传统的媒介运营将竞争当战争,把市场当战场,视对手如敌手,不考虑共生互利,主张置对手于死地。在当今相互依赖日益增强的社会里,我们主张互惠互利、共存共赢,寻求建立在"竞争中合作、在合作中竞争"的新型"竞合关系"。

三、媒介生态平衡观

"人心惟危,道心惟微;惟精惟一,允执厥中。"(《尚书·大禹谟》)这是尧传给舜、舜传给禹的著名心法,十六字中的关键是恪守"一""中"两字,即保持合一、中正、适度和平衡。孔子云:"中庸之为德也,其至矣乎。"(《论语·雍也》)朱熹解释道:"中者,不偏不倚,无过无不及之名。庸,平常也。"(《四书·中庸章句》)中庸道德行为的高度和谐、中正、适度的状态,是平常且最高的德行。

奥尔利欧·佩奇指出:"自然界以其惊人的智慧发展了自我控制、自我调整系统,在生命有机体中都或多或少地存在着这种调节装置。这种自动调节的特性给各种生态系统带来了显著的能力,使之能够排斥外来的污染物或异常物体。"①所谓"天之道,损(意为减少)有余而补不足"(《老子·七十七章》)。在文明社会和法治国家,市场经济和媒介运作均已进入了有条不紊的自动调节、合理控制的轨道,各种媒介的数量比例、运行模式、功能结构、资源配置和能量交换等都处于相对稳定的状态,媒介发展潜能与环境阻力恰到好处地被置于动态的平衡之中,任何媒介的违规操作或不法行为,都会引起众怒或促使国家启动制裁机器。只有充分发挥媒介生态系统的自控、自净能力和社会自动调节装置的监督作用,才能有效保持媒介生态的平衡和稳定。

媒介是"社会公器"和"国家喉舌"。它在大众传播中的任何生态失控或失衡都会对人类的生产和生活产生巨大的影响,对已经形成的生态平衡关系造成破坏。因此,我们需要以高度的社会责任感和历史使命感,从生态整体观、平衡观出发,遵循生态规律和生态原则,对媒介生态系统"人为地施加有益的影响,调节生态系统的结构和功能,达到系统最优结构和最高功能,以实

---

① 佩奇.世界的未来:关于未来问题一百页[M].王肖萍,蔡荣生,译.北京:中国对外翻译出版公司,1985:5.

现最大的社会经济效益和最大的生态效益。"①

为了确保人类社会性干预活动始终沿着正确的方向前进,我们需要做到四点:

1.坚持平等。反对媒介等级观念和制度,确立媒介不论大小均是媒介大家庭中平等成员的思想,都有其自身生存与发展的价值和权利,没有高低贵贱之分。"在交流和政治权力领域,平等要求不给掌权者特殊的照顾,并且给官方的反对者,通常是相反的或不同的意见、论点提供接触的机会。对于媒介的商业客户,平等原则要求一切合法的广告商都在同等的基础上(相同的收费和条件)被同等对待。在这种情况下,平等原则意味着标准的市场准则被自由公平地运作。"②

2.鼓励创新。物种的繁衍靠复制,媒介的传承靠创新。创新的"目的是'打破现状',即当媒介管理的运作状况不能适应社会要求、管理人员的积极性未能充分发挥和对现状普遍不满时,或者在各个管理层大量存在'慢性问题'时,就要打破现状,大胆革新,奋力开拓新局面,求得螺旋上升。"③如果一个媒介公司(如报社、电台、电视台)今天仍旧叫卖昨天的产品,那么它明天就会关门。

3.倡导绿色。"绿色"是优良生态的标志。只有尊重绿色、倡导绿色、发展绿色,才能建成绿色精神家园和绿色媒介生态环境。倡导绿色,还要坚决反对媒介生态系统中不红不白不黑的"灰色生态"。灰色媒介的基本特征是:媒介运营的着眼点是经济效益和视觉效应,缺乏社会责任感和历史使命感,缺乏新闻专业精神和职业道德,没有明确的媒介身份定位和政治立场,从业人员综合素质普遍较低,不少"新闻民工"缺乏起码的专业知识和专业训练,新闻传播的专业体制遭到严重破坏。

4.提倡多元。目前,全球范围内正面临信息、符号多样性的丧失,国际社会普遍认识到文化多样性、媒介多样性保护的重要性。物种多样是生态系统健全、完善的重要特征。地球生态圈中的物种和生态系统的多样性越丰富,它就越具有活力和稳定性。同样,信息多元化、经营多角化、资源多样化则是现代媒介系统的关键标志。"文化多样性是交流、革新和创作的源泉,对人类

① 孙彦泉,蒋洪华. 生态文明的生态科学基础[J]. 山东农业大学学报(哲学社会科学版),1999(4):49.
② 麦奎尔. 麦奎尔大众传播理论[M]. 崔保国,李琨,译. 北京:清华大学出版社,2006:142.
③ 邵培仁. 媒介管理学[M]. 北京:高等教育出版社,2002:24.

来讲就像生物多样性对维持生物平衡那样必不可少。从这个意义上讲,文化多样性是人类的共同遗产,应当从当代人和子孙后代的利益考虑予以承认和肯定。"①世界因不同而精彩,媒介因多样而繁荣。根据"待遇平等的多元性原则","媒介提供的(内容)差异性应该和内容消息来源的差异性或者接收者的差异性大体相符"。这样一来,"一个媒介体系所能提供的越多样,它就越平等、兴旺"②。

四、媒介生态循环观

"日往则月来,月往则日来,日月相推而明生焉。寒往则暑来,暑往则寒来,寒暑相推而岁成焉。往者屈也,来者信也,屈信相感而利生焉。"(《周易·系辞下》)日月交替运行,四时流转不停,金木水火土,五行相生相克,循环往复,构成了中国传统文化中根深蒂固的循环观念。"万物并作,吾以观复。夫物芸芸,各复归其根。"(《道德经·第十六章》)任何有机体都是生物圈网络中的一个点,没有万物之间生死同源、循环往复、永无止境的互动和联系,有机体就不能生存。因此,各种媒介要生存和发展,不但要依赖媒介生态的平衡互动与整体联系,而且要依赖诸种媒介生态资源流动的良性循环,否则媒介生态系统就会失衡、退化,甚至瓦解。媒介生态系统只有保持其内部以及内部与外部之间稳定而有规则的资源流动与循环,才能维持媒介特定的结构和功能。

我们基于中国传统文化的思想资源,提出确立媒介生态循环观,也是因为媒介生态本身就具有这样的循环特质。

1.连锁性。其信息生产发布的连锁过程为:信息的采集与创造→信息的处理与加工→信息的发布与传播→受众的接受与反馈→信息的采集与创造。其经营管理的资源连锁过程为:人才资源→信息资源→受众资源→财力(发行与广告收入)资源→人才资源。这里前项要素制约后项要素,后项要素吁求前项要素,前后互动互助、相辅相成。

2.流动性。生态循环的重要特征就是物质、资源、能量、信息等在特定的生态系统或生态环境中有序流动、互动互助、功能衔接、共进共演。其信息流

---

① 《世界文化多样性宣言》,联合国大会 2001 年 11 月 2 日第二十次全体会议根据第 Ⅳ 委员会的报告通过。
② 麦奎尔.麦奎尔大众传播理论[M].崔保国,李琨,译.北京:清华大学出版社,2006:143.

动总是由媒介流向社会、由城市流向农村;其能量总是由高位流向低位、由集中归于分散。

3. 衰减性。信息资源在传播过程中往往呈现逐级减少的态势。通常,数据多于信息,信息多于知识,知识多于理论,理论多于思想。当信息经由"记者→编辑→主任→主编→报纸→发行→读者→记者"这一过程进行传递时,其信息的质和量就是逐步衰退和减少的。媒介的人力资源总是科员多于科长,科长多于处长,处长多于司(局)长。媒介资源的整体结构也是依县级、地(市)级、省级、中央级的顺序由多到少递减的;在品质上,一般的媒介总是多数,而优秀的媒介总是少数。媒介生态学认为,这种衰减是必需的和合理的,因为只有第一资源级超过第二资源级,第二资源级超过第三资源级,逐级递减,才能形成科学的"生态金字塔"。如果人为地减少了低位资源级的个体数量,使低位资源级接近或等于高位资源级,那么高位资源级的产量和品质就会受到影响,生态循环就会难以维持。

在大众传播领域,循环是普遍存在的。日报、期刊文本的采写、编辑、印刷、发行,广播、电视节目的策划、拍摄、编导、放送,遵循的都是周而复始的循环规律。就一个媒介公司的发展来看,它有创办期→发展期→鼎盛期→衰退期→再生期的循环过程。新闻的采写和媒介的内容会随着季节和节日的更替、循环而发生周期性的变化,聪明的媒介人会自觉地适应它,并提前做好准备、抢得先机。广告的经营和报纸的发行也有其循环往复的节律性变动轨迹可以遵循。正是媒介生态资源永无休止的不断循环,推动着媒介生态系统的正常运转、演化和发展。

五、媒介生态资源观

为什么要提倡媒介生态的整体观、互动观、平衡观、循环观?因为不这样就会破坏媒介的生态资源,进而危害人类的精神家园和社会的文明进步,最终会使媒介失去自身的奋斗目标和用来与社会进行交换的资源。美国传播学家德弗勒和鲍尔-洛基奇指出:媒介生态关系的形成,"一方面在于目标,另一方面在于资源。生活在一个社会的部分意义就在于个人、群体和大型组织为了达到个人和集体目标,需要依赖其他的人、群体或系统控制的资源,反之亦然"[①]。那么,媒介系统控制的社会系统所必须依赖的资源是什么呢?这就

---

① 德弗勒,鲍尔-洛基奇. 大众传播学诸论[M]. 杜力平,译. 北京:新华出版社,1990:339-340.

是与社会系统所控制的物质资源相对应的精神资源，亦即信息资源。

信息资源因其对社会有益、为人类所需，被人们视为当代社会的第一战略资源。媒介系统是大规模生产和创造信息、处理和加工信息、传播和销售信息的专门组织或职业机构，也被人们看作未来社会发展中战略性的支柱产业。这决定了媒介系统必然要在现代社会所有个人、群体或系统的组织中和社会生活中居于中心地位，并发挥着关键作用；而信息资源也必然成为人们在日益复杂的并且不断变化的世界中认识环境、理解社会、规划人生、采取行动所不可或缺的极其珍贵的精神产品。因此，无论是从全球竞争、可持续发展考虑，从继承文化遗产、弘扬民族精神考虑，还是从引导社会舆论、维护社会稳定考虑，我们都应充分认识媒介生态资源对于人类文明和社会进步的重要性，既要珍惜、保护好媒介生态资源，又要合理开发和利用媒介生态资源，使其更好地为国家、人民和整个生物圈的利益服务。就是说，这种开发和利用不应该是粗暴的、掠夺性的和破坏性的，而应该是文明的、有远见的、有计划的，既不会造成信息雪崩、信息超载、信息污染，也不会造成信息枯竭、信息危机、信息霸权。媒介生态学要求人们确立媒介与环境、人与自然和谐相处的新型价值观和资源观，构建正确的信息传播与消费模式，建立科学的媒介经营与管理机制，确保媒介生态的总体平衡和良性循环。

信息资源是媒介生态系统收集、加工、创造、生产并拥有的精神资源，同时它也拥有或需要其他资源，如人力资源、物质资源、财力资源。这些资源通常由社会系统提供，或者两者通过市场中介交换这些资源。不论是媒介系统还是社会系统，人、财、物、讯四大资源，对于它们来说都是必不可少的，是它们生存与发展的基础生态位。

上述五种媒介生态观实际上构成了媒介生态观念群。它们之间是一个相互联系、相互蕴含的观念整体。比如整体观自然就包含互动，整体的构成一个重要的因素就是各种因素之间频繁的互动和交流，没有这种获得就谈不上整体。而整体也意味着适度原则、平衡原则和循环原则。此外，循环应该就是互动的一种最常见的方式。而讨论整体、讨论平衡也就意味着一个资源的充分利用问题。因此，我们应该从整体上来理解媒介生态观。

同时，我们的五种媒介生态观主要是在媒介的生存和对社会的实际作用的基础上具体提出的，但是生态理念不局限于上述五种。有些生态观本身就蕴含在上述观念中，比如生态伦理观。平衡、互动本身就意味着一种合作的精神；资源观蕴含着一种可持续发展的问题；这都涉及伦理问题，也就是我们应该怎么做的问题。还有媒介的自组织观,既然从生态角度看待媒介,我就认为媒介就可能具有一种像生命体那样的"自我"生态修复(bioremediaton)能力和重新整合能力,事实上也确实如此,媒介具有一定的独立性,能够向更大的环境开放,能够调整自己。还有关于媒介生态的复杂因果问题,也就是说媒介生态观要求我们摆脱线性、简单的思维方式,摆脱控制的思维模式,正视媒介生态的复杂性本身,在研究和实践中都应该保持一种探索性的思维弹性,这不但更加符合媒介实际复杂情况,而且会给我们的媒介管理和传播实际带来更多的好处。

第二节　媒介生态的主要规律

通常,当代大众传播学关注的是微观的传播过程及其各传播要素之间的工作关系,而不太注重大众传播中微观、中观、宏观系统之间和它们各个组成部分之间的生态关系,更没有积极探索它们之间相互作用的生态规律,从而导致了一系列媒介生态问题:信息爆炸、信息侵略、知识匮乏、精神污染、思想危机、信息疾病等。

在这里,我试图运用传播学和生态学的基本原理和知识,对传播过程中个人、群体、媒介和其他社会系统之间的矛盾、冲突、协同的诸种生态关系进行了探讨和分析,梳理和总结出了五种具有较强解释功能的生态规律,并由此提出了一系列媒介生存策略。

一、媒介生态位规律

所谓生态位(niche),奥杜姆(E. P. Odum)的定义(1959)是"一个生物在群落和生态系统中的位置和状况,而这种位置和状况则决定于该生物的形态适应、生理反应和特有的行为(包括本能行为和学习行为)"。"一个生物的生态位不仅决定它生活在什么地方,而且决定于它干些什么。"[①]

优胜劣汰,适者生存。用生态学中生态位规律的观点看,任何一种媒介都必然有其特殊的时间与空间上的位置和状况,亦即有其特殊的生存与发展的土壤和条件,以及它在这一状态下的特有行为和作用,很少有两种媒介能长期占有同一生态位。同属时间生态位(time niche)的广播和电视,广播占据

---

① 转引自:尚玉昌,蔡晓明. 普通生态学(上册)[M]. 北京:北京大学出版社,1992:283.

的是时间中以传播声音为主的频率空间生态位;电视占据的是时间中以传播声画为主的频道空间生态位。同属空间生态位(space niche)的报纸、杂志与书籍,报纸占据的是空间中生产周期短(通常只有一天)的媒介资源生态位,其单篇文本的字数一般较短;书籍占据的是空间中生产周期长(通常要一年)的媒介资源生态位,其单篇文本的字数一般较长;而杂志的资源生态位则居于报纸与书籍两者之间。

从营养生态位(trophic niche)的角度分析,受众资源与广告资源是当代新闻媒介的基础生态位(fundamental niche),即受众资源与广告资源是当代新闻媒介的生存与发展所需要依赖的理论上的最大空间单位。乍看,三大新闻媒介似乎占据的是两个相同的基础生态位;细看,三大新闻媒介又都是以自身独特的功能生态位(functional niche)去争取两个相同的基础生态位中的分层资源的。比如,报纸是通过提供文字信息(新闻与广告)来争夺受众的视觉资源,广播是通过提供声音信息来争夺受众的听觉资源,电视是通过提供声画信息来争夺受众的视听觉资源。事实上,也很少有哪个新闻媒介能够单独地垄断或占据全部基础生态位。在实际运作中,大众媒介的各自营养生态位并不是截然分开的,而是重叠的、多维的、有所侧重的。报纸、杂志、书籍等印刷媒介和广播、电视等电子媒介的各自营养生态位就是交叉、重叠、有所侧重的;广播、电视中的报纸摘要,报纸中的广播、电视节目,就常吸引受众由此及彼或由彼及此,使媒介的营养生态位呈现出多维、交叉的态势。

因此,大众传播媒介的生态定位需要遵循科学、准确、严谨的原则,讲究媒介生存与发展的策略。通常,在经济不发达地区,由于资源(信息资源、广告资源、受众资源、人才资源等)紧缺,媒介的数量应严格控制,媒介的生态定位宜采泛化生态位(generalization niche),即生态位要比较宽泛、广阔、模糊,使之有较多的资源取向和较广的发展时空;只有在经济较发达地区,媒介的数量才能适当放宽,媒介生态才能采用特化生态位(specialization niche),即生态位可以比较窄小、清晰、明确,因为不同媒介可在各个特定的领域或层面拥有丰富的资源取向和足够的发展时空。同样,面对农村受众和一般文化程度者,媒介宜采用泛化生态位;而针对城市受众和文化程度较高者,则宜采用特化生态位。但是,媒介生态定位不是一成不变的,随着生态资源的变化,媒介的生态定位也应随之改变。

当两种媒介单位或传播种群共同占有一个生态位或利用同一资源时,就会因生态位重叠而出现三种竞争结果。一是两个基础生态位完全重叠,那么竞争优势种群就会把另一劣势种群完全淘汰;二是一个基础生态位被完全包围在另一个基础生态位之内,那么不论是包围者还被包围者,只要它具有竞争优势就有可能将对手排除出这一空间;三是两个基础生态位可能只发生部分重叠,那么具有优势的一方虽然占有重叠部分,但两个物种或种群却可以实现共存。如果它们的生境不重叠,则表明两者没有竞争关系或只有潜在的竞争关系。

在媒介资源的竞争中,为了避免恶性竞争带来两败俱伤,聪明的媒介可能会采取四种生态位竞争策略:生态位分离、生态位整合、生态位细分和生态位创造。

1.生态位分离。生态位分离策略是指两个以上媒介物种在争夺并不丰富的同一生态位时,避开高强度的竞争,针对不同生态位序列或层级所蕴含的资源量所采取的合理规避、彼此分离甚至彻底剥离的竞争机制和手段,其主要竞争方式有:媒介人才的分化、媒介信源的分化、媒介生产的分化、媒介财务的分化和媒介机构的分化等。

2.生态位整合。生态位整合策略是指围绕媒介主打品牌和核心生态位将多个媒介种群依据同中心的相关度进行重新组合、合理改造甚至并购其他媒介种群,同时逐步放弃或公开拍卖自身的远离媒介核心业务的投资或资产,将主要资源和能量集中在媒介最具优势的项目上展开新的竞争。这样一来虽然可能因此伤害到或牺牲了媒介集团内个别媒介组织,却从整体上保证了媒介集团的生存与发展,拓展了它的生态位空间。

3.生态位细分。生态位细分策略是指根据媒介的特点和功能,针对不同层次、不同类型的目标对象的需求组织媒介生产和销售的错位竞争措施,从而使那些名目繁多的媒介品牌各有其特定的捕食对象或目标受众。生态位细分策略通过对生态资源和媒介优势的充分利用,实现了媒介差异化竞争,分散了经营风险并确保了整体生态位的占据。从生态策略角度看,这体现了K成长策略。

4.生态位创造。生态位创造策略是指当人们面对一个地方已经饱和并且竞争充分的媒介市场,为了避免因猛攻这一市场而造成媒介巨大损伤,针对当地市场被忽视的"空白生态位"直接引种或创办媒介以迅速填补空位、形成优势的竞争措施。这种向空白生态位进军、向相关生态位扩张、在竞争不充分的区域扩展生态位的策略选择,既挖掘了新的媒介生态位,又通过新的传播科技和经营手段创造了新的媒介需求,可谓一箭双雕、一石二鸟。

这四种生态位竞争策略基本上都是基于媒介生态平衡和绿色生态原则而提出来的,它们不仅可以降低媒介竞争强度,减少媒介生态风险,增加媒介种群的多样性,而且可以充分发挥媒介生态效应,激活媒介生态因子,有利于形成有序平衡、互动共存的媒介生态良性竞争的格局。

二、媒介食物链规律

早在我国西汉时期,刘向在《说苑·吴王欲伐荆》中就对生物界食物链现象做了精彩描述:"园中有树,其上有蝉,蝉高居悲鸣饮露,不知螳螂在其后也;螳螂委身曲附,欲取蝉,而不知黄雀在其旁也;黄雀延颈欲啄螳螂,而不知弹丸在其下也。"这可能是人类文明史上最早揭示食物链规律的文字。"螳螂捕蝉,黄雀在后"所揭示的食物链关系如下:植物汁液→蝉→螳螂→黄雀→人。

食物链(food chain)概念,是由英国牛津大学埃托(Elton)最先提出的(1917);其后美国科学家 R. 林德曼(R. Lindeman)在《生态学中的营养动态方向》(1942)一文中给予了创造性论述,不过他坦率承认这是受了中国哲学谚语"大鱼吃小鱼,小鱼吃小虾,小虾吃泥巴"的启示。所谓食物链,是指生态系统内不同生物之间在营养关系中所形成的一环套一环的链条式的营养结构模式,即物质和能量从植物开始,然后营养结构一级一级地转移到大型食肉动物的全部过程。

同样,在大众传播和媒介经营中也存在着食物链规律。德弗勒和鲍尔-洛基奇的媒介依赖论认为,我们需要"把社会看作有机的结构;……把媒介系统设想为现代社会结构的一个重要部分,它与个人、群体、组织和其他社会系统具有关系"。这种关系表现在大众传播中就是媒介依赖关系,因此这意味着"生活在一个社会的部分意义就在于个人、群体和大型组织为了达到个人和集体目标,必须依赖其他的人、群体或系统控制的资源,反之亦然"①。在媒介生态系统中,各种成分或种群之间最本质的联系是通过营养来实现的,即通过食物链把主管者、传播者、信息、符号、媒介、受众和社会连接成一个有机统一的整体。媒介食物链正是基于传播互动关系和媒介依赖关系而将各种媒介生态要素联系起来形成的链环,并承担着描述和解释的功能。

在传播过程和媒介运作中,往往既有简单的直线式食物链(food chain),又有复杂的互动式食物网(food web)。从媒介系统内的信息生产发布过程来

---

① 德弗勒,鲍尔-洛基奇. 大众传播学诸论[M]. 杜力平,译. 北京:新华出版社,1990:339-340.

看,其媒介食物链为:信息的采集与创造→信息的处理与加工→信息的发布与传播→受众的接受与反馈→信息的采集与创造→。从报刊经营管理的资源构成来看,其资源食物链为:人才资源→信息资源→受众资源→财力(发行与广告收入)资源→人才资源→。在这里,前项要素制约后项要素,后项要素吁求前项要素,它们互动互助、相辅相成,最终形成良性循环或恶性循环。从宏观的视角分析,个人依赖群体,群体依赖(媒介)组织,组织依赖社会,而社会则是个人的集合。

但是,从整体上讲,媒介生态中的食物链很少是单条、孤立出现的,更多的是交叉链锁、多向互动,形成复杂的食物网络结构。特别是随着媒介融合进程的加快,不论是生产种群、传播种群,还是广告种群、营销种群、受众种群,它们都不可能只固定在一条食物链上,食物链向食物网转移的客观趋势要求它们,必须同时加入数条食物链,才能确保自己能够从庞大的食物网上获取自己生存与发展所必需的不同营养。未来,记者不会只给一种媒介种群供稿,提供的也不会只是一种文本,而是会同时生产印刷文本、电子文本或多媒体文本给几家不同媒介种群。受众更不会只从一种媒介接收信息,而受众作为资源又可能在全然不知的情况下被不同媒介以其接收广告的形式向许多广告主出售。媒介生态系统中人、媒介、社会、自然等各种生态要素和传播种群之间,正是通过这种复杂的多向的食物网发生直接和间接联系的,保持着生态系统结构和功能的稳定性。

这种资源链接和资源互换的食物链(网)规律告诉我们:无论媒介组织的系统多大、功能多全,它都只是全部网络系统中的一个子系统,当它在将别的子系统当作营养吸食时,它也同时被别的子系统当作自己的营养。因此,在媒介组织的生存与发展中,千万不要贪大求全,不要试图控制整个食物链或全部食物网,而应该首先集中力量或资源完成与自身目标最密切相关的那部分任务(信息产品和精神产品的生产与经营),而其他任务(如食品供应、生活用品、水电需求、机器设备)应由人类社会的其他系统来完成,媒介的其他需求则应通过市场上的交换行为来满足。

同时,在一个媒介组织内部也应该遵循这种食物链(网)规律,它不能太大,以前认为必然隶属于媒介生态系统的,比如广告、印刷、发行、制作部门,也许不一定要长期捆绑在一起,而可以采用内部分离的办法,将一部分市场化程度高、与社会关联度大的企业分离出去,实行完全市场化的运作方式,这也许既有利于减轻媒介组织的负担,形成良性循环的食物链形态,也有利于媒介集中资源和力量,更加高效地进行媒介产品的生产和营销。

总之,大众传播媒介的任何改革和创新,都需要从媒介生态学的整体观、互动观、平衡观、循环观出发,自觉遵循食物链规律,着力挖掘、完善自身(要素)的资源潜力、运作机制,使之与系统内的食物链和系统外的食物链保持高度适应,进而达到优势互补、资源互换、协同共进的目标。

三、媒介生物钟规律

春夏秋冬的循环,白昼黑夜的轮回,动物季节性迁徙和洄游,植物周期性播种与收获,太阳的升落,月亮的圆缺,自然界这些节律性的循环往复的变化,就叫生物钟(biological clock)。早在公元前 4 世纪,亚历山大大帝就发现某些树的花朵在白天开放,花瓣到了夜晚就自动闭合。瑞典分类学家卡洛斯·林内奥甚至在花园里种上各种花朵,由于它们白天和夜晚开放和闭合的时间各不相同,因此每天只要看着窗外花朵就可以知道大概的时间了。但是,很晚才出现能够证明生物节奏的确存在的相关科学——如环境生态学和生物计时学。如今,已经有科学证据表明,所有生命机体中都拥有某种节奏,小到细菌,大到人类自身。"顺时宜气,蕃阜庶物。"(《汉书·货殖传》)"相继以生成,相资以利用。"(《荀子·天论》)生物钟规律就是要人们顺天地、合时令,让生命顺应自然规律和环境生态。

在大众媒介领域,类似这种生物钟的规律也是普遍存在的。日报、期刊文本的采写、编辑、印刷、发行,广播、电视节目的策划、拍摄、编导、放送,遵循的就是周而复始的生物钟规律。就一位记者、编辑或主持人来说,其事业的发展也有一个起步阶段、成长阶段、成熟阶段、衰退阶段的生命周期。就一个媒介公司的发展来看,它也有一个创办期、发展期、鼎盛期、衰退期的必然过程。新闻的采写和媒介的内容会随着季节和节日的更替、循环而发生周期性的变化,聪明的媒介人会自觉地适应它,并提前做好准备、抢得先机。广告的经营和报纸的发行也有其周而复始的节律性变动轨迹可以遵循。

大众传媒作为社会大系统中的一个子系统,它的运作或媒介规律一般既受传媒外部(社会)生态因子的影响,又受传媒内部生态因子的制约。每当政治昌明,媒介运作就显得轻松自如;每当经济繁荣,广告经营就是一派莺歌燕舞的气象;一旦政治不稳、社会动荡,媒介立即就会躁动不安。因此,如果撇开传媒的外部环境因素,单纯地孤立地观察各个具体媒介,那么观察再细致,也无法理解当今社会大众媒介系统的整体及其运作规律。[1]

同样,在遵循媒介生物钟规律时,还要关注和研究媒介内部的生态因子状态及其运作,比如时间安排要与传播者(记者、编辑)的生理节律相吻合,节目编排要同受众作息时间相协同,生产计划要与媒介产品(日报、周报、月刊等)的生产周期相吻合,培训发展要与媒介人才的生命周期相适应。

生物钟规律让人类适应周边环境,是这个物种得以生存的关键,它让人体与日夜交错达到和谐统一,还能控制饮食,人类可以最大限度地利用阳光,调节体温。如果二者产生对抗或矛盾,人就要生病。[2] 但是,每个人的生物钟也可以"调整",从而使紊乱消失。这也就解释了为什么有的人被分配去当夜班编辑,也就变成了"夜猫子";为什么一些记者由东半球飞到西半球,很快就能调整好时差;为什么一些媒介在计划经济向市场经济过渡的过程当中很快就适应了新的环境和新的机制。

四、媒介最小量规律

生物与环境之间的关系是十分复杂的。就生物营养的角度来说,并不是所有的营养因子对生物都是同等重要的或同等有利的。科学家在研究了各种化学物质对植物的影响后发现,当一种植物所需要的某种营养物质降低到该种植物最小需要量以下的时候,这种营养物质就会限制该种植物的生长,这被人们称为最小量规律或最小因子定律(law of the minimum)。德国化学家李比希(Justus von Liebig)于 1840 年提出的这一定律与系统论中的"木桶原理"含义一样,即一个由多块木板拼成的水桶,当其中一块较短时,不管其他木板多高,水桶的装水量总是由最短木板决定的。因此,李比希指出:"植物的生长取决于那些处于最少量状态的营养成分。"[3] 同样,在媒介管理和大众传播中,媒介员工和社会大众往往也不太受他们基本拥有的大量营养元素或一般信息的限制或影响,反而容易受到那些微量营养元素或特殊信息的限制或影响。所以,只要在其中加入或提供他们所缺的微量营养元素或特殊信息,即找出那块最短的木板并加长,媒介管理的业绩与大众传播的效果就会立即提高。

---

① 邵培仁,刘强. 媒介经营管理学[M]. 杭州:浙江大学出版社,1998:164-165.
② 马科斯. 拨准你的生物钟[N]. 参考消息,2007-06-06(4).
③ 转引自:陈阜. 农业生态学[M]. 北京:中国农业大学出版社,2002:108.

在媒介管理中,我们常见到一些记者、编辑或主持人,在某个媒介内虽已是应有尽有,但工作还是没有积极性和主动性,甚至最终跳槽而去,究其原因,往往是他们更高层次的需要未能得到满足,缺乏特定的微量营养元素。比如没有一个适合自己施展才华的舞台,或者与周围人的人际关系比较紧张。有的媒介经济效益好,技术设备先进,但素质不高的员工使媒介整体传播水平总是上不去。这说明,尽管一般的营养元素基本满足了人或媒介的需要,但一些特殊的微量元素仍会成为提高媒介员工工作积极性或媒介水平的限制因子。

在大众传播中,当代媒介的一般信息、表象信息、共同信息已经可以满足受众的一般需要,因此媒介往往不能有效地通过它来大幅度提高受众的信息接受积极性。但受众迫切需要的真相信息、重要信息和对受众有价值的知识信息、思想信息,因其资源比较匮乏、生产成本比较高,而往往成为影响传播效果、提高收视率的微量营养元素。我们经常见到,由于某部电影、电视片是由某位世界著名的影星主演的,或情节异常奇特、故事特别生动,或其中有一些平常不易见到的镜头,其市场就很可能会火爆,票房收入和收视率就会大幅提升。

在 5G 和智能时代,传统媒介和现代媒介竞争日趋激烈,广告商变得日益精明,受众也越来越难以伺候。因此,大众传播媒介的领导者、决策者如何在满足媒介员工和社会大众一般营养元素的基础上,通过科学的方法找出其接近最小量的特殊元素,并给予适当满足或调剂,已成为他们迎接媒介大战、夺取最终胜利的一个撒手锏。

但是,著名生态学家奥杜姆认为,应用最小量规律或最小因子定律时,应做两点重要补充:第一,李比希定律只在极严格的稳定条件下,即在物质和能量的输入和输出处于平衡状态时才能应用;第二,应用这一定律时还应注意因子之间的替代作用(substitution),当一个特定因子处于最小量状态时,其他处于高浓度或过量状态的物质可能起着补偿或替代作用。[①] "数字时代的麦克卢汉"——保罗·莱文森(Paul Levinson)认为,一切媒介都具有补偿和替代的作用。他说:"我们不愿意忍受偷窥的汤姆的冲击,所以发明了窗帘。我们不甘心让电视屏幕上我们喜欢的形象飞逝而手足无措,所以发明了录像机。我们不愿意在文字的沉重压迫下洒汗挥毫,让语词从构思那一刻起被拴

---

① 蔡晓明,尚玉昌. 普通生态学(下册)[M]. 北京:北京大学出版社,1995:40-41.

死在纸面上,于是我们发明了文字处理机。拉开距离看,这些逆转无疑可以被看成媒介自动的、必然的突变……然而,实际上,它们是人的有意为之,是用人类理性煽起和完成的逆转。""互联网及其体现、证明和促进的数字时代,是一个大写的补偿性媒介。这是电视、书籍、报纸、教育、工作模式等的不足而产生的逆转,差不多是过去一切媒介之不敷应用而产生的逆转。许多诸如此类的修补,并不是如录像机那么有意为之(录像机是人们为了弥补电视的短命而苦心孤诣制造出来的)。但是……有意发明的媒介,与歪打正着解决问题的媒介之间的差异为之缩小……数字传播提升了人的理性把握,在这一点上,一切媒介都成为立竿见影的补偿性媒介。"①

五、媒介适度性规律

"太强必折,太张必缺。"(《六韬·武韬》)弓拉得过头必然折断,弓张得过开必然残破。就像吃饭、喝水一样,要适度适量、适可而止。"不欲极饥而食,食不过饱;不欲极渴而饮,饮不过多。"([晋代]葛洪《抱朴子·极言》)适度就是要求人的认识和行动要与决定事物运行稳定性的质与量的限度、幅度和范围保持相应、协同,注意把握事物发展的关键点和寻求最佳适度的量。

太阳能带来温暖,但焦灼会使幼苗遭灾;雨水能引发生机,但瀑泻会使绿色的生命溺毙。大众传播的运作、媒介的生存与发展,必然要与外部环境的诸种生态因子保持一种相互联系和相互依赖的适度互动关系。任何一种传播种群对每一种环境因素都有一个忍受范围。如果其中任何一项环境因素的性质或含量"过"或"不及",超出大众媒介或传播种群的生态耐力的界限之外,违反了适度性规律或忍受性定律,就会对它的生存与发展构成致命的损害。在适度性规律中包含了忍受性定律和限制因子定律等。

最小量定律指出了因子低于最小量时会成为影响生物生存的因子,而忍受性定律则强调了因子过量时也会影响生物的生存。生态学家认为,任何一个生态因子在数量上或质量上的不足或过多,即当其接近或达到某种生物的忍受限度时,就会影响该种生物的生存与分布。因此,那些对生态因子具有较大忍受范围的物种分布就广泛,反之则较受到限制,前者人们称之为广适性生物,后者人们称之为狭适性生物。由此看来,我们就不难理解为什么一些媒介和语言会在地球上消失,而另一些媒介和语言却能日益兴旺繁荣;同

---

① 莱文森. 数字麦克卢汉[M]. 何道宽,译. 北京:社会科学出版社,2001:287-288.

时,我们也不难理解为什么面对同一环境因素,不同的传播种群忍受的范围有所区别,同一种传播种群在整个个体发育过程中忍受的范围也不一样。

"生物的生存和繁殖依赖于各种生态因子的综合作用,其中限制生物生存和繁殖的关键因子就是限制因子(limiting factor)。任何一种生态因子只要接近或超过生物的忍受范围,就成为这种生物的限制因子。"[1]在媒介经营管理中,媒介领导者应该知道每个员工体力、能力忍受性度是有限的,让他们不分体力、能力平均分配工作或不分白天黑夜地干活是违反适度性规律的;有关管理部门根据适度性规律提出的报纸发行的最低销价原则,就避免了过度低价(限制因子)竞争可能给报纸带来的致命打击。扶危济困、扶弱助贫是中华民族的传统美德。政府部门针对劳动或工作性质提出的最低工资标准,或者针对城市无业人员和农村贫困户给予的最低生活保障线,也是从限制因子出发提出来的防止事态恶化的重要控制措施。

在信息的传播与接受中,媒介信息的纯净与污染、骤增与匮乏、侵略与赤字,一旦超过一定的耐度和极限,就会破坏信息传播的良性循环和动态平衡,引发媒介的生存危机和受众的精神危机。美国前副总统 A. 戈尔(A. Gore)写道:"我们面对着完全是一个自作自受的危机:我们淹没在信息之海之中。我们已生产了过多的数据、统计、词语、公式、形象、文件、宣言,以致我们不能消化它们。我们没有尽力创造理解和消化已有信息的新方式,我们只是生产更多的信息,生产速度越来越快。"[2]信息爆炸已经成为人类必须面对的一大社会公害。保罗·莱文森(Paul Levinson)在论述手机时写道:"手机这个独特而奇异的小玩意成为我们的掌中之宝,使我们能够交谈,也能够互致短信。它是一柄双刃剑,既使我们获得空前的解放,又对我们有所拘束;既使我们一网打尽天下信息,随时随地与人通话,又使我们失去享受清净的避风港——除非你不买手机或关掉手机。"[3]在媒介生态学看来,媒介与环境的生态关系不要强调硬性的主—客之分和主要—次要之分,而要强调两者之间均衡适度地相互联系、相互依赖和相互作用的整体性,注重两者之间网状的非线性关系和良性循环运动。

媒介生态学的任务就是关注那些影响媒介生存与发展的限制因子,找到

① 卢升高,吕军. 环境生态学[M]. 杭州:浙江大学出版社,2004:18-19.
② 戈尔. 濒临失衡的地球:生态与人类精神[M]. 陈嘉映,等译. 北京:中央编译出版社,1997:171.
③ 莱文森. 数字麦克卢汉[M]. 何道宽,译. 北京:社会科学出版社,2001:173.

保持媒介生态平衡、媒介适度发展的内在与外在的控制因素,测量出传者或媒介对诸种生态因子的耐度和适应度,进而探讨解决问题的办法。通常,内控因素总是与传者或媒介的自我调节有关,外控因素大多与社会或市场的激烈竞争有关,媒介自身的耐度和适应度又总是与"过"与"不及"的灾害性或破坏性的因素有关。"保守封闭的大众媒介犹如温室里的花草,它的自我调节功能往往不强,对外界环境的一些生态因子常常只有很窄的忍耐范围,一经风雨即可能危及生命;而革新开放、久经风雨考验的大众媒介,由于它有很强的自我调节功能和市场竞争力,对各种生态因子的忍耐范围较大,其生命力就强、'分布'就广。"①在当前,我国媒介要增强其生态耐度和抗灾抗病能力,迎接跨国媒介集团的市场竞争,其基本策略就应是一方面强身健体、狠练硬功,另一方面减少外在干预和特殊保护,迫使媒介尽早适度地经受市场经济或特殊环境的考验,使之适应不断变化的环境,而不可在其毫无准备的情况下突然将其置于十分危险的环境之中。

第三节 平衡与循环的生态思想渊源

每提到生态学,人们都会将其归功于德国动物学家恩斯特·海克尔(Ernst Haeckel),因为他在1866年率先提出了"生态学"的概念,并将其定义为"生态学是研究生物与其环境相互关系的科学"②。作为一门学科,生态学起源于西方。但是,在中国源远流长、博大精深的传统文化里,却有着比西方更加丰富多彩、深刻独到的生态思想和生态观念。甚至在某种意义上,中国文化就是生态文化。思想是人类的特殊智慧和一切行为的基础,是对人类全部实践经验和精神产品的有机融合和活用创新。在这里,笔者只从生态平衡和生态循环的角度,就梳理和总结出了四种中国古代的生态平衡和生态循环的思想和观念。③

一、人天并立,互有其位

天地人三者并立共存,各有其生态位。沙莲香说:"中国文化一开始就立

① 邵培仁. 论传播生态规律与媒介生存策略[J]. 新闻界,2001(3):29.
② 杨忠直. 企业生态学引论[M]. 北京:科学出版社,2003:1.
③ Shao, Peiren. The Chinese Traditional Acceptance of Information in Perspective of Contemporary Communication Study[J]. *China Media Research*,2014,10(1):47-58.

足在人世间,这个人世间是与天地共存,上有天,下有地,人可以与天地并立而为参。"①"唯天下至诚,为能尽其性;能尽其性,则能尽人之性;能尽人之性,则能尽物之性;能尽物之性,则可以赞天地之化育;可以赞天地之化育,则可以与天地参矣。"(《中庸·第二十二章》)与天地参,就是人与天地并列为三,从而可以与天地并立共存。"天有其时,地有其财,人有其治",人"不与天争职"(《荀子·天论》)。"天地与我并生,而万物与我为一。"(《庄子·齐物论》)《易传》则把天、地、人统一于"阴阳""刚柔"的交互作用。做人也一样,"在上位不陵(凌)下,在下位不援(巴结)上。正己而不求人,则无怨。"(《中庸·第十四章》)在这里,天地人互有其位,互有所育,相辅相成,互不越位,共进共演,进而达到"天人相应""天人合一"。庄子说:"人与天一","有人,天也;有天,亦天也。人之不能有天,性也。"(《庄子·山木》)"天"是自然之天和社会之天,"人"是自然之子和社会之子;"相应"和"合一"则既表达了人和"天"是可以通达和相通的,也表述了"天"和"人"的亲密性和融合性。

那么,人为何可以与天地并立而为参,却不一定与天地并立而为参呢?原因就在于人总以为自己是"世界主宰、万物之灵",于是违背生态规律,"放荡不羁,为所欲为"。因此,人本于天地,就应回归天地;人受惠于天地,就该回馈于天地;人需要天地呵护,同样人也要关爱天地。

二、"和实生物,同则不继"

"和实生物,同则不继"(《国语·郑语》)是西周末年伯阳父提出的生态观念。他说:"以他平他谓之和,故能丰长而物归之。若以同裨同,尽乃弃矣。""以他平他",只要相异的事物相互协调并进,平衡多样,就能良性发展;但是,让相同的无差别的东西汇集、叠加,"以同裨同",缺乏多样性,就会因缺乏竞争性、丰富性和创新性而窒息生机。"物种多样是生态系统健全、完善的重要特征。同样,知识多元化、学科多样化、百花齐放、百家争鸣则是现代科学研究体系的关键标志,也是科学进步、知识发展的基本形态和必然趋势。"②有些媒体企业甚至国家之所以走向失败和死亡,就是因为"去和而取同",缺少不同意见的碰撞,缺乏民主议事的制度,管理决策思维同质化。中国文化鼓励"以他平他"和"负阴抱阳",将对立双方的和谐相处视为可持续发展的源泉和

① 沙莲香. 人文精神传播:对人性的关照和责任[J]. 文明(文明论坛特刊),2006(12):50-51.
② 邵培仁. 新闻与传播研究应确立五种生态观念[J]. 中国传媒报告,2002(2):1.

动力。《庄子·在宥》曰:"我守其一,以处其和。"《吕氏春秋·有始》曰:"天地合和,生之大经也。"《荀子·礼论》曰:"天地合而生万物,阴阳接而变化起。"《大戴礼记·哀公问》曰:"天地不合,则万物不生。"《淮南子·泰族训》曰:"阴阳和,而万物生矣。"《周易·系辞传上》曰:"一阴一阳之谓道","刚柔相推而生变化。"《周易·泰·彖传》曰:"天地交而万物通也。"所谓"地道往复,有生有灭""和生,同灭"。

《老子》说:"万物并作,吾以观复。夫物芸芸,各复归其根。"(《道德经·第十六章》)祥和的生态环境能使万物生机勃勃,兴旺繁荣,循环往复,生生不息,生死同源,永无止境。多样是繁荣兴旺的象征,差异是良性循环的保证。中国传统文化一向重视差异性和多样性,主张"兼容多端而相互和谐""兼赅众异而得其平衡"(张岱年语)的"兼和"生态理念。殊途同归,百虑一致。人们可以从不同的路径走到同一地点,也可以用不同的思路得到相同结果。所谓"天下同归而殊途,一致而百虑"(《周易·系辞下》);"君子和而不同,小人同而不和"(《论语·子路》);"万物并育而不相害,道并行而不相悖"(《礼记·中庸》);"太和万物"(《庄子·天运》),"和而不同"(《论语·子路》)。

三、"负阴抱阳""刚柔得适"

老子的"万物负阴而抱阳,冲气以为和"(《道德经》第四十二章),管子的"和乃生,不和不生"(《管子·内业》),庄子的"至阴肃肃,至阳赫赫。肃肃出乎天,赫赫出乎地,两者交通成和而万物生"(《庄子·田子方》),所强调的都是阴阳相谐、平衡调达的生态思想。"负阴抱阳",是指万事万物均内蕴着阴阳两种相反相成、互动互助的关系。《太极图》中的S形曲线和黑白"双鱼"的图形,则揭示了阳盛转阴、阴强阳生和阳中含阴、阴中含阳的辩证生态思想。《周易·辨画》中的"两美相合为嘉"之说,是在强调"阳遇阴则通、阴遇阳则明"的"阴阳相济"的生态之德。所谓"天道之数,至则反,盛则衰"(《管子·重令》)。中医理论也认为,疾病之本在于阴阳不和,"两者不和,若春无秋,若冬无夏。因而和之,是谓圣度"(《黄帝内经》)。因而,治病之要,就在于"疏其血气,令其调达,以致和平"(《黄帝内经》)。平衡调达的生态不仅要阴阳结合,还要刚柔相济;不仅要"阴阳代兴",还要"刚柔合运"。《新书·道术》中的"刚柔得适谓之和,反和为乖",《广韵》中的"和,顺也,谐也,不坚不柔也""万物并育而不相害,道并行而不相悖",它们所秉持的都是阴阳协调、刚柔相济、和谐适度的生态理念。

在信息传播和媒介管理中,也要秉持阴阳结合、刚柔相济、共生共存、互惠互利的生态观念。当不同媒介公司或新闻媒体为了生存与发展进行竞争时,承认并尊重对手的价值,作用和生存、发展的权利,在资源分配、价值评判等问题上不采取歧视性政策或标准,主张在各个信息传播领域之间共商共建、互惠互利、共存共赢的理念,寻求建立在"竞争中合作、在合作中竞争"的新型"竞合关系",营造一种"生活并让他人生活"和"你好,我好,大家好"的生态环境,显然是一种更重要、更人道的媒介生态取向。传统的媒介竞争观念往往将竞争当"战争",把市场当"战场",视对手如"敌手","要么你活,要么我活",主张置对手于死地,不考虑共生互利,这种观念已经有点落后于时代。①

在当今相互依赖日益增强的社会里,人类的信息和媒介体系已经演化为一个相辅相成、密不可分的整体生态系统。不论是新闻媒体还是娱乐媒体,不论是新媒体还是传统媒体,它们的生存和发展,不但要依赖全部媒介生态系统的平衡互动与整体联系,而且要依赖诸种媒介生态资源流动的良性循环,否则媒介生态系统就会失衡、退化,甚至瓦解。媒介生态系统只有保持其内部以及内部与外部之间稳定而有规则的资源流动与循环,才能维持媒介生态系统特定的结构和功能。

四、执两用中,中正平衡

"中庸"的概念出自孔子,其本意是"去其两端,取其中而用之。"[宋代]程颢说:"不偏之谓中,不易之谓庸。中者,天下之正道,庸者,天下之定理。"[宋代]朱熹对其师的解说加注说:"中者,不偏不倚,无过无不及之名。庸,平常也。"(《四书·中庸章句》)所谓"中",就是要不大不小,不多不少,不左不右,恰如其分,恰到好处。"庸",就是保持一种普通的、平常的姿态。崇尚中庸的人处事不偏不倚,不过不及而平常的道理是天命所定、精妙至极。中庸的人不会偏袒任何一方,不会超过或少于本来的尺度,只是按照平常的公理行事而已。换句话说,"中庸"就是在事物的两端之间保持某种不偏不倚的中和平衡。《易传》阐释"古经"义理时也十分强调"执两用中""中正""中行"。学界有人说,在孔子的中庸思想里,其实有一种内在的生态思维:"尚中"的基本内涵是"无过无不及","时中"的基本义项是"无可无不可","中正"的主要意味是"礼义","中和"的基本意蕴是"天人相应""天人统一"。其中,"尚中"观念

①　邵培仁. 新闻与传播研究应确立五种生态观念[J]. 中国传媒报告,2002(2):1.

为传统所固有,为孔子所继承。"时中""中正"及"中和"的观念是孔子对传统"尚中"观念的丰富和发展,也是孔子中庸思想的核心之所在。

中庸之道是一种精深的生存智慧和生态思想。林语堂说:"我像所有中国人一样,相信中庸之道。"他在1937年出版的《生活的艺术》中把"中庸生活"作为一种"生活的最高典型"而大加称赞,认为"这种学说,就是指一种介于两个极端之间的那一种有条不紊的生活——酌乎其中学说,这种中庸精神,在动作和静止之间找到了一种完全的均衡……"①"从认识论的角度看,中正与两端保持等距离,是最完美的均衡状态,无论偏向任何一端,都将破坏均衡,导致偏斜而使原有结构崩塌;从方法论的角度看,中正意味着处事不偏不倚,追求适中与合度,任何的'过度'或'不及',都无法保持事物的善美状态。《周易》强调'中正'的思想,与儒家的中庸之道,在本质上是完全一致的。"②

放眼世界,西方向东,东方向西,南方向北,北方向南,大家都在寻找一条能为最多民众接受的中庸之道或中间道路;西方有识之士在反思资本主义的制度缺陷和机制僵化,东方大国在结合本国实情创新社会主义的特色。未来传统的意识形态和冷战思维可能会逐步淡化、退场,国家利益、现实主义和人民至上的理念在政治决策和国家交往中正逐渐占据上风,具有中庸特点的第三条道路和"整体全球化"③正受到许多国家的重视。

在媒介与传播研究领域,随着西方传媒信用的崩溃和形象的坍塌,西方中心主义受到挑战,本土性得到张扬,东方一些传播学者不再"狂热"关注西方传播学界和业界的一举一动,开始关注本土性与全球性之间的合理的尺度关系,而西方传播学者也逐步由传统的内向研究转向外向研究、由西方转向东方,一些西方学者甚至开始思考如何"去西方化"④。人们几乎都在思考如何用全球的或多元的视角去审视和分析世界传播现象和问题,以便在多样化视角和跨文化背景中找到比较客观、公正、中立和平衡的能为不同国家传播学者共同认可和接受的认知和观点。

在媒介与传播研究中,中庸之道不只是强调天人合一、太平和合、天道与人道合一、天性与人性合一、理性与情感合一、知与行的合一,也不只是强调

---

① 肖治华. 论林语堂的"中庸哲学"[J]. 云梦学刊,2006(1):61-64.
② 郭建勋,吴春光.《周易》与"中和"的美学观[N]. 光明日报,2007-08-10(11).
③ 邵培仁,陈江柳. 整体全球化:"一带一路"的话语范式与创新路径——基于新世界主义的分析视角[J]. 暨南学报(哲学社会科学版),2018(11):13-23.
④ 卡伦,朴明珍. 去西方化媒介研究[M]. 卢家银,等译. 北京:清华大学出版社,2011.

思维的辩证与统一,或只是意味着一种协调、妥协和混合,其深层原因是:双方主义、左右倾向互有不足之处,并且尖锐对立,在处理问题时偏向任何一个极端都不是好事,而中庸之道正好糅合了双方主义和对立双方的优点又避免了各自的不足,易为双方所认同和接受。万物如己。"己所不欲,勿施于人。"(《论语·颜渊篇》)这是媒介生态情怀的最低标准。山水亦有人情。"人不负青山,青山定不负人。"[①]人一定要设身处地、推己及人、将心比心和换位思考,一定要以自己作为参照物来对待遇到的人、事和生态环境。基于中庸之道的"共商共建、共享共赢"的媒介生态理念,可能"执着"但不"固执",也许"利己"但不"损人",只有协商、合作才能达到皆大欢喜的结果。"爱人者人恒爱之,敬人者人恒敬之。"(《孟子·离娄章句下》)爱人就是爱自己,敬人就是敬自己。互爱互敬,互帮互助,合作共赢,是人在内心深处生发的对另一个生命深切的理解、关爱、体谅与敬重,也是做人做事的基本准绳。[②]

从良好生态建构的路径来看,中国传统文化认为,形成平衡、和谐、良性循环的生态环境,主要有三种模式:(1)阴阳协调模式。阴阳对称,刚柔相济;"阴阳代兴","刚柔合运"。纸媒电媒,对立互补。(2)三足鼎立模式。儒释道、报广电三方犹如宝鼎,各自分立但不对抗,因为损人就是害己,只有互动互助,才能共生共存,共进共演。(3)兼容多端模式。包容差异,兼容多端,是媒介繁荣兴旺的关键、良性循环的保证。[③]

在这里,我们从生态平衡和生态循环的角度讨论了中国传统文化中的生态学思想,其实在中国传统文化中还有很多涉及依存、和谐、融合、斗争和转化等生态学概念方面的丰富多彩的知识宝藏和思想资源,等待学术界的整理和挖掘。随着当代社会生活一系列指标向生态学方向转变,中国传统文化中的生态学思想完全可以为这样的转向提供理论支撑,并将与现代学术一起把绿色生态作为物质文明和精神文明建设的最高追求,作为经济社会可持续发展的不竭源泉和永久动力。

---

① 新华社.习近平出席《生物多样性公约》第十五次缔约方大会领导人峰会并发表主旨讲话[EB/OL].(2021-10-12)[2021-08-01]. http://www.gov.cn/xinwen/2021/10/12/content_5642065.htm.

② 邵培仁,潘戎戎.坚守和追求传播学研究中的人文情怀[J].当代传播,2019(5):1.

③ 邵培仁.中国古代的生态平衡和生态循环思想[J].嘉兴学院学报(哲学社会科学版),2008(2):66-68.

第四章

分子生态与信息生态

人类社会正在经历一场全新的"革命"。信息，就是这场"革命"的重要动力。它借助大众传播媒介和网络、新媒体，已经成了这个时代的真正财富和经济运行的主要因素，并且将把人类带入高度智能的信息化社会。

面对即将到来的信息社会，人们在冷静地观察与思考。奥威尔（1984）曾经预言，以电脑为主体的传播科技，可能会带来人的彻底物化；齐默尔曼（1989）则认定，超量的信息消费往往是深藏的心理积淀和社会灾难的一种表征；藤竹晓（1987）已看出，大众传播中的传受不均衡状况，导致了现代社会的信息爆炸与信息贫乏，造成了信息生态的失衡。因此，在信息社会里，必须处理好"数据→信息→知识→科学→思想"之间相互连接、互动互助的生态关系。这五者之间是一种"精神产品生产食物链"的生态关系（图4-1）：即前者是后者进行加工、总结的基础和材料，后者是前者内容和信息的升华、精粹和高级形态。前者向后者演化、提纯和升华的过程，是一个艰难的生产和创造过程。随着精神产品生产和创造难度的逐级加大，人们对精神产品生产者的要求也逐步提高，从而不仅导致数据混乱、信息失衡、知识短缺、科学贫瘠和思想危机，而且导致精神产品生产越向高端发展而相应的优秀人才越少，从而呈现出一种"数据工作者→信息工作者→知识分子→科学家→思想家"的螺旋状的"金字塔形"的人才生态分布状态（图4-1）。那么，信息社会究竟会给信息生态带来什么影响，又应该如何应对呢？这就是我们要讨论的问题。

第一节　分子生态中的基因与数据

自生态学于1866年诞生以来，人类对其规律性的认识经历了一个由浅入深、由点到面、由片面到全面的较长历史过程。媒介生态学是生态学、人文生态学的一个新领域，而分子生态研究是媒介生态学研究中致力于微观、超微观研究的一个崭新领域，有可能引发一场宏观和中观媒介生态学的革命。

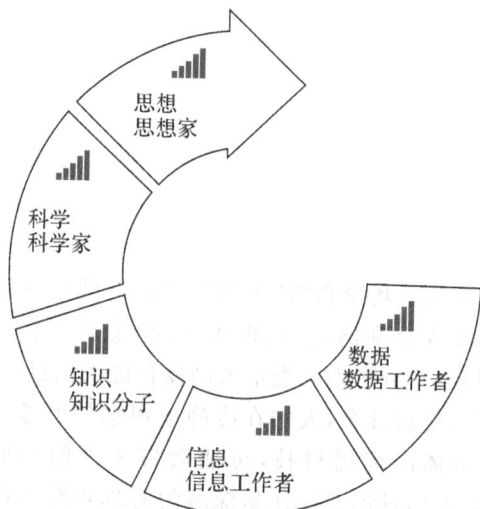

图 4-1　精神产品生产食物链

　　在媒介生态学的视野中，分子是由文化基因和科学数据按照一定的社会和文化因素排列、组合在一起的整体，是能够独立存在的相对稳定并保持某种文化特性的最小信息单元。在分子结构中，基因犹如原子核，数据犹如原子。作为多学科交叉的整合性研究领域，分子生态研究的核心内容是：检测、分析和解释文化基因的变异过程、形态和规律；阐明和推测文化基因遗传和扩散过程中同其他文化基因和环境相互作用及其发展变化的现状和趋势；分析和研究文化传播中的基因谱系、基因流变以及中国文化在全球传播的路径选择和基因稳定扩散的关键因素；分析和探索当下社会大数据革命、治理、使用及其对政府、商业、工作和生活的影响和适当干预的办法。这是一个规模巨大的复杂的系统工程，个人是无能为力的。

一、基因与文化基因

　　冯友兰先生曾写道："盖并世列强，虽新而不古；希腊罗马，有古而无今。惟我国家，亘古亘今，亦新亦旧，斯所谓'周虽旧邦，其命维新'者也！"[①]

[①]　冯友兰. 国立西南联合大学纪念碑碑文[EB/OL]. (2014-02-14)[2021-07-01]. http://www.cssn.cn/xr/201402/t20140214_963662.shtml.

英国马丁·雅克在"马丁·雅客谈了解中国的崛起"的讲演中说:纵观世界史,世界上曾经产生了很多大帝国,它们纵横世界,强悍无比,深刻影响着世界历史。但它们基本上都昙花一现,后世不再有。与西方不同,东方帝国却在几千年里历经了一个个朝代更替,而帝国永传。马丁·雅克说,这让人感到疑惑,不禁要问其原因。他自答:"因为中国本身是一种文明,尽管它把自己'伪装'成一个国家!""文明没有出现断层的国家兴衰,只不过是一个摔倒再站起来的动作而已。"①

这是许多年来的一个最好的回答,但不是一个最准确的回答。

1. 无比珍贵的中华文化基因

强大中国世代传承、历久弥新的重要原因,我认为是它拥有一种能够贯穿历史、联通文明的强大基因,即强大的中华文化基因。"文化是基因,不易改变;文明是肌肤,可以改善。"文化基因是一种文化核心元素和能保持其文化性质的最小单位,支持着文化生命有机体遗传的基本构造和性能。文化基因最重要的特征是其从亲代文化到子代文化相似的复制能力,强大的文化基因可以保证文化遗传的稳定性、经久性和完整性。强大中国和中华文化在五千年历史长河中亘古亘今、不断延续、历久弥新,成为全球大国和世界几大古文化中唯一没有中断的国家及文化,靠的就是富有强大生命力的、优质的、具有内在联系的遗传密码和核心元素——中华文化基因及其载体汉字。② 汉字的发明、使用和普及打破了民族文化和地方语言的差异,实现了信息交流的共通和共享。有人说,书法、国画、壁画、刺绣可以代言中国文化;有人说,指南针、火药、造纸术、印刷术可以代表中国文化;也有人认为,如果说自由、平等、博爱是法国文化的遗传基因,民主、自由是美国文化的基本元素,那么仁、义、礼、智、信或仁、智、勇、乐、雅则是中国文化有别于其他文化的遗传因子。

文化基因是靠先天遗传和后天习得、主动及被动、自觉与不自觉置入文化系统内的最小信息单元和最小信息链路,主要表现为信念、习惯、价值观等。虽然构成 DNA 的基本单位是四种碱基,每个人却拥有 30 亿对碱基。同样构成文化遗传基因和核心元素的就是一些稳定的不易变异、历久弥新的信

① 雅克. TED 演讲集:马丁·雅克谈了解中国的崛起[EB/OL]. (2014-09-10)[2021-08-30]. http://www.le.com/ptv/vplay/20616740.html.
② 邵培仁,林群. 中华文化基因抽取与特征建模探索[J]. 徐州师范大学学报(哲学社会科学版),2012(2):107-111.

息和观念,但由这些信息和观念演化出的文化内容、形态和类型却是各种各样、难以计量的。因此,如果文化基因始终不变,就不可能有新的文化内容、形态和类型的产生和演化,也就不可能有文化创新和文化繁荣。事实上,全球文化多样性的存在已充分证明了文化基因具有演变和进化的特征。

2.基因演变的四种模型

文化基因的演变既是由基因质量、数量的变化和基因载体符号的替代、缺失等内部因素引起的,也是由政治、经济、宗教、教育、战争以及其他文化基因竞争等多种外部因素导致的。综合分析世界强国兴衰的历史过程和文化基因演变的各种因素,我认为文化基因演变主要有四种模型(图4-2):

(1)质变导致基因改变。如果国家被他国入侵和占领,占领者的文化基因扩散通过教育和文化传播强行替代本土文化基因;或者直接通过暴力手段破坏本土文化资源,摧毁本土文化遗产,切断本土文化命脉;或者反对派竭力鼓吹和传播外来文化,反对和抹黑本土文化,就会导致本土文化基因变异、扭曲或缺失,甚至最终走向衰落和消失。

(2)量变导致基因改变。如果他国文化基因引进或传播过度和超量,本土的非核子、非主流的文化原子大量生产和扩散,加之本土文化生产者和消费者崇洋媚外,那么本土文化基因的遗传和复制能力就会下降,本土文化基因就会逐步走向衰落和消亡;相反,如果本土文化生产者和消费者有较强的民族自豪感和文化自信心,本土文化基因遗传和复制能力又比较强劲,而他国文化基因的竞争力又不强,那么本土文化基因就会在竞争中处于优势地位。

(3)语言导致基因改变。语言是人类最古老的纪念碑,也是人类进行文化基因复制和遗传的永恒载体。语言改变了,文化基因也必然改变。山河变迁,朝代更替,但中华文化却保持五千年的持续繁荣兴旺,其秘密就是负载中国文化基因的语言特别是汉字始终没有改变。千年不变的汉字是承载和传播中国文化基因的永恒媒介。而世界上有的国家就因为放弃了原有的传统语言,改用外来语言或创用了新的语言(文字),结果导致其文化基因发生变异、扭曲甚至彻底改变和消失了。

(4)排序导致基因改变。在文化基因排序中,政治、经济和社会精英等因素具有决定性作用。如果它们将外来文化优先放在政治、经济和社会传播的突出位置,将外来语言与本土语言设定为并列的官方语言,而将本土文化放在无足轻重的位置,或者有意打压本土文化生存发展的空间,或者用超量的外来文化或非核子、非主流的本土文化原子冲淡、稀释本土文化的核心元素，那么就会导致民族精神萎靡不振和本土文化基因发生变异、走向衰落。

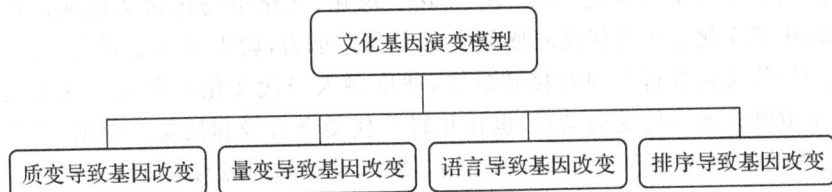

图 4-2　文化基因演变的四种模型

3. 如何持续增强中华文化基因的强大生命力？

（1）依据文化基因演变的模型和规律制定对策。若想持续增强中华文化基因的强大生命力，就要科学、合理地把握和掌控文化基因演变的规律、模型，及时检测、分析和发现文化基因变异、扭曲和变衰的苗头和动向，合理引导，科学调控，不断提高全体国民的民族自豪感和文化自信心，持续加大中华文化核心元素的内容生产和传播，从而不仅要确保中华文化基因从亲代文化到子代文化拥有强劲的鲜活的相似的遗传和复制能力，而且要确保国家富强、人民幸福、文化繁荣。

（2）找准和认定可以永远传承、复制、遗传、坚守和优化的中华文化基因。中华文化基因一定是在中华五千年民族文化世代相传、复制的土壤中生长出来的，并同世界范围内的各种优秀文化基因始终保持交流、互动、竞争和对话的开放性的状态，否则就不会有如此旺盛、强劲的生命力、竞争力和传播力，也很难走出国门、传向世界。这就需要我们运用"溯祖理论"（coalescent theory）进行逆向的追踪和探寻，对基因谱系进行科学的检测和分析。这种对中华文化的追踪寻祖、追本求源，可以让我们知道它从哪里来，也可以找到和确定中华文化的原点和坐标，让我们知道它要到哪里去。不搞寻根问祖、基因检测，我们就不知道中华文化的祖源、历史和身份，也不知道它的出发点和目的地，更不知道传承、复制、遗传和坚守的文化核子内容。中国的先秦文化和唐宋文化是中国文化基因的结晶、精华和集中体现，纯正而高贵，应该予以高度重视、深入挖掘和全面研究，从中全力探寻可以永远传承、复制、遗传、坚守和优化的中华文化基因。

（3）对"基因扩散"进行顺向的梳理和探寻。目的是阐明和推测文化基因遗传和扩散过程中同其他文化基因和环境相互作用及其发展变化的现状和趋势,分析和研究文化传播中的基因谱系、基因流变以及中华文化基因"纵向扩散"的活力因子和关键因素。在文化全球化、文化市场化和文化现代化的今天,中华文化要永久保持旺盛的生命力和传承力,就需要改变观念、创新扩散,同当代文化进行合理对接和延展,适度融入当代文化元素和全球文化因子,争取既让老一代受众满意,也让年轻一代受众喜爱和接受。否则,即使是最优秀的传统文化基因也会面临遗传、传承、发展的困境与危机。

(4)寻找"基因扩散"的横向路径和规律。意在思考如何在亚洲、在世界各国传播中华文化。中华文化基因创新扩散,要掌握和把度好与外来文化或全球文化同台竞争、交流互动的合理张力,要站在文化平等交流的立场上,坚守本土性文化领地的固有疆界,诉求本土性文化的特殊权利,不可落入文化同质化和基因无差别化的陷阱。同时,要灵活采用五种文化基因扩散策略:由近及远、文化亲近,以及"混合咖啡""宝塔糖式""三义(原义、格义、创义)转换"的扩散传播策略[①],从而既维护和保证了中华文化基因的纯正、洁净,又对接和包容了世界的普遍价值和他国的优秀文化,让外国受众也由衷地接受和喜爱。

中华文化基因扩散既要探讨中华文化基因扩散的本土化和国际化的路径,让中华文化在强大的内生动力的基础上向世界扩散和传播;也要研究全球文化的本土化和滋养性,合理汲取全球文化的精华,又不影响和危害本土文化基因的核心元素,从而确保中华文化基因成为中华民族自我认定的历史凭证,成为中华民族得以延续,并满怀自信面向世界、走向未来的根基与力量之源。[②]

二、数据:信息的细胞

数据是信息的细胞。信息社会亦是数据社会。如今,我们已经进入数据时代。在这个时代里,"任何人都要以数据说话"。"大数据"的运用在各个领域发挥着前所未有的重要作用,渗透到了当今每一个行业和业务职能领域,成为重要的生产因素,不仅对人类的数据驾驭能力提出了新的更大的挑战,

---

① 邵培仁,沈珺. 新世界主义语境下国际传播新视维[J]. 新疆师范大学学报(哲学社会科学版),2018(2):1-9.

② 邵培仁. 文化基因:中华文化历久弥新的根基与力量源泉[J]. 现代视听,2020(3):84-85.

而且已经彻底改变了政府、社会、商业群体的决策方法和运作模式。①

随着世界由"互联网＋"进入"智能＋5G"时代，信息技术飞速发展，数据指数级快速增长，数据和智能的结合正成为人类追逐梦想的强大引擎，成为科技创新的动力源泉和社会变革的坚实基础。

我们的所作所为、所收所支、所言所写，甚至所思所想，都已经被智能式地数据化了，并反过来影响着我们每个人每天的工作和生活。从政经文教卫，到吃穿住行传，数据不仅在创新和引领着社会生产和消费的潮流和走向，给企业带来巨大的商机，而且对人类精神文明和物质文明的内涵和外延进行重新审视和定位，迫使我们在人生的十字路口再次做出新的抉择。

面对这一重大变化和发展趋势，约瑟夫·E.奥恩认为，人应该加强数据素养、科技素养和人文素养。② 但是，我认为专业工作者还需要具有"专业素养"，而媒体人就要有"媒体素养"。在智能时代，不论是公民的三大素养，还是智者的四大素养，都是需要放在同等重要位置上加以对待的，不可偏废。

2001年，联合国教科文组织曾经对"文盲"进行重新定义：不能读书识字的人；不能识别现代社会符号的人；不能使用计算机进行学习、交流和管理的人。今天，我认为有必要再增加一条，即"不能读取、理解、创建、使用和传递数据的人"。第一类人是"基础性文盲"，后三类人是"功能性文盲"。不同的时代对人的素养有不同的要求，而具有不同素养的人也只适合不同的时代。只有既符合基础性素养又符合功能性素养的人，才是21世纪信息社会里的合格公民，也才能成为智能时代所需要的新型劳动者和全球化人才市场上的有力竞争者。

但是，数据素养并不是"拥有就好"，其实还需要有对数据的敏感性、发散性和批判性思维，还需要熟练地合理地分析数据和使用数据，并对数据进行进一步提炼和升华，使之上升到信息、知识、科学、智慧的高度。别以为有了数据就有了一切。数据只是事物的原始事象，信息是对众多数据的整合，知识是对众多信息的提纯，而科学则是体系化知识，智慧更是科学与经验的升华。它们以金字塔状排列，越是向上层级越高，越值得追求。

国际数据公司(IDC)预测，到2025年，全球数据将比2017年增长10倍，数据和信息将被视为商业的第二语言。也有人认为，未来10年，大约有50%

---

① 涂子沛. 大数据：正在到来的数据革命[M]. 桂林：广西师范大学出版社，2012：1-3.
② 奥恩. 教育的未来：人工智能时代的教育变革[M]. 李海燕，译. 上海：机械工业出版社，2018：2-4.

的工作会被建立在大数据基础上的人工智能所取代,而人应该去做更有知识含量和科学性、智慧性的工作。在新闻传播领域,一种基于大数据读取、收集、整理、分析,进而挖掘其意义和关联而形成的,并运用可视化技术、以信息图表形式发布的数据新闻或数据报告,正在改变传统新闻报道的生产结构,成为体育和财经新闻的常见报道方式。媒体通过对数据高度密集点的关注、聚焦、整理和分析,可以根据分析结果及自己的智慧和经验,而不是本能,对社会公共议题、热点舆情和重大事件的态势和情况做出更明智的报道,对各种社会需求做出更精准的回应。当然,媒体还通过整个社会和媒体各个子系统之间的互联互通、开放共享,对人流、物流、资金流、信息流等大数据进行综合分析并生产相应产品或措施,从而向消费者提供精准的、人性化的、高质量的媒介产品和信息服务。①

数据素养是媒体人走向智能时代的前提,而数据平台则是构建智能社会的基础。如果没有共商共建、互联互通、免费开放、共享共赢的全球脑式的数据平台可供具有全面素养的媒体人使用,那么一切都将是虚幻的。②

第二节　信息公平与信息生态均衡

信息公平论也可以叫信息均衡论或世界信息传播新秩序,是指在全球传播进程中或世界文化关系中专门由发展中国家提出的一系列试图改变信息不平衡或文化帝国主义状态的改革理论。"建立世界信息传播新秩序"是20世纪70年代末提出来的广受第三世界欢迎的一个关于全球传播体系改革的目标。这种改革试图反抗由美国与其他西方发达国家及其全球媒介集团支配的全球传播秩序,建立一种更加民主地、公平地、均衡地与其他国家传播系统相互交流文化与信息的新的全球传播体系。这既是第三世界国家对现存的或传统的全球传播秩序造成的信息不平衡、文化侵略、文化帝国主义等现象的不满和传统的全球传播秩序对本国文化生存、信息生态可能造成伤害的担忧,也是其对世界信息传播新秩序的呼吁和期盼,以及对世界信息传播旧秩序的回应与挑战。③

---

① 邵培仁. 开放共享:构建全球信息传播新模式[J]. 现代视听,2019(8):86.
② 邵培仁. 数据素养:媒体人走向智能时代的前提[J]. 现代视听,2019(6):86.
③ 邵培仁. 信息公平论:追求建立世界信息传播新秩序[J]. 浙江传媒学院学报(哲学社会科学版),2008(2):25-29.

一、信息公平是信息生态均衡发展的重要因素

公平是人类追求的最普遍的价值目标。信息公平是在信息交流中人类追求自己所选择的信息方面,个人应享有均等机会,而且最终不应出现有用信息匮乏和无用信息爆炸的结果。信息交流中的这种公平,既不等于人际对话的平等、组织交流的平等,也不等于任何其他具体结果的平等,而是一种"机会公平"的状况和"充分享受信息"的权利,是人们在信息传播与信息共享过程中结合本人情况而产生的某种价值期待。在这种情况下,一个人一生中享受信息的程度和创造信息的成就,主要取决于其本人的才能、素质和努力,而不是其家庭背景、性别、种族、国别与社会经济等个人无法自由选择的因素。如果说在前信息社会里信息公平作为问题并没有引起人们的足够关注的话,那么在进入信息社会的当下它已经成为人们普遍关注的社会问题。

但是,现实是无情的。正如世界银行前行长保罗·D. 沃尔福威茨所说:"我们生活在机会极端不公平的世界上,这种不公平既存在于各国内部,也存在于国与国之间。就连生命这个基本的机会也非常不公平:瑞典只有不到0.5%的儿童在年满一周岁之前死亡,而莫桑比克却有将近15%的儿童活不到一周岁。"[①]同样,我们也生活在信息交流与信息共享机会极端不公平的世界上,信息生态的均衡发展受到严重影响。

著名传播学家施拉姆(Wilbur Schramm)指出:信息不仅在国家间流动失衡,在国家内的流动也很不平衡,信息水平总是随着与城市距离的增加而迅速下降,大城市比农村地区更容易得到信息,这种差距在发达国家要小一些,在不发达国家则非常明显。[②]"知沟理论"也质疑世界范围内的信息公平问题,认为随着越来越多的大众传媒的信息进入社会体系,人群中具有较高社会经济地位的那部分人会更多地接受信息,人与人之间的信息差距就会增加而不是减少。这样信息富地、信息富人和信息贫地、信息穷人就会产生一种绝对可以量化的社会差距,或者说,它是不断加深的相对贫困与社会排斥问题内在固有的因素和后果。因此,公共信息资源需要向所有的信息权利人平等地开放,所有人都有权利共享所有的公共信息资源。这对缓解信息共享矛

① 世界银行. 2006 年世界发展报告:公平与发展[M]. 中国科学院—清华大学国情研究中心,译.北京:清华大学出版社,2006:2-3.

② Schramm, Wilbur. *Mass Media and National Development*[M]. Stanford:Stanford University Press & UNESCO,1964.

盾、维护信息秩序、缩小社会差距,具有重要意义。

事实上,自从世界进入大众传播时代,西方发达国家就凭借其雄厚的经济实力和先进的传播科技主导着全球传播的话语权,控制着世界传播的权力和"阀门",它们发布的信息往往占到全球信息总量的三分之二以上,它们的文化支配了发展中国家的文化,成为信息生态不均衡发展的主要因素。结果,第三世界国家就越来越高度依赖西方的传播科技和文化产品,依赖它们提供的各种图书、杂志和新闻、电影、电视娱乐节目,而不能自拔。"就许多情况而言,人们都认为这些文化形式是作为散播消费主义与其他西方价值观的工具而行事,这些价值观系统地剥夺发展中国家对其自身文化传统与视角的控制,同时也阻止他们按照自己意愿享用这一国际竞技场。"①

对此,联合国教科文组织在 20 世纪 80 年代召开了一系列会议进行研讨,提出了一套旨在打破现存的世界信息传播不均衡格局的改革方案。试图通过为发展中国家提供物质手段和信息产品来保护与促进其自身文化传统、文化产业与文化认同,扭转信息与娱乐传播中的不平等状态,缩小信息富裕国家与信息匮乏国家之间的差距。

不仅欠发达国家与发达国家之间存在着信息差距,在不同国家的城乡之间、行业之间和不同人群之间也存在着信息差距和信息失衡问题。信息不公平和信息不平衡造成的信息差别正在成为世界许多国家继城乡差别、工农差别、脑体差别"三大差别"之后的"第四大差别"。信息不公平和信息不平衡造成的区域分化、阶级分化和贫富差别将演化成严重的社会问题。因为"富者愈富、贫者愈贫"的现实及趋势,会使社会不满情绪上升,不稳定因素增多,不利于社会生态平衡和经济社会的持续发展。特别是在信息欠发达国家,信息不公平和信息网络化不仅加剧了旧有的阶层、种族、性别和代沟之间的矛盾和冲突问题,而且还产生了新的结构性失业,使社会的内在矛盾更加复杂化。

信息冲突和信息分化的恶性结果就是造成信息社会的失序,亦即信息不公平和信息不均衡现象的凸显。信息不公平和信息不均衡所造成的不仅是机会不均等的"社会状态",还包括一系列严重的"社会后果"和"社会问题"。在信息资源已经成为国家经济实力和国际竞争力的核心战略资源的今天,国家或地区之间由于因特网基础设施建设和操作技术普及水平差异,造成信息资源获取能力的巨大差距(包括信息接收、生产、传递与利用等方面的差距),

---

① 费斯克,等.关键概念:传播与文化研究辞典[M].李彬,译.北京:新华出版社,2004:183.

进而影响弱势国家的经济实力与国际竞争力；不同人群之间因为收入、受教育水平、所处地域及种族等方面的差异而造成的对因特网技术掌握和运用的差异，进而导致了不同群体在社会中面临的机遇、待遇不平等，出现"信息落差""信息失衡""知识鸿沟"和"贫富分化"等问题。①

现在，信息公平论已超出原来讨论的范围，成为与公平社会与和谐社会建设相关的一个论题。国际电信联盟是在1980年发表的《梅特兰报告》中即提出了信息公平与不公平问题，而且明确指出，在"拥有"信息和"缺少"信息的人们之间存在着一条"数字鸿沟"；认为如果只有少数人从ICT（信息通信技术）中获益，而绝大多数人却仍然生活在相对闭塞的环境中，是不公平的。2005年"5·17"世界电信日的主题是"行动起来，建立公平的信息社会"，呼应了《梅特兰报告》的观点。这一主题将电信服务和公平的信息社会联结在一起，指出电信运营商应该担负起建设公平信息社会的社会职责。中国通信标准化协会理事长朱高峰院士认为，"信息公平"包括很多方面，远不止接入的问题，关键是信息获取机会的公平以及信息技术使用手段的公平。我们要行动起来，发挥优势，以缩小数字鸿沟促进缩小经济鸿沟，以实施信息公平和信息均衡促进经济社会公平。②

美国证券交易委员会（简称"美国证交会"）于2000年8月10日通过的《信息公平披露法》，则是针对证券市场中普遍存在的信息不对称现象，以维护证券市场公平、公正的秩序而提出来的一个法律。美国证交会主席阿瑟·莱维特（2000年）说道："该法将使所有投资者，无论其金融资产的大小，都进入同一信息圈。"这句话解释了美国证券市场制订该法以保证信息公平的原旨。

首届信息社会世界首脑会议于2003年12月10日在日内瓦举行，会议的主旨是缩小横亘在全球贫富国家之间的"数字鸿沟"，从而形成包括所有人在内的真正意义上的信息公平和信息均衡的社会。会议《最终宣言》草案勾勒出各国首脑设想中的信息社会：所有人都能通过各种媒体自由地创造、接收、共享并利用信息和知识；以人为中心，以居民和社区为核心，将信息用于经济、社会、文化及政治的发展；人们可以平等、无差别地以标准接入方式和有

---

① 邵培仁，张健康. 关于中国跨越数字鸿沟的瓶颈与对策[J]. 浙江大学学报（人文社会科学版），2003(1):9.

② 朱高峰. 以信息公平促进经济社会公平[N]. 人民邮电报，2005-05-19(7).

效通信手段获得信息,促进经济和社会的持续发展,改善生活质量,消除贫困和饥饿。会议关注国家之间和国家内部的数字鸿沟产生的严重危险,相信公平获得信息是可持续发展的必要因素,是社会发展和信息生态均衡发展的重要影响因素。

二、信息公平的基本表现与践行原则

1. 信息公平的基本表现

信息公平和信息均衡所要实现的目标是:通过制定和实施公平和均衡的信息政策和法律,同时通过培育健康的信息伦理(包括全球性信息伦理、制度性信息伦理和个体性信息伦理),制止信息权力对信息权利的剥夺和歧视,实现所有信息传播与接受主体的信息获取机会的公平、信息资源配置的公平和信息渠道利用的公平,进而实现所有信息传播与接受主体对所需信息资源的各取所需和所需能取。因此,信息公平问题,实际上就是信息传播与接受活动主体之间的平等相待问题。而信息传播与接受活动主体之间的平等相待问题,主要体现在信息资源的获取、分配和利用这三个方面,主要分别强调信息获取机会的公平、信息资源配置的公平和信息渠道使用的公平。

(1)信息获取的公平

"信息获取机会的公平,其主要内涵是指信息主体在信息获取活动中的起点和资格的平等",即"所有的人在法律允许的范围内都有获取相关信息的自由和权利"。[1] 对于信息获取机会的公平,著名经济学家弗雷德曼曾有精辟的论述,他认为机会公平的"真正含义的最好表述也许是法国大革命时的一句话:前程为人才开放。任何专制障碍都无法阻止人们达到与其才能相称的而且其品质引导他们去谋求的地位。出身、民族、肤色、信仰、性别或任何其他无关特性都不是只对一个人开放的机会,只有他的才能决定他所得到的机会"[2]。

(2)信息分配的公平

显然,不同的信息传播与接受主体对信息资源的需求是各不相同的,因此信息资源在不同信息传播与接受主体之间的配置不可能也不应该是平均化的。在这种情况下,所谓信息资源配置的公平,应该指不同的信息主体对

---

[1] 蒋永福,刘鑫. 论信息公平[J]. 图书与情报,2005(6):3.
[2] 转引自:杨宗元. 论公平范畴[J]. 道德与文明,2003(5):38-41.

所需信息资源的"各取所需"和"所需能取"状态。其中除了信息主体自身的意识与能力以及相关的经济技术条件的限制原因（主观原因）之外，往往还有信息垄断、信息壁垒、信息隐瞒、信息阻塞、信息歧视等人为原因（客观原因或社会原因）。要实现信息资源配置的公平，就要将信息传播与接受主体自身的意识与能力以及相关的经济技术条件的限制原因（主观原因）和信息垄断、信息壁垒、信息隐瞒、信息阻塞、信息歧视等人为原因（客观原因或社会原因）的干扰降低到最低限度，尽最大可能实现人们对信息资源的"各取所需"和"所需能取"。①

（3）信息利用的公平

信息传播与接受主体不仅有信息资源公平获取和分配的权利，还应有信息渠道公平使用的权利。它源于美国宪法中有关公民权利的一种公平理论。最早明确地提出这一尖锐问题的是美国学者巴伦（J. A. Barron）。他在《对报刊的参与权利》（1967）一文中指出，为了维护受众的表现自由，保障他们参与和使用传播媒介的权利，宪法第一修正案必须承认公民对传播媒介的参与权。大众媒介作为"社会公器"，应是公众的讲坛，而不是少数人的传声筒。让公众充分地公平地获取、利用和加工信息，进而积极地参与到信息传播活动的过程之中，其实正是为了让他们积极接受传播，因为人们对于他们亲身积极参与形成的观点，要比他们被动地从别人那里得到的观点容易接受得多，且不易改变。②

2. 信息公平的践行原则

《老子》说："天之道，损（意为减少）有余而补不足；人之道则不然，损不足以奉（意为供奉）有余。"生态系统有一种天生的自调节、自平衡、自公平的本性，而人世系统则有一种天生的自私自利的"马太效应"。因此，要人世践行信息公平并不是一件容易的事，必须遵循一些原则。蒋永福、刘鑫认为："信息公平问题，既是一个理念问题，更是一个实践问题。"要践行和实现信息公平，就需要坚持如下三个基本原则③：

（1）信息自由原则

信息自由，是人类的自由理想在信息活动领域的体现，它是指人类在合

---

① 蒋永福, 刘鑫. 论信息公平[J]. 图书与情报, 2005(6): 2-5.
② 邵培仁. 传播学[M]. 3版. 北京: 高等教育出版社, 2015: 294.
③ 蒋永福, 刘鑫. 论信息公平[J]. 图书与情报, 2005(6): 2-5.

法的限度内自由地进行信息活动的一种状态。一个人想处于信息自由的状态，除了具备相应的主观能力（信息能力）之外，更重要的是要获得社会所赋予的相应权利即信息权利。人的信息权利大体包括：作为生物学意义上的人而应享有的人身信息权、作为政治公民而应享有的政治信息权和作为经济学意义上的人而应享有的经济信息权。

（2）信息平等原则

人们所追求的信息平等，主要指的是信息权利平等、信息机会平等和信息分配尺度平等，而不是结果平等。信息平等的敌人是信息歧视和媒介排斥。在政府信息服务、医疗信息服务、科学信息服务（图书情报服务）和大众传播等领域，必须坚决杜绝不平等对待公众的信息歧视和媒介排斥行为。信息不平等和信息不均衡，是对人类平等理想的挑战和蔑视，是信息权力对信息权利的侵犯和欺压，也是信息歧视和媒介排斥的直接后果，理所当然地受到人们的共同反对。

（3）信息共享原则

公共信息资源是人类的共同财富，理应由全人类共享。对此，比尔·盖茨说道，"需要坚信知识共享的重要性，否则再努力掌握知识也会失败"，"'知识就是力量'这句老格言有时使人把知识秘藏不宣"，而实际上"力量不是来自保密的知识，而是来自共享的知识"。① 但是，当信息资源具有某种稀缺性和利益性，就具有了排他性和竞争性，也就具有了专有性或垄断性，信息共享就十分困难，有时制度甚至要认可和保障这种专有性或垄断性（如知识产权）。所以，虽然信息资源的价值主要在于共享，但对信息生产者的积极性和知识产权予以适当保护，也是为了创造和生产出更多的信息，供日后共享。

三、平整信息传播与接受的竞技场

坚守媒介作为绿色生态和生态文明的研究，意味着在全球传播及研究中以东方生态智慧为基础，坚守整体互动和可持续发展的媒介生态观，追求媒介生态的平衡发展、良性循环、有机互动，在充满诗意追寻和栖居中选择简朴、节约、公平与恰到好处的信息生活方式，最大限度地保护信息生态环境，使人、媒介与社会和自然以及物质文明、精神文明和生态文明处于一种最佳的互动、组合状态。

---

① 转引自：罗志勇. 知识共享机制研究[M]. 北京：北京图书馆出版社，2003：1.

一方面,我们要用媒介生态思想和亲历的实践,追寻和营造一种绿色的媒介生态生活的方式或形态;另一方面,我们要坚持进行创造性的精神探索和媒介生产,在传播日益全球化的过程中耕耘和美化自己的绿色生态家园,不断地反对超级媒介帝国进行唯利是图的非生态主义的信息掠夺、信息侵略和信息污染!

正是基于这样的思考,平整信息传播与接受的竞技场,要让每一个人都能自由、平等、共同地享受信息,就需要采取一系列有力的对策和措施。

《2006年世界发展报告:公平与发展》曾对世界范围内的公平问题提出如下对策:"首先,在富有的有权势的群体和缺乏机会的贫困群体之间进行重新分配是必要的。""其次,如果考虑在公平和效率之间进行政策权衡,我们必须重视公平带来的长期收益。""再次,各种经济政策,无论是宏观的还是微观的,都会对效率(增长)和公平(分配)产生影响。"①这作为一般性的指导原则,其实也可以作为用来解决信息公平问题的指导思想。如果国家制定信息公平问题的政策法规或发展规划时,能够考虑这三个方面的建议,无疑是可以避免信息生态失衡和恶化的。

信息公平的全面实现,需要同时寻求以下三个方面的保障途径:主体能力保障途径、制度保障途径和伦理保障途径。

1. 主体能力保障途径

"主体能力"是指个人的信息能力,而个人的信息能力又不能脱离社会的信息能力。因此,只有一个国家改变了信息弱国的地位,全体个人的信息能力提升才能得到保障。

在信息社会,一个人的信息能力主要表现在三个方面:能够有效和高效地获取信息,能够熟练和批判性地评价信息,能够精确和创造性地使用信息。但是,要确保全体成员信息能力的公平,还需要坚持下列原则:一是信息权利平等,即无论是信息能力强者还是信息能力弱者都平等享有获取各自所需信息的权利;二是消除能力歧视,即信息能力强者不得侵害信息能力弱者的信息权利;三是要有能力救济的"社会良心",即社会的信息政策和信息法律应该"符合处于最不利地位的人的最大利益"。②

---

① 世界银行. 2006年世界发展报告:公平与发展[M]. 中国科学院—清华大学国情研究中心,译. 北京:清华大学出版社,2006:23.

② 蒋永福,刘鑫. 信息公平(下)[J]. 图书与情报,2006(1):26-27.

联合国教科文组织在 2003 年发表的《为二十一世纪学习》的报告中提出"信息扫盲"的概念。这个概念包含了信息来源使用者十分了解和积极参与信息的意味，也包括信息技术扫盲。信息扫盲的定义为"人类获得和管理信息，分析和解释这一信息，批判性地评价其实用性和可信度，并利用信息解决日常问题，协同创造知识产品并出于为社会所尊重的目的通过各种媒体交流思想所需的广泛能力"。联合国教科文组织的信息技术扫盲委员会，先后发表了《熟练掌握信息技术》(1999)、《教育测试服务(ETS)》(2002)、《数字变革：信息与传播技术扫盲框架》(2002)等文件或报告。[①] 由此可见，信息扫盲的目的，并不是单纯地使一个不识字的人能够认识几个字，而是要使其更好地理解文化，修炼自身，掌握走向美好生活所需要的实际知识和信息技术。这是一项系统工程，需要政府、社会、教育界、文化界等各方面积极推动、长期努力。

2. 制度保障途径

2021 年 2 月 25 日，中共中央总书记、国家主席、中央军委主席习近平在北京人民大会堂庄严宣告："中国脱贫攻坚战取得了全面胜利，完成了消除绝对贫困的艰巨任务，创造了又一个彪炳史册的人间奇迹。"中国脱贫攻坚战使"中国成为世界减贫的范例"，使得"现行标准下 9899 万农村贫困人口全部脱贫，平均每年脱贫 1000 多万，相当于一个中等国家的人口"[②]。2021 年 2 月 28 日，新华社国家高端智库向全球发布《中国减贫学》智库报告，解读中国特色反贫困理论。"报告以习近平总书记关于扶贫工作的重要论述为主线，以中国脱贫攻坚全面胜利的伟大实践为学理基础，阐释了中国减贫学的丰富内涵，揭示了中国减贫学在我国脱贫攻坚中的理论逻辑和世界意义。"[③]

但是，解决了农村贫困人口物质生活的贫困，并不意味着他们同时实现了精神生活的富裕，包括信息和知识的富足。其实，中国脱贫攻坚面临的新的更大的问题是保障全体人民的信息公平、知识共享，建设公平富裕的信息社会，达到全国人民物质生活和精神生活特别是信息和知识的共同富裕。为此，国家信息政策和信息法律需要解决好如下六个方面的问题：

---

① 联合国教科文组织. 全民信息计划政府间理事会(第三届会议文件)，IFAP-2004/COUCIL. 111/2，2004-03-01.

② 新华社. 中国宣告消除千年绝对贫困[EB/OL]. (2021-02-25)[2021-08-30]. http://www. xinhuanet. com/mrdx/2021/02/26/c_139769584. htm.

③ 新华社. 新华社国家高端智库向全球发布《中国减贫学》智库报告[EB/OL]. (2021-02-28)[2021-08-30]. http://www. xinhuanet. com/politics/2021/02/28/c_1127150384. htm.

(1)实施信息低保。信息低保既是指信息内容的最低保障,也是指传播技术的起码要求,是为构建和实现包括所有人在内的真正意义上的信息公平社会而提出的传播建议与保障措施。信息低保是一种良善性的救助性的信息交流与信息共享的保障机制。它是实现联合国提出的"全民信息目标"的重要措施,是构建信息公平社会的基本前提。

信息低保所要实现的目标是:通过制定和实施信息低保的政策和法律,通过培育健康的信息伦理道德和人性化的信息扫盲、信息救助良好机制,通过信息获取、信息分配、信息利用的最低保障,实现全民信息生产、传播与接受的机会公平和均等,进而实现所有信息传播与接受主体对所需信息资源的各取所需和所需能取,让每个人都有尊严、有品位地生活,使物质文明、精神文明协调发展。

信息低保的主要对象是穷人,最穷的人,完全依赖他人者,文盲和精神文化缺失者;具体对象是没有劳动力或丧失劳动力的家庭,孤寡老人家庭,家庭成员特别是主要劳动力长期有病和伤残的家庭,老年人多、家庭负担重的家庭,无子女的家庭,缺乏技术技能或者经济头脑差的家庭,单亲或隔代家庭,负债沉重的家庭,无住房或住房条件差的家庭,文盲或文化程度低的家庭,精神文化缺失、文化读物和接收信息设备极其匮乏的家庭。由此可见,信息低保的对象首先是物质生活贫困的生活低保对象,然后才是精神生活贫困的信息低保对象。但是,物质生活富裕而精神生活贫困的人,也有可能成为信息低保对象。

虽然中国脱贫攻坚战取得了全面胜利,但是,"脱贫致富"并不意味着农村人口物质生活和精神生活都富裕,而且物质生活富裕并不等于精神生活富裕、信息知识富足。因此,中国脱贫攻坚战的下一场战役应该是让人民群众的物质生活和精神生活都富裕,特别要对精神生活和信息享用实行最低保障。

信息脱贫、信息低保的保障机制是为有特殊需要的地区、群体和个人提供物质手段和信息产品,保护与促进农村人口、弱势群体公平获取、免费享用信息和知识的权利;同时为缩小"数字鸿沟",用5G+智能+传播打破"知识穷人世袭"的魔咒,为建成包括所有人在内的真正意义上的信息公平和信息均衡的和谐社会提供政策制度上的保障。①

(2)推进信息扶贫。孔子曰:"知者不惑,仁者不忧,勇者不惧。"(《论语·

---

① 邵培仁,彭思佳.信息低保:构建信息公平社会的基本保障[J].现代传播,2009(5):28-30.

子罕第九》)国家推进脱贫致富特别是信息扶贫,就是不仅要让物质上的穷人变成富者,还要使其成为精神上不惑、不乱的富者和智者,进而推进社会生态和谐和进步。信息贫困既属于信息能力贫困,也属于信息权利贫困。信息扶贫必须让信息穷人、知识乞丐不再贫困,过上同所有人一样的有尊严、品位、趣味的幸福生活。

信息扶贫,首先要确保大众传媒和传播平台的信息供给多样化、均衡化。媒介不可以利用主导传播的控制权和话语权,过多关注和传播西方新闻、信息和知识,而轻视本土文化、信息和新闻传播,忽视公众对信息多样化、优质化的需求以及对本土性、接近性信息的需求。信息传播也不可以只关注高消费群体和城市市民等,对于工人、农民等也要平等对待,提供适合其需要的信息和知识。要确立信息低保线,意味着大众媒介和信息平台要放下身段,提高媒介的公共性和公益性,建设负责的可持续运转的公共信息服务系统,向全体人民平等、公开提供免费的、共享的信息和知识服务,让信息资源发挥最大的社会效益,让全体人民享有最大的获得感和幸福感。

信息扶贫还要积极利用先进的信息通讯技术,缩小数字鸿沟,改变乡村和边远地区的信息落后面貌。近年来中央及地方媒体积极参与信息扶贫工作,实施和推进广播电视"村村通"工程,为乡村和边远地区的特色产品、特色资源打开销路和知名度搭建平台,为资源优势转化为商品优势和经济优势创造机会,促进农民的思想观念和传统农业生产经营方式的改变,鼓励和吸引更多社会力量积极参与新农村建设;一些地方政府积极实施"农村信息化扶贫工程",通过资金、技术的投入,解决通信难题,实施各项减免,大力兴建农村信息服务站,表彰信息扶贫示范村,培训信息知识技能人才,农村信息扶贫工作取得了显著成绩。一些大中型企业和高等院校则通过基础识字教育以及信息和传播技术扫盲培训、继续教育和终身学习等信息扶贫的方式,大力支持乡村振兴。早在《国家八七扶贫攻坚计划》中,国家就提出并实施了"信息扶贫致富工程",强调对落后地区的扶贫,不能仅仅停留在"物质扶贫"的单一层面上,更重要的是"信息扶贫"和"知识扶贫",从而唤醒农民对信息权利和知识权利的追求。目前,中国正在加大力度建设"互联网+5G+智能"的"处处相连、物物互通、事事网办、业业智能"的信息社会,信息扶贫也要趁势而上,主动智能化,让信息贫困者也能得心应手地使用智能化媒体,有传有受,传受相通,享受国家信息化建设的成果。①

（3）反对信息垄断。垄断阻碍公平,垄断阻碍共享,垄断压制创新。信息垄断是指信息生产者、经营者利用自身拥有和掌握的信息资源优势、传播平台优势实施排除、限制竞争对手公平分享信息行为的措施,从而获得高额利润或益处。信息垄断不仅违背信息开放共享原则,而且容易造成对信息消费者权益的侵害。

反对信息垄断,一是要反对特权性垄断。信息领域中的特权性垄断主要表现为部门垄断和价格垄断。这种特权性垄断破坏了信息市场竞争的公平秩序,最终侵害的是广大信息消费者的利益。最不可饶恕的特权性信息垄断,就是自己不采集、生产、创造信息,却通过特权或平台将公共信息资源占为己有,并进行垄断性谋利。反对信息垄断不是反对专利性、发明性、创新性的信息和知识的保护和利用,而是反对将公共信息、新闻信息、教育信息、文化信息、科技信息、娱乐信息、图书档案信息等一般信息通过特权授予和数据库、传播平台牟取暴利。

反对信息垄断,二是要反对信息技术垄断、信息市场垄断和知识传播垄断等多方面。信息共享、公平竞争是信息社会里信息生态平衡和持续健康发展的重要前提,鼓励竞争、维护信息市场公平开放秩序离不开法律的保障。虽然中国已有各种反垄断法律和条例,但是还缺乏信息开放共享和明确的反对信息垄断方面的有效法律法规。让人困惑的是,有时反对知识垄断的最大阻力可能是社会精英中的某些知识分了,他们以为与大众分享知识不能给他们带来任何好处,而垄断知识却往往受益无穷。对此,当代法国哲学家雅克·朗西埃一针见血地指出:知识精英会用种种手段恐吓民众分享知识,"用极其晦涩难懂的术语、行话来过度包装观点";"不断跟群众说,真正的知识极其难学";而且智商"低等者做不到高等者所能做的"。② 他们联合设置知识壁垒的目的,就是不愿意与公众共享知识及其利益。但是,也有不少富有社会责任感的专家学者愿意放低身段,依据"易读性标准"③尽力撰写深入浅出、通俗易懂、知识普及性的文章和图书,受到公众好评。

（4）公开政府信息。社会信息公平的主要责任在于政府,因为社会信息

---

① 邵培仁. 主动智能化:中国媒体发展繁荣的新引擎[J]. 现代视听,2019(4):82.
② 朗西埃. 无知的教师:智力解放五讲[M]. 赵子龙,译. 西安:西北大学出版社,2020:32-34.
③ 邵培仁. 传播学[M]. 3版. 北京:高等教育出版社,2015:189-191.

的 80%由政府所有。如果政府信息不公开,必然造成政府与民众之间的严重的信息不对称状况。因此,世界上许多国家都十分重视政府信息公开的制度化建设。美国《信息自由法》的主要原则包括:①政府信息以公开为原则,以不公开为例外;②获得政府信息的权利人人平等;③政府对拒绝提供的信息负有举证责任;④政府机关拒绝提供信息时,申请人可以向法院请求司法救济。进入 21 世纪以来,我国的政府信息公开制度建设,也有了可喜的进步。《中华人民共和国政府信息公开条例》(2007 年 4 月 5 日中华人民共和国国务院令第 492 号公布 2019 年 4 月 3 日中华人民共和国国务院令第 711 号修订)。新修订的条例规定:"行政机关公开政府信息,应当坚持以公开为常态、不公开为例外,遵循公正、公平、合法、便民的原则。""行政机关应当及时、准确地公开政府信息。"这些信息是指"对涉及公众利益调整、需要公众广泛知晓或者需要公众参与决策的政府信息;行政机关在履行行政管理职能过程中制作或者获取的,以一定形式记录、保存的信息;其他依照法律、法规和国家有关规定应当主动公开的"。同时,"行政机关发现影响或者可能影响社会稳定、扰乱社会和经济管理秩序的虚假或者不完整信息的,应当发布准确的政府信息予以澄清"。

(5)开放共享文化信息。共享信息是人类的天性,没有信息共享就没有人类社会的存在、发展和繁荣。"信息开放共享是不分高低贵贱、不论国别种族的,没有盲区,不留死角,是一种真正意义上的全民性、全部性(所有信息和知识)、全媒性、全球性的平等自由的信息开放共享,甚至还会包括信息生产、传播和接收设备的开放共享。这不仅有助于消除付费接收障碍(免费)和使用权限障碍(易得),而且(智能传播)有助于消除语言翻译障碍和文化理解障碍,打破各种时间与空间、物质与精神、物理与人为的壁垒和约束,实现全球信息服务人类整体效益的最大化。"①联合国教科文组织大会 2021 年 11 月 25 日通过了第一个关于开放科学的国际框架——《开放科学建议书》,呼吁会员国为开放科学建立区域和国际资助机制,以及投资于开放科学基础设施,并制定个体参与开放科学的必需技能和能力框架,实现人人皆可公开使用、获取和重复使用多种语言的科学知识,为了科学和社会的利益增进科学合作和信息共享。中国已经在世界上率先实现了农村全部人口的生活脱贫,那么还应该率先示范,主动建立联通全国甚至全球的先进的强大的信息存贮与传播

---

① 邵培仁. 开放共享:构建全球信息传播新模式[J]. 现代视听,2019(8):86.

平台,不断充实供全体用户免费享用的海量信息资源,开放无限链接的共享通道,从而不仅要无限延伸和丰富人类的信息和知识资源,而且要依此深刻改变全球信息传播和文化交流格局,进而让中国人民实现令世界羡慕的"精神富裕"。

(6)发展公共文化事业。社会上的公共文化事业部门如科技馆、图书馆、文化馆、博物馆、纪念馆、档案馆、信息数据库、数字影像馆、农家书屋以及新闻媒体和网络公司等,蕴藏并管理着极其丰富的公共信息和知识资源,这些公共信息和知识资源是社会信息资源的重要组成部分,而且也是人类采集、处理、加工和传播信息、知识以及保存、维护文化遗产的重要组成部分。其开放共享程度越高,其新闻传播价值、历史文物(文献)价值、学术信息价值、思想道德教育价值以及科技文化休闲(观光)价值实现就越充分。因此,对公共信息和知识资源的充分开放共享,不仅是公民实现其信息和知识权利的重要内容,也是实现其精神富裕、信息和知识富足的可靠保证。① 但是,我国新闻文化事业特别是公共文化事业长期被人们视为"弱势行业""弱势职业",严重影响了它的影响力、传播力和开放共享。因此,政府必须重视发展公共文化事业,加大文化立法的力度,扩大文化立法的范围,从制度上保证公共文化事业中的信息公平,让人民充分享受信息、知识开放共享所带来的快乐感、幸福感和获得感。

3. 伦理保障途径

在传播全球化的时代,人类"需要建立全球传播公约和全球媒体伦理,努力形成无害化的良善性的建设性的和安全可靠的全球绿色传播生态"②。1997年国际行动理事会通过的《人类责任宣言》将"所有人必须被人道地对待"和"己所不欲,勿施于人"认定为人类伦理的"黄金定律"。同时达成四个不可违反的誓约:(1)反对暴力与尊重生命;(2)团结与公正;(3)宽容与真实;(4)男女平等的权利与共同劳作。同时,客观、诚实、忠诚、责任、自由、切忌伤害等新闻伦理,也都可以从特定窗口进入全球媒体伦理规约制定的视野。全球信息伦理对构建全球信息传播新秩序和信息公平的和谐社会,具有十分重要的意义。

美国计算机协会率先提出了"计算机伦理十诫":(1)你不应用计算机去

① 邵培仁,彭思佳. 信息低保:构建信息公平社会的基本保障[J]. 现代传播,2009(5):28-30.
② 邵培仁. 新世界主义媒介理论的构想与愿景[J]. 教育传媒研究,2020(6):58.

伤害别人；(2)你不应干扰别人的计算机工作；(3)你不应窥探别人的文件；(4)你不应用计算机进行偷窃；(5)你不应用计算机作伪证；(6)你不应使用或拷贝没有付钱的软件；(7)你不应未经许可使用别人的计算机资源；(8)你不应盗用别人的智力成果；(9)你应该考虑你所编的程序的社会后果；(10)你应该以深思熟虑和慎重的方式来使用计算机。

中华人民共和国国家互联网信息办公室于 2021 年 11 月 14 日发布的《网络数据安全管理条例(征求意见稿)》中第八条也有相关规定：任何个人和组织开展数据处理活动应当遵守法律、行政法规，尊重社会公德和伦理，不得从事以下活动：(1)危害国家安全、荣誉和利益，泄露国家秘密和工作秘密；(2)侵害他人名誉权、隐私权、著作权和其他合法权益等；(3)通过窃取或者以其他非法方式获取数据；(4)非法出售或者非法向他人提供数据；(5)制作、发布、复制、传播违法信息；(6)法律、行政法规禁止的其他行为。这对于规范人们的信息交流行为无疑具有重要的作用。

其实在更大范围内，人们还注意到了信息权力对信息权利的僭越及侵犯现象的普遍存在，如信息帝国主义、信息殖民主义对国际信息秩序和信息公平的严重践踏，信息垄断、信息歧视、信息欺诈等行为对公民信息权利的严重侵犯，网络垃圾、网络色情、网络暴力、网络虚幻等虚拟败德行为对人们正常伦理实践的破坏与重塑等。这些也都引起人们普遍的道德警醒，从而引发了人们重塑公平的信息伦理环境的实践行动。

第三节　信息爆炸与信息生态密度

生态密度(ecological density)是指单位空间中所含的生物栖息数量，而信息生态密度则是指在信息传播的单位时间和空间中所包含的可供存贮、加工、交流、使用、传承的信息质量和数量的尺度。在信息传播的单位时间和空间中，信息生态密度并非越大越好，也不是越小越好，而是不大不小、不多不少、恰到好处、适可而止。信息爆炸是一种在信息传播的单位时间和空间中信息数量的飞速膨胀，而不是信息质量的大幅提高，因而也是对信息生态密度的挑战和破坏。

一、信息爆炸对信息生态密度的影响

"信息爆炸"是信息时代的一个重要特征，也是人类处理信息的手段日益先进的结果。所谓信息爆炸,是指信息的巨量生产和高速传播,超越了媒介生态密度和媒介生态空间而产生的剧烈传播反应或社会影响。那么,信息达到一个怎样的量才算是"爆炸"的状态呢? 2007 年 3 月,国际数据公司(IDC)在一项《数字爆炸中的世界》研究报告中给出的数据是 161EB(1 EB 等于 10 的 18 次方字节),它相当于所有已出版图书信息总量的 300 万倍,而且全球信息量还将在 2007 年后的五年内以每年 57％比率增长。[①] "据 IDC 测算,预计到 2025 年,中国产生的数据总量将达 48.6ZB(1ZB＝1024EB),位居全球第一,全球占比将达 27.8％。"[②]全球信息爆炸的严重性可想而知。当前,信息爆炸的表现主要反映在五个方面:

1. 数据资料成倍增长

从定义的形式看,数据是以"怎样、多少、哪个、是或不是"的描述方式来表现的;信息是以"何事、何时、何地、谁"来表现的,而知识是以"怎么办、为什么"的追问方式形成的。数据是组成信息的素材。数据是从自然现象和社会现象中搜集的原始材料,根据使用数据人的目的按一定的形式加以处理,找出其中的联系,就形成了信息。数据成为信息的量是很小的,有严格的限制,而且要进行科学的验证、处理和提炼,才能成为信息进入传播媒介。在人们的日常工作和生活中,从交通管理和重点街道的摄像头,到银行交易大厅和商场各个角落的电子眼,世界每天产生大量的数据资料。据统计,2007 年英国全国约有 420 万台闭路电视摄像头每时每刻都记录着一切,相当于平均每 14 人就受到 1 台摄像头的监控,人均摄像头数目居西方国家之首。而身在首都伦敦的人更是平均每天要被摄像头拍下 300 次。[③] 对于电子眼越来越多地侵入西方人的日常生活,英国于 1998 年颁布了《数据保护法》予以规范。随着网络传播和新媒体广泛应用于工作、生活等各种场景,数据和内容生产、传播已经全民化,其数量更是呈几何级增长。

2. 新闻信息飞速增加

西方发达国家拥有近千颗通信卫星,控制着世界三分之二以上的信息和五分之二以上的电视节目和广播节目。西方四大通讯社控制着世界上巨大的新闻信息资源。在当代社会,主流新闻媒体无疑仍然是最强大、最主要的

---

① 杨谷. "信息爆炸"首次有定量分析结果[N]. 光明日报,2007-07-12(1).
② 陆益峰. 2025 年中国数据量全球第一[N]. 文汇报,2022-03-08(2).
③ 马桂花. 英国:伦敦人每天被拍 300 次[N]. 参考消息,2007-07-19(12).

新闻信息"运输公司",也是信息生态密度的最大破坏者。目前在我国的天空,除了无线和有线的广播和电视,单卫星电视就有近 200 个频道,除去加密电视和信号微弱的电视频道,可接收的大约也有 80 多个频道。这无疑是陆海空交织、声字像并举的立体化的全方位的新闻信息传播格局,其新闻信息量之巨和对信息生态密度的影响可想而知。

3. 娱乐信息急剧攀升

大众传播媒介主要被用于娱乐所占有的百分比大得惊人。几乎全部的西方电视、广播、电影、网络和新媒体,包括报纸、杂志的内容,其中越来越大的部分都是以让人娱乐而不是以传播知识为目的的。娱乐信息借助大众传媒及网络与新媒体的强力传播,遍布社会的每个角落,进入大众的每根神经,不仅巨量的影视剧、短视频、音乐、游戏、小说等娱乐信息源源不断地流向家庭,就连那些比较严肃的政治演说、新闻报道、群众集会,我们也会看到娱乐信息饱蕴其中,甚至麦克风前声音甜、软、轻、柔、绵的播音员和摄像机前十分性感的俊男俏女,也无不是在竭尽全力以富有诱惑力的声音和形体向人们传播某种娱乐信息。

4. 广告信息铺天盖地

广告是一种全球现象。它们无处不在,无孔不入,往往既令人生厌,又挥之不去。一位美国公司的总裁聊天时曾不无嘲讽地说:"在美国,随便扔块石头,你都有可能砸到一件与广告或广告业有关的东西,甚至连厕所这样的私密空间都不放过。"甚至地球都快成了一块巨大的广告牌。在许多国家,各大超级市场、网购平台每年供应的成千上万种商品,每月推出的成百上千种新产品,几乎都靠广告鸣锣开道,跻身市场,站稳脚跟。大众媒介可用于做广告的版面和时间也在日益放宽,广播、电视、报纸等新闻媒介被允许传播广告的时间和空间越来越宽裕,而网络和新媒体几乎快成了不受任何限制的广告媒介。面对铺天盖地、汹涌而来的广告信息,受众的精神已经疲惫,情绪也已变坏,不仅接受广告传播的效果日益下降,而且对广告的可信程度也有相当多的人持怀疑态度。

5. 科技信息飞速递增

这在发达国家尤为明显。据《科学技术信息手册》估计,全世界每年发表的科学技术文献达 400 万件以上,而且每年还以 5‰~7‰ 的速度增长。最近 40 年来所产生的科学技术成果已经是此前人类科技成果总和的两倍。科技信息的快速增长有三个显著特点:一是数量增长快,特别是科学论文和发明成果的数量几乎是以几何级数增长。二是新陈代谢快,文献老化和知识更新的周期大大缩短。一般而言,基础理论学科方面的文献老化周期较长,应用技术类文献老化较快,有的仅两三个月便出现了半衰期。三是文献信息增长快,各类科研、教学、医疗、公安和传播机构的工作数据、实验数据、调查数据和文献数据、产品数据等数据库铺天盖地。一个不大的企业每天要产生 100 MB 以上来自各方面的数据。随着 5G、算法、智能传播等新兴传播技术的加速开发和应用,科学技术在未来社会中的作用将越来越大。如此发展下去,就必然会出现一种智力劳动比例不断提高的依赖科技进步的信息生态密度不断加大的信息社会和智能社会。

二、信息爆炸的生态后果

信息爆炸既是人们对当代社会大量出现并加速增长的各种信息现象的一种形象化描述,也是人们对信息在单位空间内的急剧增加和剧烈反应可能对媒介生态造成巨大破坏的担忧。信息的骤增和膨胀,"新闻的草率和浅薄,正在腐蚀着阅读它的人们的思想,损害人们持续地思索和专心一志的精神力量,降低人们的欣赏情趣……,这种读物只有使人心变得冷酷,使良心失去敏锐的感觉,以至于不再感受到痛苦"①。其实,信息爆炸的生态后果远不只这些,从大的方面讲,还包括下列生态后果:

1. 信息泛滥

据日本《信息流通调查报告》估计,人类标准供给信息量每 10 年约增加 4 倍,而个人消费量几乎没有大的变化。如此日积月累,过剩的信息必然堆积如山,最终会造成信息"雪崩"、信息洪水,危害社会和人类自身。诺贝尔奖得主洛伦茨(K. Z. Lorenz)在《文明人类的八大罪孽》(*Civilized Man's Eight Deadly Sins*)②一书中,将大众传播媒介中的信息泛滥认定为人类面临的八大危机之一。一些媒介自身也认为:绝对的权力造成绝对腐败,而绝对的传播自由也正造成绝对的信息泛滥。过去,人们的大多数信息来自报纸、杂志、广播、电视、书籍,稳定而完整,如今各种网络与新媒体尤其是微博、微信、推特、

---

① 切特罗姆. 传播媒介与美国人的思想[M]. 黄静生,黄艾禾,译. 北京:中国广播电视出版社,1991:19.
② 洛伦茨. 文明人类的八大罪孽[M]. 徐筱春,译. 北京:中信出版社,2013.

脸书等媒介则近乎零成本地巨量传播文字、图片、音频和视频信息,断续而碎片。一种冲破了时空障碍的全球性、爆炸性的信息"雪崩"、信息洪水,正在演变为比自然灾害更为严重的人类灾难。并非所有的传播科技都值得欢呼,因为它们不一定都带来进步,不当使用的电脑、网络、手机等现代传播技术正成为信息泛滥的罪魁祸首。

2. 信息超载

这是指社会信息量超过个人或系统能力所能接收、处理或有效利用并导致故障的状况。它表现为:受传者对信息反应的速度远远低于信息传播的速度;大众媒介中的信息量大大高于受众所能消费、承受或需要的信息量;大量无关的没用的冗余信息严重干扰了受众对相关有用信息的准确分辨和正确选择。为什么个人信息量吸收基本上停滞不前呢?这是因为:个人用于接收、处理信息的时间和能力总是有限的,而大众传播媒介借助新技术、新发明传播信息的时间和能量则是可以无限拓展的;表面上人数众多的受众,实际上是以个体面对日益庞大的媒介的,而貌似个体的传者,其实是以组织的形式来对付大众的。原本受众就不轻松,如今更是如负山前行。

3. 信息浪费

信息是一种特殊的资源,人类应该很好地开发和利用,但由于真正有价值的信息被大量的无用信息所淹没,因此求知的人不得不耗费大量的时间和精力来对待信息洪水,这种大海捞针式搜寻的结果是,经常无奈地让一些有用信息与大量无用信息一起从身旁流走,从而造成了信息浪费。令人担忧的不仅是信息量过于庞大造成的信息浪费,而且是信息内容的支离破碎、凌乱不堪,这种被应接不暇的巨量信息填满的生活让当代人身陷泥潭、精神疲惫,构成了身体和精神的双重伤害。同时,这也浪费了为传播和搜集信息而付出的大量人力、物力和财力资源。因此,信息浪费的本质是一种系统性浪费。

4. 信息疾病

面对极度膨胀的信息量,人们受到信息爆炸、信息超载、混沌信息空间(information chaotic space)和数据过剩(data glut)造成的巨大心理压力,引发了一系列信息疾病:有的手忙脚乱,焦虑不安,情绪暴躁;有的消极被动,精神麻木,智力退化;有的紧张害怕,草木皆兵,四面楚歌;有的回避信息,抵制信息,破坏信息;还有的自我封闭,残酷冷漠,心理变态。截至 2021 年 10 月,全球互联网用户有 48.8 亿,全球的手机用户达 52.9 亿。[①] 同期,中国 14 亿人口中,网民有 10.32 亿,手机用户达 16.43 亿且其中 5G 用户达到 3.55 亿户[②],是全球新媒体用户第一大国,不仅与此相关的信息疾病会越来越多,而且利用自己掌握的信息技术优势和传播技术漏洞窃取保密信息、盗用知识产权、网上偷窃银行、网上诈骗等"高利润、低成本"的信息犯罪活动也日益猖狂,给国家安全、社会和人民财产造成巨大伤害。

三、应对信息爆炸的个人选择

面对信息爆炸和知识海洋,我们总怕失去什么有价值的信息,总怕错过什么闪光的思想。那么,我们应该如何解决这个问题呢? 回答就是一个词:"过滤"。过滤是指通过某些物质或特殊装置对液体、气体进行去杂截污、提纯净化的过程。所谓信息过滤,是指根据人的需要、兴趣和特定标准对巨量图文信息库或信息流进行有效控制和合理筛选,以消除或减少信息爆炸、信息泛滥、信息混乱、信息滥用所造成的危害,达到信息生态友好、平衡和有效利用。

信息过滤按照操作方法的不同可以分为:(1)主动信息过滤。一是通过检索软件在一定的空间中查找、搜集、存贮、阅听相关信息;二是依据用户的特征描述或具体要求,通过检索或算法系统将相关信息精准推送给用户。(2)被动信息过滤。一是在信息传播的源头对信息文本进行智能检测、鉴别,高效过滤各类场景中涉政、违禁、色情、暴恐、辱骂、广告导流等风险文本内容;二是个人在信息交流中通过设置阅听范围、黑名单、敏感词、关键词、移出朋友圈等技术手段对自己不喜欢的和无价值、无意义的交流者或信息进行拒绝、回避和过滤。下面,我们依据信息过滤的目的或价值进行分析和阐述:

1.专业性过滤

这是指专注于自己的专业需求和发展方向,学习专业知识、训练专门技能、提高专业素质,拒绝、回避和过滤那些不相关、无意义甚至可能有毒有害的信息内容。"吾生也有涯,而知也无涯,以有涯随无涯,殆已。"(《庄子·养

---

① Inpander 海外 KOL. 2021 年 Q3 全球互联网发展数据分析[EB/OL]. (2021-12-09)[2022-05-17]. https://zhuanlan.zhihu.com/p/442863061.
② 运行监测协调局. 2021 年通信业统计公报[EB/OL]. (2022-01-25)[2022-05-17]. https://www.miit.gov.cn/gxsj/tjfx/txy/art/2022/art_e8b64ba8f29d4ce18a1003c4f4d88234.html.

生主》)人生是有限的,而知识是无限的,用有限的人生追求无限的知识,是必然失败的。因此,知识并非"越多越好"或"越少越好",而是顺"道"知识越多越好,悖"道"知识越少越好。在知识的汪洋大海中求知,必须鉴别所得知识是否符合专业需求、人生需要和事业发展方向。

2.重要性过滤

所谓重要性过滤,是指优先关注和选择那些被认为有很大价值、意义和影响特质的信息或知识,相反就予以回避、过滤和拒绝。通常重要性的基本要素越丰富、饱满、级数越高,价值就越大,也越容易被关注和接受。比如,专业领域里的经典著作、论文、资料,管理领域里的典型案例、特殊事件,具有时代价值和社会意义的政治决议和新闻事件,由于这些信息或知识内容都是被不同立场、利益观点的人评估过的,具有有用、有益、有利和重要性的特点,因此给予较多关注也是理所当然的。

3.时效性过滤

时间是知识最客观的过滤器和最权威的检验师。时间犹如大浪淘沙,只有在人类历史长河中沉淀、留存下来的知识,才是有价值和有意义的。所以,首先要学习经过历史和时间经验的知识。其次要关注和接受最新、最前沿的知识。第三,要关注和接受与自身在时空、时机等问题上最接近的信息和知识。第四,要急事急办,密切关注和快速接受自身急需的信息和知识。所谓"知者无不知也,当务之为急"(《孟子·尽心上》)。第五,要通过过滤软件的定位、定时功能将各种过时广告、限时营销、陈旧信息、老旧知识等及时排除、过滤,防止其干扰、影响自身对有利有用信息和知识的接受。

4.实用性过滤

韩愈说:"夫言行者,以功用为之的彀(目标)者也。"(《韩非子·问辩》)又说:"听其言必责其用,观其用必求其功。"(《韩非子·六反》)俗话说:为用而学,先专后博。人们关注、搜寻和接受信息的目的不是掌握和保存信息,而在于其功用和用处,可以帮助人们采取恰当的行动。因此,凡是可以用来帮助人们正确处理各种利害、安危、治与乱、生存与发展等矛盾或问题的信息和知识都是有价值、有意义和有用的,也是值得关注和选择的。在某种意义上,无价值、无意义、无用的信息和知识就是垃圾和污染,必须坚决过滤、扫除和拒绝。

第四节　信息匮乏与信息生态平衡

媒介生态平衡是指媒介系统中的人才流、信息流、资金流、物质流的数量、规模和生态系统结构在正常情况下（没有受到外力的强烈干扰）保持相对的稳定状态。这个相对稳定的状态包括两个方面：一方面是媒介种类（由信息、符号、媒介和人才等构成）的组成和数量比例相对稳定；另一方面是媒介外部环境（包括政治、经济、文化、教育等）保持相对稳定。媒介生态平衡是一种不断发展演化的动态平衡。

如果外力的影响超出这个限度，媒介生态平衡就会遭到破坏，媒介生态系统就会在短时间内发生数量、规模和结构上的变化。但是，媒介生态变化总的结果往往是不确定的甚至是不利的，因为媒介生态系统内部因子和外部环境总是变动不居的，这削弱了媒介生态系统的调节能力。其中，信息爆炸和信息匮乏都会对媒介生态平衡构成冲击和破坏，使媒介生态系统的结构发生变化。

一、信息匮乏对信息生态平衡的影响

所谓信息匮乏，是指大众媒介提供的巨量信息中严重缺乏受众所需要的"有价值、有意义的""能了解事情真相的"和"对自己有用"的信息。信息匮乏是信息爆炸的伴生现象，也是信息爆炸的负面效果。英国著名作家毛姆短篇小说《万事通》的主角柯拉达，人称"万事通"。他无事不知、无所不通、无处不在、无时不有，又热情、健谈、见闻广博、善于交际、善解人意，却肤浅而自负。这有点像今天的信息爆炸的新闻媒体特别是新媒体，可是你撩起它的面纱，暴露的却是致命的严重的信息同质化或"信息匮乏"：信息同质化、真相信息匮乏、重要信息匮乏、知识信息匮乏。

1.信息同质化

"同质化"（homogenization），在新闻媒体中是指产品内容的来源、含量、品质基本雷同，选择内容的标准、视角、价值大同小异，产品载体的版面、画面、外观几无区别，千报一面，百台一腔，创新乏力，使得受众无法仔细识别和区分，难以找到差异和特点，并形成品牌认知。同质化是新闻媒体内的毒瘤，是新闻传播中的瘟疫，其快速蔓延和扩散会直接导致媒体内容生产与传播的

模仿、抄袭、克隆之风盛行,新思想、新观点、新创意不见踪影,媒体创新停滞不前,最终导致受众流失、广告下降、人才出走,媒体难以发挥其应有的功能和作用,影响力和权威性不复存在,于是媒介生态恶性循环。"在市场经济大潮的推动下,一些媒体正在失去方向,失去重心,一步步地走向坠落,媒体正在演变、蜕化为美体、迷体、妹体、媚体和霉体。"①

2.真相信息匮乏

"真相是事实信息的内核和提纯,是剥离虚假外衣、剪除荒诞枝蔓、吹去浅表尘埃的事物本相。"②信息有的是显性的,有的是隐性的;有的是浅层次的,有的是深层次的;有反映表象的,有反映真相的。通常,前者的价值是不大的,真正有价值的是后者。但是,在新闻传媒产品(报纸和广播电视节目)生产周期越来越短的情况下,新闻传播者往往乐于采集、传播那些显性的浅层次的表象信息,特别是"引人瞩目"的新闻事件,而不愿深入挖掘隐藏在这类事件后面的深层原因和社会背景,而这往往是人们想了解的真相。此外,与受众工作、生活有关的各种真相信息十分缺乏,诸如政府某一政策的出台依据和论证过程,某一重大工程事故发生的真正原因及其危害。

3.重要信息匮乏

人类生活在信息的汪洋大海之中,无价值、无用处的信息甚至是有害有毒、污染和垃圾信息泛滥成灾,无法躲避,但对受众来说,重要信息却极其稀少。所谓重要信息匮乏,就是指那些"能切实满足自身精神饥饿和信息饥饿(或烦恼、迷惘)的信息",以及能解决个人、团体和社会问题的信息远远不能满足受众的需求。大众媒介特别是西方媒介往往着眼于经济效益,只重视那些具有巨大市场价值的表象信息、浅层信息、热点信息、感官信息等"共需信息"。这种共需信息的爆炸化和同质化,进一步导致重要信息日益匮乏,重要信息的市场价值急剧下滑。

4.知识信息匮乏

知识是人们在实践和学习中获得的认识和经验,是通过系统化思维进行高度凝练和重新组合的真相信息的精髓。而科学知识则是对真相信息、知识信息和事物变化规律的梳理和总结,是反映现实世界各种现象的本质和规律

---

① 邵鹏.媒介融合语境下的新闻生产[M].杭州:浙江工商大学出版社,2013:115.
② 邵培仁."万事通"新闻媒体的"四根软肋"[J].现代视听,2020(1):81.

的有系统的学问。从总体上看,人类的知识供应总量一直在逐步增长,特别是现代科技知识更是增长迅猛。但是,它们既没有一般信息增长的速度快,也没有一般信息供应的数量大,而社会科学知识增长一直萎靡不振。有时即使知识的总量增长了,但往往是表面的虚假的繁荣,真正的真理性知识并不多。知识生产"开工不足",知识消费也不尽如人意。读书,历来被人们当作吸收、消化、充实知识的重要途径。但是,各国社会调查的结论是:今日社会正日益成为一个"不读书的社会"。人们感叹,当代社会是"最该读书的时候没人读书,最该读书的人不读书,最该读的书没人读",阅读危机正向人类逼近,知识匮乏正愈演愈烈。对此,联合国教科文组织国际教育发展委员会在其编写的被誉为当代教育思想发展中里程碑的著名报告《学会生存——教育世界的今天和明天》中提出,要"把学习型社会作为未来社会形态的构想和追求目标"。许多国家搞"读书年"活动,中国则提出了"青少年新世纪读书计划",希望以此促使人们经常读书,终身学习,共同构建"学习型社会"。[①]

二、信息匮乏的原因

在知识骤增、信息爆炸的时代,为什么会出现同质化和信息匮乏的现象呢?乍看,这让人不可思议。从传播学的视角,我们可以找到其深层根源。[②]

1. 人类惰性的操弄

一般来说,职业传播者要生产、搜集、获取差异化信息、原创性信息、独家性新闻和有价值新闻等,就必须花很多的时间和精力,要付出较多的代价和成本,而搜集同质化信息、一般性信息、显性新闻、娱乐新闻等,不仅省时省力省钱,而且容易得到好处。一般受众要吸收、消化媒体上的知识信息、深层信息和思想信息、深度报道,不仅需要一定的文化程度,而且也费时费力。相反,听广播、看电视,对受众的文化程度则无特殊要求,也不费力费脑。在这种情况下,人的惰性心理很容易趋向于做省时省力省钱又容易得到回报的选择。

2. 市场取向的结局

市场历来是信息生产和传播的指挥棒。一般来讲,同质化信息、一般性

---

① 联合国教科文组织国际教育发展委员会. 学会生存——教育世界的今天和明天[M]. 北京:教育科学出版社,1996.
② 邵培仁. 新闻媒体同质化的根源及突破[J]. 传媒评论,2014(4):41-42.

信息、显性新闻、娱乐新闻能满足多数受众的当前需求,较有市场价值,容易获得较大的经济效益,因此往往是媒介生产和营销的主要市场取向。而差异化信息、原创性信息、独家性新闻和有价值新闻往往只能适应少数受众的需要,市场份额不大,缺乏经济效益,因此,缺乏社会责任感的媒介往往不感兴趣。总之,只要新闻媒体采用赚钱至上的市场取向,就会导致同质化和重要信息匮乏的负面结果。

3. 按件计酬的苦酒

国内许多新闻媒体是按件计酬的,即根据报纸、广播电视记者、编辑采写编辑的新闻稿件和版面以及字数的多少,以及广播电视娱乐节目期数的多少和时间的长短等,有的结合广告效益,计算报酬和奖励的数额。在城市采写会议新闻、活动新闻、热点新闻、社会新闻等,时效短,效率高,篇数多,何乐而不为?长途跋涉、风餐露宿、吃尽苦头采写揭露性、独家性新闻可能引起轰动,但也有出于种种原因而稿件被"枪毙"、白忙的。在这种情况下,坚持采写独家新闻、揭批新闻和深度报告的记者是让人尊敬的,但其他记者也没什么好指责的。

4. 媒体设计的后果

当代新闻媒体的设备日益现代化、集群化、高速化,媒介机构日益增多,采编队伍日益庞大,专业分工日益精细,成本控制十分严格,市场定位总是指向同一资源和受众。而作为接受信息一方的受众,不仅是以个体来面对庞大的媒体,而且其接收信息的装置也远远落后于媒体的各种装置,甚至就是这样相对落后的接收装置,还是依据媒体的意愿而不是受众的需要设计制造的。在新闻媒体完全主导新闻、娱乐生产、经营甚至接受的情况下,广大受众所能做的只是打开开关,等待信息的涌入,消极地选看那些不十分讨厌的内容。置身于信息洪水中的受众,想寻找重要的有用的差异化、独家性、有特色的信息已变得十分困难。我们被同质化信息淹没,却渴求着差异化新闻和特色化娱乐。

5. 知识分子的逃避

媒体内容同质化、庸俗化,知识分子也有不可推卸的责任。正如萨义德所言:"在我看来最该指责的就是知识分子的逃避;所谓逃避就是转离明知是正确的、困难的、有原则的立场,而决定不予采取。不愿意显得太过政治化;害怕看来具有争议性;需要老板或权威人物的允许;想要保有平衡、客观、温和的美誉。"①新闻传播学界的知识分子在病态的媒体面前失声、无话可说,就是失职,就是逃避现实。

"内容为王"永不过时。媒介组织的一切活动都是围绕媒介产品展开的,媒介产品既是媒介组织的目的,又是它的手段。高质量的创新性的差异化的媒介产品始终是媒介组织生产部门的最终目的。由于网络和新媒体飞速发展,如今新闻媒体的竞争日趋白热化,媒体要想在同质化竞争中不断拓展市场,赢得最终胜利,就必须进一步改革媒体体制、生产机制、营销机制、激励机制和互动结构,通过持续地创意策划和投入,精心生产和制作具有创新性、特色性和差异性的不可替代的新闻和娱乐产品,来塑造和确立媒体品牌,发挥媒体应该履行的功能与使命,不仅赢得良好的经济效益,而且获取良好的社会效益。

第五节 信息污染与绿色信息生态

绿色信息生态思想起源于 20 世纪 60 年代和当下的"信息环保主义"。信息环保是指在大众传播过程中要充分体现生态意识和环保意识,向公众提供科学的、无污染的、有利于节约能源并符合良好社会道德准则的信息和知识,以引导并满足大众健康向上的精神需求。持绿色信息生态观念的人在观察、考虑媒介生态问题时,主张不再把人作为考虑问题的出发点,要求尊重自然,重视生态,放弃"人本主义",在追求人与自然和谐协调的过程中实现人类社会的可持续发展,因为他们意识到如果一味地满足人的视听欲望和接受本能,很可能违背媒介生态规律,破坏媒介生态平衡,最终搬起石头砸自己的脚。其实,造成信息污染的最初理由,就是以"以人为本",听从市场召唤,满足人类需求。

一、信息污染的表现

信息污染是指媒介信息中混入了有害性、有害性、欺骗性、误导性信息元素,或者媒介信息中含有的有毒、有害的信息元素超过传播标准或道德底线,对媒介生态、信息资源以及人类身心健康造成破坏、损害或其他不良影响。从更深层次讲,信息污染也是对人类的有利、有用信息传播、接受、处理和使

---

① 萨义德. 知识分子论[M]. 单德兴,译. 上海:三联书店,2002:84.

用的干扰,直接影响有利、有用信息传播的速度与效率,增加人们进行信息筛选、判断、甄别的难度,从而也降低了准确使用有利、有用信息的效果。

信息污染已成为信息时代的一种新的社会公害和绿色生态的大敌。信息污染主要包括以下三类信息:

1. 有害性和有毒性信息

从媒介生态的内容上来考察,色情和暴力属于有害有毒类信息,也是危害最大的信息污染。这类信息力求迎合受众的"低级趣味"和"庸俗心理",极力兜售强奸、卖淫、嫖娼、淫乱、暴力等内容,污染社会环境和受众视听,违反伦理纲常。

在新闻媒介生态中,"黄色新闻之父"是1833年创办《纽约太阳报》的本杰明·H.戴伊和1835年创办《纽约先驱报》的詹姆斯·G.贝内特。如今,黄色新闻已遍布全球的各种传播媒介,"黄货"一直屡禁不止。

在电影、电视等传统媒体和新媒体中,有害有毒信息更是波涛汹涌。据统计,好莱坞电影中有23%属于"儿童不宜";法国录像带出租店有30%属于"黄色窝点";一般电视剧中平均每集有接吻、上床、性骚扰、语言挑逗等色情镜头约5.4个。美国《电视导报》曾调查了特定一天首都华盛顿10个频道计180个小时的电视节目,结果共有1846个暴力镜头,其中动枪的有362个。尽管在1993年美国出台了《电视暴力管理法》,但三大电视网仍保持着每小时18个暴力镜头的惯例。在网络电子公告栏储存的数字化图像中有83.5%含有猥亵内容,甚至还有性变态的画面。

2. 虚假性和伪劣性信息

大众媒介中的虚假、伪劣信息具有欺骗性和误导性,是影响最坏的、受众意见最大的信息污染。虚假、伪劣信息蒙着真实的面纱,以真实的面目呈现,使受众信以为真,判断失误,进而做出错误的决定。在美国新闻史上,大众传播媒介搞信息传播垄断,故意制造煽动性的虚假新闻,美国的新闻媒介都扮演了不很光彩的角色,传播了许多虚假、伪劣新闻。即使在和平时期,美国新闻媒介在全球新冠肺炎(COVID-19)疫情报道中也存在选择性失实和偏向性失实,有时甚至有目的地传播"虚假信息"和"失实事件"或传谣、造谣、推责、污蔑,公开干涉别国内政。

改革开放以来,我国一些大众媒介的经营与管理也有点趋向功利化和商业化,炒新闻、买新闻、策划新闻、变相制造新闻已成了提高发行量和收视率的惯用绝招,卖版面、卖时段、搞广告新闻和有偿新闻也是一些媒介提高经济效益的通常做法,而这些正是产生虚假、伪劣信息的直接原因。

在商业经营和广告传播中,商家为达到赢利的目的,利用信息不对称、不透明和一些消费者不易确证的有利条件,伪造商品属性、夸大商品功能,通过大众媒介以各种夸张语言向消费者强力推销,其虚假、伪劣信息严重误导和蒙骗消费者。

在意识形态领域中,由于每个人所持立场和观点不同,对人或事物的描述和评价中往往也渗透着大量的虚假、伪劣信息。时过境迁,这些留存的虚假、伪劣信息便给后人理解和认识当时的历史造成欺骗和误导,成为信息污染。比如,对人物进行评价时,信口开河、颠倒黑白、混淆是非、扣帽子、打棍子、肆意人身攻击;对重大事件进行报道时,不客观公正,报喜不报忧,只讲一面之词,甚至利用大众媒介为恶势力公开辩护。这不仅在当时会对受众造成欺骗和误导,许多年后,当人们再看这些人或事件时,更是失之毫厘,差之千里。

3.重复性和图像性信息

现在有许多读者抱怨:"报纸内容都差不多,看一份就够了。"因为,打开同城的几家甚至十几家报纸,人们看到同城媒介对同一件事的报道都是同一个声音,不仅报纸上的新闻和信息内容交叉重复,甚至连叙述口气、报道角度、价值判断、编排手法、版面风格和读者定位都大同小异。广播、电视、网络与新媒体中的信息更是这样。新闻和信息内容的交叉、重复、同质,导致同城媒介没有特色或特色不明显,降低传播质量,媒介之间的替代性十分明显,竞争底线相当脆弱,最后受害的不只是受众,也包括媒介自身。因此,对信息交叉化、重复化和同质化的现象,媒介应该引起警惕,否则,它将给媒介生态带来灾难性后果!

不仅交叉性、重复性信息是一种信息污染,图像性、视像性信息也会转化为信息污染。当代社会信息通过传统媒介传播的比重越来越大,用电脑、网络、手机传播的图像化、视像化信息的比重也在上升。面对这一趋势,人类如何运用传媒特别是新媒体,正在考验着人类的智慧。因为,图像性、视像性信息,会使观众的逻辑思维的能力下降,导致思维的跳跃、散乱和不规则、不缜密;同时,思维上的图像化、视像化,又会使观众的语言(口头和文字)表达能力下降,使语言传播趋向大众化和流行化,而缺乏个性和特色。对此,西方甚至有人将图像化信息称为"电插头毒品",以警示受众严加防范。英国心理学家伊丽莎白·纽森(1995)认为,经常让孩子看暴力录像,就等于虐待儿童,社会必须保护儿童不受这种形式的虐待。①

二、治理信息污染,建设绿色信息生态

对于信息污染的问题,学术界从来就没有形成过统一看法。传统派学者认为:大众媒介作为"社会公器",它的内容必须有益于人类健康和社会进步,符合社会伦理道德。自由派学者认为:大众媒介乃"自由的卫士",它有权自由地传播受众需要的各种信息,受众也有权自由地收看他们想看的任何信息。两派学者提出的科学研究结论也都为他们的观点提供了证据。这既涉及价值观的冲突,也涉及方法论的碰撞,争论本身已无法解决这一问题。

在世界范围内,针对暴力内容特别是暴力镜头日益泛滥,导致现实社会中的暴力和犯罪不断上升的状况,许多国家已经深感忧虑和不安,认识到解决这一问题已迫在眉睫。加拿大广播电视和通信委员会(CRTC)通过了"反暴力法",英国则设立广播标准委员会(BSC)负责监督媒介中的暴力描写、性表现及品位等问题,巴西司法部成立了专门审查机构负责审查电视节目中的暴力和色情镜头,新加坡设立了电视过激暴力镜头调查委员会,马来西亚新闻部明确要求禁止播出有暴力和色情的节目,澳大利亚也采取对策限制电视、视屏游戏中的暴力和性描写,就连美国这样的音像制品的输出大国也制定了相关法律,要求对暴力镜头进行削减。总之,世界各国都已认识到解决暴力描写和暴力镜头的迫切性。

信息污染的问题不仅引起了各国政府的高度重视,而且引起了一些民间组织或者说"第三部门"的热烈讨论和高度关注。一些先知先觉者率先提出并大力倡导"信息环保主义"(information environmentalism),这一运动正在美国等国发展壮大。信息环保主义运动旨在减少信息过量、信息污染现象及其对人们生活造成的消极影响。美国的信息环保主义者认为,信息时代的首要污染物制造者,已不是向空气中排放毒素的化学品制造商,也不是砍伐原始森林的木材集团,更不是把湿地开发成购物广场的地产商,而是制造大量无用信息的媒介、客户、同事和广告商。他们为了获得你的注意力而展开无情争夺。但是,我们现在需要的是"电子的平静"。信息环保主义者高喊,既

---

① 转引自:邵培仁.大众传播中的信息污染及其治理[J].新闻与写作,2007(3):22-23.

然狂热的女权主义者可以把自己的乳罩付之一炬,我们为什么不能以同样的热情把自己的电脑和电视丢弃! 他们的目标是:开拓宁静的精神空间,建构淡雅的生活环境,逃离电视、电影、网络、移动电话、手提电脑,以及一个充斥着新闻、娱乐和推销的虚拟世界。

媒介生态学理论和信息环保主义运动为解决信息污染问题提供了新的思路,我们从中得到五点启示①:

1.要坚守公共精神、恪守社会公器

大众媒介、网络等新媒体应该积极传播"绿色内容",尽可能地减少信息污染、信息伤害,避免色情、暴力、犯罪等活动的过度报道和传播器具、形式、技巧的过分运用对人类身心健康和精神文明生态的影响破坏,从而建立起绿色生产、绿色传播、绿色营销、绿色消费的全程绿色传播流水线。信息环保主义者认为,如果我们不尽快从环保角度采取具体行动,那么信息过剩和大规模的信息污染将堆积在我们的脑海里,形成污水四溢的局面,将来要清除它反而要付出更大的代价。拥抱"绿色内容",正在成为一股从传播者到经营者再到普通受众都乐见其成的新风潮。

2.要允许多元信息、多种种群共生并存

麦奎尔曾将多元性多样性原则的要素概括为四点:"通过适量的报道,媒介应在结构和内容上反映社会和多样化、经济与文化的社会(交流)现实;媒介应该提供大致同等的机会,让那些居于少数的社会文化族群接近使用媒介;媒介在一个社会或社区中应该成为一同利益和观点的论坛;媒介应该在某个时间点上提供相关的内容选择,同时也要在一段时间内提供符合受众需求与利益的各种内容。"②这对于媒介在具体运用多样化原则进行信息传播时,等于有了明确的规范性要求。

3.要把握信息传播的平等度和均衡性

媒介尺度论认为:世界多极化和文化多元化是客观存在的事实。我们既反对信息传播中的霸权主义和西方中心主义,也反对搞民族主义和东方中心主义,主张以信息公平、传播均衡的尺度来消除全球信息交流的不均衡和不

---

① 邵培仁. 大众传播中的信息污染及其治理[J]. 新闻与写作,2007(3):22-23.
② 麦奎尔. 麦奎尔大众传播理论[M]. 崔保国,李琨,译. 北京:清华大学出版社,2006:143.

平等。① 对于媒介体系来说，一方面，"真正的平等是给每个人提供能够接收到同样的东西，或者同样的使用权"②；另一方面，平等度和均衡性也意味着信息量和信息质的平衡和可控，即既不要造成信息爆炸、信息超载，也不要形成信息盆地、信息饥渴，而应该是尺度适中、恰到好处，合理、科学地控制信息和知识传播的平等度和均衡性。

4.要保持信息良性循环和再生活力

要保持信息良性循环和再生活力，就要用媒介生态理论指导和规范传播活动，正确处理媒介与人、智能、社会、自然五者之间的生态关系，坚持走绿色的可持续发展的生态道路，坚持不浪费资源、不污染身心、不破坏社会稳定的"三不"发展模式。对于部分暂时成为垃圾的信息可以考虑采取筛选、监控、回收与再生利用的措施进行处理。美国著名教授西蒙（Richard Keller Simon）在《垃圾文化》一书中专门就"垃圾和文学"展开研究，认为即使是像肥皂电视剧这样的"垃圾文化"也可以转化为对现代文学有贡献的信息。同时，要鼓励媒介生态系统建立健全信息自律、自净的生态机制。事实上，人类的传播体系也从来就是一个相辅相成、密不可分、循环往复的具有自律自控机制的整体生态系统。

5.要正确处理本土文化与跨国文化的互动关系

我们也许并不能欣赏和接受所有的跨国文化，但我们要彼此尊重。在当代文明社会里，我们"应该致力于打造一种不分高低贵贱，社会成员相互尊重、开放共享、平等交流的传播氛围和社会环境，坚持文明对话、文化平等的思想，鼓励跨文化对话和批评；鼓励采用一种内外结合、上下互动、左右联通、多方呼应的统筹协调、包容互动、互利共赢的原则或理念，处理和应对传播世界的变化和挑战"③。在扎根中国文化土壤的基础上，弘扬优秀的中国文化、东方文化和世界文化。需要强调的是，我们坚守文化传统，不是搞封闭，也要注意在传统文化中加进时代气息和现代元素，以燃起当代受众的接受激情；我们坚持中国特色，也要具有亚洲眼光和全球视野，以走出国门，在更大范围内传播中国文化。

同时，我们也可以探索建立"信息生态平衡第三部门"体系（如从全国到

---

① 邵培仁,沈珺.构建基于新世界主义的媒介尺度与传播张力[J].现代传播,2017(10):70-74.
② 麦奎尔.麦奎尔大众传播理论[M].崔保国,李琨,译.北京:清华大学出版社,2006:143.
③ 邵培仁,王军伟.传播学研究需要新世界主义的理念和视维[J].教育传媒研究,2018(2):31.

地方的信息环保组织或媒介受众权益保障组织），发挥社会系统的道德性支持和非正式的社会支持作用。第三部门（the third sector）的研究是 20 世纪 80 年代在西方国家出现的，它以非政府组织（non-governmental organization，NGO）和非营利组织（non-profit organization，NPO）为研究对象。90 年代以后，在西方国家又兴起了一场创建非政府组织和非营利组织的运动。在这场运动中，"民众创建了各种团体、基金会和类似组织，它们以开展人道服务、促进基层社会发展、保障公民权利、追求关系人类福祉等长久以来似乎为政府所忽视的目标为己任"①。美国研究第三部门问题的专家莱斯特·萨拉蒙认为，它是"20 世纪最伟大的社会创新"。

当然，从宏观层面上说，此事应该由国家加强管理，加大政府和社会团体的媒介生态环保投入，加大信息环保力度，为媒介生态的污染制定检测和治理标准，出台相关的法律法规和实施细则，使媒介生态保护具有可操作性和强制性。从中观层面上讲，应该由媒介加强自律，制定出一些防范信息污染的公约和守则。从微观角度说，则需要对信息来源的可靠性和传播文本的质量加强审查，对不同信息产品的生产者和发布者的声誉、能力等因素加强鉴别，要求传播者弘扬公共精神，承担社会责任；同时，对青少年进行媒介素养和媒介生态教育，从而建立起相应的媒介生态环境的自我保护系统。

第六节　信息侵略与内源媒介生态

信息侵略指的是一个国家或民族试图利用自己在传媒和信息上的优势，将自己的核心价值观渗透和推广到其他国家或民族的传播体系和精神领域，最终达到嫁接和取代的目的。它与信息交流的根本区别在于，实施信息侵略的一方往往凭借其独特的经济实力和传播优势，有预谋地引诱或迫使对方接受自己的核心价值观，破坏内源媒介生态的良性循环和动态平衡，挤压本土性文化和本土媒介生存与发展的空间。与信息侵略不同，信息交流、文化贸易双方的地位是平等的，是以自觉自愿、相互信任、相互欣赏、相互需要、相互学习、善意合作、共享共赢的态度进场的。

当今世界，信息侵略已是不可否认的事实。早在 1983 年，在里根政府的

---

① 张莉，风笑天. 转型时期我国第三部门的兴起及其社会功能[J]. 社会科学，2000(9)：64.

支持下,美国就推出一项名为"广播星球大战"的技术设备现代化计划,耗资高达 15 亿美元。美国《国际先驱论坛报》对此发表评论,指出:"现在世界上除了军事上的星球大战之外,还有另一场星球大战,它所涉及的不是导弹,而是通过无线电向世界上各个偏僻地区传播的新闻和意识形态。""广播星球大战是一场我们正在进行的主要战争,它值得国会为之付出比以往任何时候更大的代价。"布什甚至号召欧盟各国"参战":"我们西方各国要打好一场没有硝烟的'新的世界大战',融化掉社会主义。"①

近几年,一种新的、意图削弱中国对世界其他地区吸引力、阻断中国崛起的西方反叙事信息生态正在形成之中。如果说叙事是凝固时间、澄清事实、建构历史,那么反叙事则是摧毁时间、抹杀事实、消解历史。西方反叙事其实就是"没事找事""无事生非",它以"无"为轴心,"叙"而无"事","说"而无"实","论"而无"理","查"而无"据"。这种反叙事是某些西方国家政府和西方主流媒体共同演绎的"逢中必反"的虚假信息、抹黑言论、谣言谎话持续不断大规模传播的新式人间闹剧。它们通过诋毁中国制度、制造周边矛盾、伪造中国历史、嘲笑中国英雄、挑拨中华民族关系、污蔑社会主义价值体系等,妄图达到其不可告人的目的。这是痴心妄想。事实上,当今的信息侵略已经不只是针对中国和其他社会主义国家,它正日益沦为不受约束、"六亲不认"的世界行为和世界混乱的根源。世界范围内的信息大战借助网络和新媒体已经再次打响,网络与传播安全面临全新考验,中国内源媒介需要振奋精神、增强斗志、提高本领、尽快采取应变措施。

一、信息侵略是对内源媒介生态的挑战

尼克松在 1988 年出版的《1999:不战而胜》一书中历数了美国在朝鲜战场、越南战场的失败和总结推行和平演变战略的经验教训之后,得出结论:"进入 21 世纪,采用武力侵略的代价将会更加高昂,而经济力量和意识形态的号召力,将成为决定性的因素。"因此,他主张开辟"思想战场",要把大量的资源用于意识形态的竞争,用美国人引以为豪的"自由、民主、人权"的价值观去占领世界和统治世界,从而实现"思想的征服"。因为,"最终对历史起决定

---

① 转引自:邵培仁,等.媒介生态学:媒介作为绿色生态的研究[M].北京:中国传媒大学出版社,2008:184.

作用的是思想,而不是武器"。①

如果说"思想的征服"有点明火执仗,那么"文化的征服"则显得文质彬彬。但是,这两者都不能改变信息侵略作为政治斗争手段的实质。1984年7月9日,英国《泰晤士报》的社论引用美国中央情报局前局长杜勒斯的话说:"如果我们教会苏联的年轻人唱我们的歌曲并随之舞蹈,那么我们迟早将教会他们按照我们所需要他们采取的方法思考问题。"该社论认为,输出文化,吸引对象国青年乐意听摇滚乐,跳摇摆舞,穿上饰有星条旗的圆领紧身汗衫和美国牛仔裤,那么,这种"精神上的毒害",就会使他们不喜欢《国际歌》,逐渐脱离社会主义的"束缚"而获得"自由"。②

20世纪80年代以来,人们把以电视媒介为前导的西方文化,尤其是美国文化的入侵,看作打开的潘多拉魔盒,它给世界带来了病菌、瘟疫和灾难。对此,以色列前外长佩雷斯曾说过,对以色列来说,最大的威胁并不是军事入侵,而是文化入侵;对我们民族同一性来说,有线电视要比起义更危险。法国、加拿大、英国等欧洲国家都对美国的文化入侵表示忧虑,有的提出批评。印度作家理查德·克拉斯达针对印度有越来越多的家庭使用碟形天线收看国际电视的现状不无担心地说:"卫星电视使印度人感到,印度的一切都是不好的,而西方文化都是那么美妙。传统的社会价值观正在被摧毁。""我们过去曾多次顶住了外来文化的入侵,但这次我不敢说我们一定能顶得住。电视的诱惑力太大了。"③

如今,全球的文化差异日益缩小,文化认同的进程正在加快。食物、服装、发型、娱乐……这些文化表层的东西,在世界范围内的广泛流行几乎达到同步;而思想、观念、价值、信仰等深层次的东西,的确也在动摇和转变。

但是,更可怕的还不是思想和文化的征服,而是语言的剥夺。我们知道,语言是人类的重要特征,也是社会的凝固剂。不同的人种、民族和文化,往往也有不同的语言。语言是思想和文化的载体,也是抵御外来文化侵略的一道防线。但是,随着英语的广泛使用和借助于广播、电视以及信息高速公路的强力传播,英语成为世界语的进程似乎在加快。一种语言地位的提高,同时也意味一种话语权和文化权的增强。英语是当今世界分布最广的语言,是除

① 尼克松. 1999:不战而胜[M]. 王观声,等译. 北京:中国人民公安大学出版社,1989:54.
② 转引自:栗振宇. 战争之殇与文化觉醒[EB/OL]. (2014-07-26)[2021-08-30]. http://military.people.com.cn/n/2014/0726/c172467-25345522.html.
③ 转引自:邵培仁. 传播学[M]. 3版. 北京:高等教育出版社,2015:176.

汉语以外使用人数最多的语言,被看作是国际语言、全球通用语。全世界有许多国家把英语当作第二语言使用或要求人们学习。"英国财政大臣布朗2003年来中国时说,英国在继续进口越来越多的中国家电、服装和其他东西的同时,可以用出口一样东西来平衡,这就是英语。英语教学作为一项出口,它的价值在五年里已经从65亿英镑增加到了103亿英镑,大约占GDP的1%。"①

语言学家预测,全世界6000种左右的语言至少将有半数会在50年后完全消失或濒于绝迹。语言在竞争中失败,文化和知识亦会随之消失。语言是民族文化的象征,历史记忆的载体,如果某个民族的语言消失了,那么这个民族的文化也就终结了。就像一位网友所说,如果一只猫学会狗叫,那说明这只猫聪明;如果所有的猫都学狗叫,那世界上就没有猫了。如果英语真的成了全球的通语,那么英语国家的文化必将吞噬其他国家的文化而成为一种一统天下的世界文化和霸权文化。学习英语,本是非英语国家吸收先进的科技知识、借鉴优秀的外来文化的一条途径,没想到也为腐朽文化的入侵、反动思想的渗透打开了守卫森严的城门。所以,信息侵略一旦突破语言的防线,本土民族文化和内源媒介生存发展的后果将不堪设想。

二、信息侵略的生态与社会危害

在当代社会,信息侵略必须借助于强大的传播网络、先进的传播科技、庞大的采编队伍、雄厚的经济实力和强劲的信息优势,没有这些条件,就无法形成一种压倒性的不可阻挡的信息洪流或"传播顺差"。保罗·法里在《华盛顿邮报》上撰文写道:"如今美国最大的出口产品已不再是地里的农作物,也不再是工厂里制造的产品,而是批量生产的流行文化——电影、电视节目、音乐、书籍和电脑软件。"②文化产品是美国最大的出口产品,每年的出口额甚至超过了汽车工业和航空工业。

中国虽然是文化资源大国,却是文化产业的小国,反映在GDP当中,我国的文化产业及相关产业增加值为44945亿元,占国内生产总值(GDP)的4.43%③,而发达国家的文化产业占比一般是10%甚至于12%。反映在外贸当中,中国

---

① 转引自:赵启正.文化复兴是民族振兴的基础.中国证券报,2006-03-10(1).
② 转引自:邵培仁,等.媒介生态学:媒介作为绿色生态的研究[M].北京:中国传媒大学出版社,2008:186.
③ 2020年全国文化及相关产业增加值占GDP比重为4.43%[EB/OL].(2021-12-30)[2022-07-04]. http://www.gov.cn/xinwen/2021/12/30/content_5665353.htm.

在经贸上是顺差,但是在文化贸易上是逆差。多年来我国图书进出口贸易大约是 10∶1 的逆差,面对欧美的逆差则达 100∶1 以上,其中,2019 年对美版权贸易逆差是 4000∶29。在影视贸易方面,从 2000 年至 2020 年,中国进出口影片的总量一直在上升,但始终处于信息倒灌状态。而美国的电视节目的销售量占总销售额的 78%,美国的广播节目的销售量占销售额的 60%,美国每年出口的广播电视节目的总量在 30 万个小时以上。虽然美国的电影只占世界电影总放映时间的三分之一,但是票房却占到世界总票房价值的二分之一;其电影的生产量只占全世界的 5%～6%,但放映时间却占全世界放映总时间的 80%,这还不包括每年网络盗版而造成的不计其数的损失。①

我们知道,这种在国与国信息交流和文化贸易中的年复一年的"传播逆差"和"信息赤字",是比贸易逆差或贸易赤字更加可怕的。如果一个国家长期处于"信息倒灌"或遭受信息侵略的不平衡状态,那么其危害是不可低估的。轻者,它垄断信息资源,控制态度行为,干扰正确决策;重者,它污染和毒化社会风气,腐蚀和败坏人的灵魂,摧残和销蚀民族文化,动摇和破坏社会稳定。特别是当两国关系紧张或爆发战争的时候,媒介强国就会让宣传机器开足马力,日夜不停地开展"黑色宣传攻势",甚至不惜制造假新闻和散布流言蜚语,以干扰视听、扰乱人心,煽动人们的惊慌、恐惧和仇恨心理,引发社会动乱,瓦解国人斗志。用媒介生态学的观点来分析,单向度、同质化、巨量化、敌意性的信息入侵对信息多元化和文化多样性构成威胁:一是西方媒体和外来文化会在传播和竞争中形成优势甚至霸权,使本土媒介和文化的生存发展受到影响、阻滞并最终导致本土文化衰减和消亡;二是其通过压迫和排斥本土媒介和文化,导致媒介和文化群落的组成、结构和功能发生改变,最终导致内源媒介生态和民族文化系统失衡和瓦解。因此,反对信息侵略,抵制信息倒灌,维护信息公平和均衡,构筑内源媒介抗击信息侵略的"万里长城",应是一个十分重要而紧迫的问题。

三、构筑内源媒介系统的"万里长城"

面对媒介强国的信息侵略,世界媒介弱国的本土文化和内源媒介的生存

---

① 此处数据系笔者根据《传媒蓝皮书:中国传媒产业发展报告(2020)》(社会科学文献出版社,2020)、《传媒蓝皮书:中国传媒产业发展报告(2021)》(社会科学文献出版社,2021)、《广电蓝皮书:中国广播电影电视发展报告(2019)》(中国广播影视出版社,2019)、《广电蓝皮书:中国广播电影电视发展报告(2020)》(中国广播影视出版社,2020)及有关论文中的统计数据整理而成。

与发展受到威胁,青少年的身心健康受到伤害,一些国家人心浮动,世风日下,社会动荡,政治不稳,世界各国为保护和捍卫传播资源、内源媒介和国家主权,继承和发扬民族文化中的优良传统,都在积极准备打一场传播领域里的自卫反击战。

有些国家要求国民自觉抵制西方的信息侵略,与政府和内源媒介一道"击败来自国外的竞争";有些国家宣布外来的卫星电视连同美国的广播为非法,不仅禁止收看收听,而且实施电子干扰;有些国家规定播放和接收卫星电视必须持有许可证,要到公安部门登记、申请;有些国家声称要"对那些引诱成千上万无辜青年腐化和沉迷于色情的人给以最严厉的处罚"。沙特阿拉伯要求有线电视台对卫星电视和影视节目进行严格审查过滤,任何未经审查和过滤的影视作品不得向公众播放。新加坡对外国影视、声像制品,凡认为是不洁的镜头,一律剪除。日本规定进口外国影视片时必须经过三道审查关,即须过海关、警察和电影伦理管委会三关,凡是有伤公安及风俗的视像作品绝对禁止播放。早在1994年,欧洲联盟就规定欧洲电视台播映的节目中必须有50%是欧洲制作的,而且不许在黄金时间播出美国的电视剧。

还有一些国家开始管制英语,菲律宾、新加坡、马来西亚和苏丹都限定英语的使用范围。还有十多个国家都想加强国语教育,缩小英语的使用领域。加拿大魁北克省议会于2021年5月24日通过保护法语法案(第96号),并限制英语使用,规定在法庭等工作场所禁止讲英语。甚至连英国本土西部的威尔士人都正在发起告别英语、重新推广威尔士语的运动。这也许有点过激,但并不是语言民族主义的发作,而是对英语霸权主义的某种恐惧、担忧和反抗。特别是处于语言传播中的弱势国家或欠发达国家,如果对英语霸权无动于衷、置之不理,就可能造成本土语言的衰落,出现思想和精神危机,传统的文化基因、价值观念、伦理道德、审美趣味、思维习惯也可能遭到破坏。

面对经济全球化、传播全球化和媒介智能化的国际趋势,我们不应闭关自守、坐井观天,妄自菲薄,而应以"构建人类命运共同体、共同建设美好世界"为传播理念,以"共商、共建、共享"的共赢主义为基本追求,以文化多元和文化平等为交流原则,超越零和博弈,从世界格局、时代潮流的变化和人类文明的发展趋势进行整体思考和战略谋划,既虚心学习西方优秀文化,又不迷信西方文化;既积极传播中国文化,又不搞"中国中心主义";面对西方文化侵略、文化污染,中国文化界和内源媒介需要有新视野和新思维,需要不断探索新路径和新模式。

1. 健全和强化大众传播法制,对信息的品质、级次和传播范围、比例等做出严格规定

麦奎尔曾从政策指令和行为规范等方面对"信息品质"提出了三条主要标准:"媒介(特别是印刷业和广播业)应该对社会上、世界上的相关新闻和背景信息提供综合性的服务;信息应该通过下述标准达到客观的要求——正确、诚实、充分完整、真实、可靠、意见与事实分离等;信息应该平衡与公正(不偏不倚),以一种不煽情、不偏私的方式来报道另类的观点。"麦奎尔也说:对于这些标准(还有相关的"真实"标准),"人们并不一致认为是必要的、高尚的或是可能达到的"。[①] 但是,有总比没有的强。

2. 要深入挖掘中华民族文化和内源媒介的资源,积极弘扬优秀的中华文化

面对世界文化的不均衡和西方文化的优势地位,中国文化既要积极探索如何突破西方关卡、阻碍,让中国文化"漫出去""流出去"和"送出去",即将中国传统文化,公共文化或失去、放弃版权保护的文化产品免费放在网络传播平台上供全球民众"随取共享",甚至要通过国家和地方的文化翻译、传播工程资助在世界各国推广、传播,也要深入探讨如何"走出去""走进去""走上去"甚至"学进去",即不仅要走出国门,在世界各国深入腹地、在社会底层不断扩大传播范围,还要争取进入教育、科研领域,成为学习、教学和研究内容。当然,我们也要思考如何以合适的价格"卖出去",或者通过吸引留学生、访问学者让他们"学回去",并通过他们进行二次传播和反复传播,使之产生广泛、连续、持久的传播力和影响力。[②]

3. 要虚心地学习并由衷地欣赏西方优秀的、先进的文化

但是,一定要提高辨别力和免疫力,既不要把西方文化或外来文化的渣滓当精华来吸收,也不要把它们的精华当糟粕来拒绝。要把西方文化同中国文化、东方文化和世界文化同等对待,及时地、全面地向受众提供适合其各种需要的健康的精神食粮和文化产品。同时,要依靠内源媒介环境和本土文化的强大整合力量,对各种各样的外来文化进行合理、科学的训化、引导、借鉴和吸收,使其成为发展和繁荣中国文化的一个有机组成部分。

---

① 麦奎尔. 麦奎尔大众传播理论[M]. 崔保国,李琨,译. 北京:清华大学出版社,2006:146-147.
② 邵培仁. 打造中国文化全球传播新景观[J]. 现代视听,2019(2):85.

4.要努力构建科学有效、层次分明的内源媒介系统和传播体系

新的媒介系统和传播体系的构建是一项从硬件到软件、从体制到流程的深刻变革,也是一项由浅入深、由内到外、由下到上的迭代交融的系统工程,还是一种你中有我、我中有你、合作生产、共传共享、互利共赢的新型市场运作模式,甚至要共同构建传播安全命运共同体,携手发展中国家媒体共同推进国际新闻的生态平衡,携手世界各国传媒集团或机构共建全球信息传播的巨型平台和"超级大脑",不仅更加高效、客观、全面地报道世界,而且更加开放、平等、便捷地共享信息。

5.加强跨文化交流和沟通,推动全球文化治理朝着更加公正合理的方向迈进

要坚持文明对话、文化平等的思想,鼓励跨文化对话和批评,积极建构兼容本土性和全球性的新的价值体系和话语体系。它既不是西方中心主义的,也不是东方中心主义的,而是以跨文化交流为基础的世界各国都能接受的包容性和开放性体系,是整体主义和共赢主义。因此,世界各国一定要以谦逊、合作、开放、包容的态度和智慧,进行平等的、友好的、理性的对话和交流,努力消除不同文化、制度之间的误解、矛盾与隔阂,从而实现求同存异、共商共建、共赢共享。

6.积极探索和构建"智能+传播+生态"立体传播新格局

"未来社会是万物感知、万物互联、万物一体、万物智能的智能社会。智能化不仅是未来信息社会发展的基本趋势,而且也是推进社会变革、经济发展和重塑产业生态的重要路径。"[①]中国文化系统和内源媒介应该抓住机遇,趁势而上,打造新支柱,壮大新动力,积极探索和构建从"媒体+"向"互联网+"和"智能+"跃升的立体传播生态新格局,为中国文化与世界文化的全球交流互动"铺路""加油"和"赋能"。不仅要让中国文化与世界文化随着产品、资金、基建等的大规模流动进行全面的立体的"互动传播",而且要让"互联网+"和"智能+""超级大脑"和全球巨型平台借助国际化渠道进行"无缝传播",使得文化侵略消失于无形之中,从而让全球文化以良好的传播生态赋能全球治理体系变革、维护世界和平稳定。

---

① 邵培仁. 主动智能化:中国媒体发展繁荣的新引擎[J]. 现代视听,2019(4):82.

第五章

媒介生态种群

地球犹如最美妙的乐器,而我们则是聆听其乐曲的听众。媒介生态同样是一把无比美妙的乐器,我们应该侧耳倾听它弹奏出来的悦耳旋律,想象着无数生命种群永不衰竭的生命力和丰富多彩的生活画面,这无疑是一件十分美好的事情。

在媒介生态系统中,位于信息传播或媒介食物链相同位置的具备相同功能的个体传播要素则可被视为媒介生态种群,相同种群或不同种群之间以及种群与环境之间相互联系、彼此协调,进行能量和物质的交换传递,构成媒介群落,媒介群落与社会环境相互作用则构建起媒介生态系统。媒介生态种群学是研究种群及其数量变化、演变规律的科学。它以种群现象作为主要研究对象,以种群运动及其数量变化的要素作为主要研究内容,以现代科学方法论作为主要研究方法,以优化种群质量、调适种群数量、提高种群效率作为主要研究目标。

第一节　媒介生态种群的定义和特征

一、媒介生态系统种群的概念

种群是自然生态学所研究的最小的生态单位。种群既是生物繁殖的基本单位,也是生物进化单位,具有基因交流的能力;种群不是个体数量的简单相加,而是一个具有自我调节能力的有机单元。所谓种群(population),是指在一定空间范围内同时生活着的同种个体的集合群,是生态系统中生物组分的基本单位。种群的基本构成成分是具有潜在的互配能力的个体。种群虽然由个体组成,但它却具有许多个体所不具备的特性,种群的基本特征是种群密度,影响种群取密度的四个重要参数是:出生率、死亡率、迁入率和迁出率。

在媒介生态学中,种群一般是指大于分子的媒介生态单位,它是指在一定时间和空间范围内存在的传播要素相同的同种个体的集群,如基于时间性的广播种群、电视种群,基于空间性的报纸种群、图书种群,基于传播过程的传者种群、媒介种群、营销种群、受众种群、辅助种群。

1. 传播者种群

传播者种群是传播活动的发起人和传播内容的发出者,是位于传播起点的个人、组织、社会的混合体。作为表述、传播知识、思想、感情等精神内容的传播者,其种群角色可以分为普通角色和职业角色。在今天,可以有资格称为"职业传播者"的职业种群多种多样,其组织种群也很多。记者、编辑、导播、播音、演员、节目主持人、作家、撰稿人、教师、学者等,都是职业传播者种群;报社、杂志社、出版社、电台、电视台、影视制作公司等,都是传播组织种群。

2. 媒介种群

媒介是指介于传播者与受传者之间,用以负载、扩大、延伸、传递特定符号的物质实体。媒介的基本特点是实体性、中介性、负载性、还原性和扩张性等。媒介种群主要有书写媒介、印刷媒介、广播媒介、电影媒介、电视媒介、网络媒介和手机媒介等,而每个种群中还可以再细分,比如印刷媒介可以分为报纸种群、杂志种群、图书种群,电视媒介可以分为有线电视、卫星电视、数字电视、网络电视和高清电视等。

3. 营销种群

营销种群位于传播生物链的后端,与生产种群同样重要。生态营销观念要求大众媒介除了满足接受者眼前的心理或生理上的某种需要之外,还必须考虑个人、媒介和社会、自然的长远利益和整体利益,奉行"绿色营销"、良性循环和"可持续发展"。因此,营销种群中的发行种群、广告种群、传输种群和投资种群在具体运作中,就需要在个人、媒介、智能和社会、自然五者之间寻找一种动态平衡,统筹兼顾各方利益,求得各方之间的平衡与协调。就发行种群来说,媒介产品的发行渠道就因其属性的不同而有所差别,电子媒介一般以无线或有线传输,报纸、杂志、图书、电影等的发行一般通过专门的中介机构完成,随着互联网的盛行,大多数媒介产品都可以通过网络进行电子化传输、发行、营销。

4. 受众种群

受众是媒介信息传递的终端接收者,包括报刊读者、广播听众、电视观众和网络用户等。在整个媒介生态系统中,他们是信息产品的消费者,传播符号的"译码者",传播活动的参与者,传播效果的反馈者,具有众多性、混杂性、分散性、隐匿性等特点。受众种群可以根据性别、年龄、肤色、种族、收入、文化程度等进行分类,也可以根据传播中的情况分为:纯粹受众与介质受众;预期受众、现实受众与潜在受众;俯视型受众、仰视型受众与平视型受众。传者种群与受众种群之间关系亲近、场景共情、供需匹配、推送精准、互动便捷,传播生态和传播效果就好。

5.辅助种群

在一个完整的媒介生态系统中少不了一些辅助种群。这些辅助种群有时正好同主体种群形成一条完整的食物链。比如有媒介集团办公室、人力资源部、技术部、公关部、后勤部等管理部门;有专门研究媒介经营管理,为集团提供咨询、决策意见的研究机构;还有审核报纸杂志发行量、广播电视收视率,为广告主合理决策提供依据的专门咨询机构等。这些辅助种群与主体种群共同保证了媒介生态系统信息、物质和能量的顺畅流动和有机循环。

二、科学认识与理解种群概念

种群是指在一定时间和空间范围内存在的传播要素相同的同种个体的集合体。若要正确地科学地认识和理解媒介生态系统中的种群概念,我们需要将其与认同媒介生态系统是一个统一的整体的互动的思想联系起来。

第一,种群是宏观、中观水平上研究媒介生态系统的基本单位,由一定数量的传播要素相同的同种个体组成,但不等于个体的简单相加,种群内个体之间通过特定关系构成一个整体,表现出个体不具有的特征。

第二,在媒介生态系统中,个体生命有限,很少有百年以上历史的个体媒介仍然存在于世,而种群(如报纸、图书)生生不息、永无止境,它一般不会因为个体的消失而消失。

第三,在同一区域中往往生活着多个媒介生态种群,不同的种群构成一个相互依赖、相互制约的媒介群落系统和媒介生态系统。

第四,在传统的媒介生态种群中,其个体通常主要与相同或相近种群的个体发生能量互换、信息互动、个体交配和物种传承,比如在出版社与出版社之间、报社与报社之间、电台与电台之间、电视台与电视台之间所进行的互动就比较频繁,而纸质媒介与电子媒介之间的互动就不够频繁,但是随着网络传播和新媒体的诞生以及传播科技的进步,媒介互动、媒介融合和媒介杂交正在发展成为新的趋势或种群。

第五,原本在不同媒介种群间存在着的基因交流的障碍,如空间隔离、生态隔离、时间隔离和行为隔离等,由于网络和新媒体、算法推荐、智能传播的介入,不仅正在消损和淡化,而且不同媒介之间的交叉、融合所形成的新的媒介品种(微博、微信、今日头条、即刻等各种订阅 App)已经让人眼花缭乱,而物流、交通流与信息流之间的交融、混搭、糅合所形成的种群(如网购物品短暂存放智能柜、智能租车等)也让人应接不暇,等等。这种媒介融合和传播混搭如今正在向传者种群、信息种群、受众种群、广告种群等蔓延,它会造成当代大众传播种群新的繁荣昌盛,还是会给大众传播种群带来巨大的灭顶之灾? 我们当拭目以待。

三、媒介生态种群的特征

基于以上认识,我们可以进一步讨论媒介生态系统中的"种群特征"。媒介生态种群主要有四个特征:

1. 数量特征

这是种群的最基本特征。用生态学的原理来说,种群是由多个个体所组成的,其数量大小受四个种群参数(创办率、退出率、迁入率和迁出率)的影响,这些参数继而又受种群的年龄结构、性别比率、内分布格局和遗传组成的影响,从而形成种群动态。在媒介生态中,能直接反映媒介种群的繁荣与衰退的特征是媒介种群密度(北京、上海媒介种群密度最高),能直接决定媒介种群大小变化的特征是创办率和退出率、迁入率和迁出率,能预测媒介种群变化方向的特征是时间性,能间接影响媒介种群个体数量变动的特征是空间性,能决定媒介种群生死存亡的是竞争力、影响力和传播力。

2. 空间特征

用媒介生态学的观点来看,媒介生态系统中的种群(不论是传者和受众,还是符号和媒介)均占据一定的空间,有一定的分布范围,并且有适合种群生存的各种环境资源条件。种群个体在空间上的分布可分为聚群分布(好莱坞和宝莱坞就是电影产业的集群区)、随机分布和均匀分布(在中国每一个省市自治区和地级市就都均匀地分布着一家党委机关报和一家电台、电视台)。在特定的地理范围内还会形成和分布着具有特定地理标志的媒介种群,比如

《北京日报》、《浙江日报》、《西藏日报》、上海人民广播电台、江苏卫视等。《人民日报》、中央广播电视总台的信息传播则占据了更加广阔的地理空间和文化空间,呈现出各区域、各民族文化因子综合、汇聚的传播特点。

3. 遗传特征

种群是同种个体的集合与延续,因而具有一定的遗传特性和基因传承,但不同的地理种群存在着基因差异。这在媒介生态研究中可以理解为历史传统或媒介文化。既然种群是同种的个体集合,那么,每一个个体种群都携带一定的基因组合,从而构成由一定的遗传因子组成的世代传递的共同基因库,即有了一定的遗传特征。对于媒介生态种群来说,即具有了一定的媒介历史传统和文化传承。因此,分布在不同地理空间的种群,就会存在着基因差异和文化差异,并通过个体之间基因的交换和组合而促进种群繁荣,通过改变基因频率或文化质素以适应环境的不断变化。中国区域媒介所体现出来的16个区域文化(如燕赵文化、秦晋文化、吴越文化、岭南文化、闽台文化、两淮文化、湘楚文化、巴蜀文化等)①,其实就是一种文化传承和基因遗传。东方卫视定位在"都市",湖南卫视定位在"娱乐",广东卫视定位在"财富",四川卫视定位在"故事",江苏卫视定位在"情感",其实都是与其尊重基因遗传和挖掘文化传统有关。

4. 系统特征

种群是一个自组织、自调节的、有着修补、完善功能的整体生态系统。媒介种群是以一个特定的与传播有关的种群为中心,以一系列相互联系的分工协作的不同种群为食物链,也以作用于该食物链的全部环境因子为空间边界而组成的具有自主、自控特征和平衡、循环功能的系统。就一家报社来说,它就是一个由信源、记者、编辑、报纸、发行人、广告人、读者等种群组成的传播系统。因此,媒介生态学应从系统的角度,通过研究传播种群内在的因子,以及传播生境内各种环境因子与传播种群数量变化的相互关系,揭示传播种群数量变化的机制与规律。

---

① 吴必虎. 中国文化区形成与划分[J]. 学术月刊,1996(3):10-15.

第二节　种群密度与种群关系

媒介生态种群是一个自组织、自调节的、有着错综复杂联系的整体互动系统。它是以一个特定的优势种群为中心,以作用于该种群的全部环境因子为空间边界而组成的生态系统。因此,我们应该从系统论的角度,通过研究种群内在的因子,以及生境内各种环境因子与种群数量变化的相互关系,来揭示种群密度和数量变化的机制与规律。

一、种群密度与媒介生态平衡

"一个种群全体数目的多少,叫种群大小(size),而单位空间中的种群数量叫种群密度(population density)。""种群密度是一个变量,它随季节、气候条件、食物储量和其他因素的影响而发生变化。"①在媒介生态学研究中,"种群密度"则是指同一种群在单位时间和空间中的个体的数量,即种群数量。媒介种群密度是媒介种群生存与发展的一个重要参数,也是显示媒介生态环境优劣的一个重要标志。媒介种群密度是指在特定时空内同一种群在质量、类型和数量上的比对和度量,主要受资源获得因素与竞争媒介种群因素制约。通常,媒介种群密度增加,在常数不变的情况下,显示媒介资源丰富与媒介竞争温和,媒介种群发展繁荣兴旺;相反,媒介种群密度减少,则说明媒介生态环境开始恶化,已不利于媒介种群生存与发展。

但是,种群密度在传播领域并不是越密越好,也不是越疏越好,而是要适中适度、恰到好处,因为社会资源的供给能力和媒介市场的容量是有限的,只能容纳同资源供给量和市场需要相适应的那个数量的媒介种群。当媒介种群密度过高时,由于资源缺乏,超过了环境的承受能力,一些缺乏竞争力的媒介种群就会被淘汰,只有那些能适应市场需求和变化的媒介种群才能继续生存。当媒介种群密度过低时,则不易形成良性循环的机制和传播系统,也会导致媒介种群的生存危机。因此,要保持媒介生态平衡和良性循环,就必须使媒介种群的密度既不过高,又不过低;既不产生拥挤效应,也不出现孤寂现象。

当传播种群密度达到一定水平时,媒介市场将停止增长,保持相对稳定

---

① 卢升高,吕军. 环境生态学[M]. 杭州:浙江大学出版社,2004:31.

状态和特定密度。就是说,由于政治、经济、文化、教育、受众等各种因素对传播种群的制约,即使不加控制,传播或媒介种群也不可能无限制地增长,它最终会趋向于相对平衡地与其他传播种群成比例地维持在某一特定密度的水平上。媒介种群离开其平衡密度后又返回到这一平衡密度的过程就叫调节(regulation),能使媒介种群回到原来平衡密度的因素被称为调节因素,而密度因素则是调节其平衡的重要因素。

这种最适密度(optimum density)的规律,不仅可以用来解决珍稀动物、珍贵植物的保护问题,而且也可以用来解决传播者、信息、符号、媒介、受众、广告商、经销商等种群密度过高或过低的问题,从而使人——适才适用、财——适值适用、物——适功适用、信息——适需适用。

二、种群之间的相互关系

在大众传播中,媒介种群之间的关系是十分错综复杂的。它是指一个媒介系统内不同种群之间的相互作用所形成的关系,也指不同系统之间和系统与环境之间的不同种群之间发生的各种关系。这些相互作用、相互影响的关系可以是直接的,也可以是间接的;可能是有利的,也可能是有害的。

吉伯和约翰逊在《市政厅抢新闻:记者与信源角色的研究》一文中专门针对记者与信源之间的关系进行过系统分析研究,认为传播者与信源的互动关系是很复杂的,它们至少有三种可供选择的关系模式。一是分离的关系。在这一模式中,传播者具有很大的独立性,它与信源之间相距遥远、不常联系或分属不同党派,它从信源处得到信息,但又不依赖信源,他们对新闻价值的认识也各不相同。二是合作的关系。虽然传播者和信源分属不同的社会系统,而且代表不同的机构,但是他们在传播上所扮演的角色却是可以相互合作的。他们对传播观念和媒介功能的理解比较接近。因此,在大众传播中,传播者与信源往往互相利用、互相帮忙,共同达成彼此认可的目标。三是同化的关系。在这种模式中,传播者与消息来源所处的体系是完全相同的,他们所扮演的角色也不再各自独立,而且对新闻价值和媒介功能的看法完全相同。一般来说,在传播者与政府信源的三种关系模式中,合作关系和同化关系占主导地位,而分离关系则在特殊情况下才出现或偶尔才会出现。但是,它们不一定适合用来描述传播者与一般信源的更为复杂的关系。^① 有学者研究了媒介事件策划者与媒介从业人员之间的关系,认为虽然比较复杂,但也存在着三种关系,即利益诉求完全一致者,形成利益相同关系;利益诉求不完全一致但相互有所求者,形成利益牵制关系;而利益诉求完全不同者,则自然形成利益对立关系。这三种关系基本完整地构建了媒介从业人员与消息来源之间的互动关系。^②

对于许多人来说,大众媒介中的传播者有点高高在"上"、难以接近,人们读其文(报纸)而难以闻其声,而闻其声(广播)又难以见其面,见其面(电视)又难以握其手。传播者与受众之间有一道天然的屏障和无形的鸿沟。从以往的传播实践来看,传播者在处理与受众的关系时,并非都是积极主动的。大体上,他们之间的互动关系分为四种形式:支配的关系,疏离的关系,圈层的关系,服务的关系。^③

用媒介生态学的观点,从宏观的角度来说,发生相互作用、相互影响关系的媒介种群之间主要有两种关系,即正相互作用关系和负相互作用关系。

1. 正相互作用关系

媒介种群之间的正相互作用关系按其作用程度,可以分为偏利共生、互利共生和原始协作三类。(1)偏利共生,即仅对一方有利而对另一方无害的媒介生态现象。(2)互利共生,就是对双方都有利的媒介生态现象。在互利共生的关系中有的是兼性的,即一种媒介种群从另一种媒介种群获得好处,但并未达到离开对方不能生存的地步;还有的媒介互利共生关系是专性的,但有的是单方专性,有的是双方专性。(3)原始协作,这可以被看作媒介共生的另一种类型,其主要特征为两个媒介种群相互作用,双方获利,但协作是松散的。分离后,双方仍能独立生存。这三类正相互作用关系模式,在整个媒介生态系统中均是存在的。

2. 负相互作用关系

媒介种群的负相互作用即在两个以上媒介的相互作用中,至少对一方会产生不利影响的相互作用。(1)竞争关系,是媒介个体或群体间力图胜过或

---

① Gieber,W. & Johnson,W. The City Hall Beat:A Study of Reporter and Source Roles[J]. *Journalism Quarterly*,1961,38(3):289-297.
② 李红艳,王刚. 信息来源与媒介从业人员的价值观[J]. 新闻界,2010(5):21-24.
③ 邵培仁. 传播学[M]. 3版. 北京:高等教育出版社,2015:129-130.

压倒对方、获得自身最大利益的心理需要和行为活动;(2)捕食关系,即只是将对方视为捕食对象,通过蚕食其资源、消耗其能量以满足自己的需求,这是媒介与媒介之间竞争的基本形态;(3)寄生关系,是指一种小型生物生活在另一种较大型生物的体内或体表,以另一种微生物为生活基质进行生长繁殖,并对后者带来或强或弱的危害作用,比如一些寄生在传统媒体的网络公司、广告公司;(4)偏害关系,就是两种生物生活在一起,其中一方对另一方产生抑制、伤害作用,而本身却不直接获得益处或害处,比如当网络媒体、新媒体与传统媒体存在于同一生态空间,前者对后者就产生了一定的影响和抑制作用。

媒介生态中的相互作用是媒介运动、发展的动力和原因,没有相互作用我们就无法理解媒介生态和媒介发展。媒介相互作用具有十分丰富的内容和形式,不论是正作用还是反作用,都是客观存在,既无法回避,也不能无视,而应该将它们之间互相联结、互相斗争、互相促进、互相制约的关系,视为媒介生存、发展和变化的必然过程,勇于改革、敢于创新、积极参与整体互动。

第三节　建构多样与平衡的新闻密度

世界丰富多彩,现实五光十色。现实世界总是以整体性、互动性、多样性和丰富性而存在和发展的,它不是单面的、独立的、一维的和单纯的。多样是事物的本真,平衡是发展的常态。多样、平衡是生态系统健全、完善、良性发展的重要特征,标志着事物的生机与活力,反映了事物的丰富度、均匀度和最适密度,预示着生命与希望。

同样,信息多样化、知识多元化、多视角观照、多维度报道则是现代新闻传播生态体系成熟的关键标志,更是建设美好的传播世界以及形成平衡、友好、良善媒介生态环境的基本形态和必然选择。

具有最适密度的媒介生态不仅是多样的、平衡的,而且是能够进行有效自我净化、自我约束和自我控制的。各种新闻传播要素的数量比例、运行模式、功能结构、资源配置和能量交换等都能处于相对稳定的状态,媒介发展潜能与环境阻力也恰到好处地被置于动态的平衡之中,新闻传播中任何违规操作或不法行为,都会引起自控或他控系统启动约束或惩罚机制,从而能够保证媒介生态系统始终处于一种多样与平衡的良好状态,实现最大的社会经济效益和生态效益。

今天,中国媒体已经全面接轨世界、融入世界,甚至开始逐步影响世界和引领世界。中国媒体不仅获得了巨大的传播力和影响力,掌握了前所未有的国际话语权,而且成功跨入了世界媒体强国的行列,成为全球传播中的一支重要力量,在未来也应该努力成为建设美好传播世界和良好媒介生态的主力军。因此,就更加需要合理、科学地处理好新闻传播生态中的新闻密度关系。

一、专业新闻与公众新闻的有机密度

中国新闻媒体要坦然接受一切科技进步和传播形态,让新闻传播主体、内容及运营与时俱进。作为具有草根和社会底层性质的公众性新闻传播激活了传统新闻媒体的生产机制和传播方式,也悄然改变了专业性新闻传播的场域和面貌,当然也在改变着社会政治经济文化的运作生态。进入竞争环境中的各种新闻传播要素,应该在不断碰撞、博弈中摔打、丰富和重构自身,成为良好媒介生态的活性因子。

二、单构型新闻与复合型新闻的有机密度

让单构型的报纸、广播、电视等传统新闻媒体完全放弃原有的优势和特色是不应该的,也是不现实的。正确的做法,是在向复合型、融合型新闻媒体转变发展的过程中,积极探索,大胆改革,努力创造出更多更好的新平台、新机制、新路径和新模式,让媒介生态因子充满活力。

三、客观性新闻与对话性新闻的有机密度

新闻传播一方面遵守客观、公正、平衡的原则,准确呈现新闻人物和事件的真实状况,另一方面又要适时地由"局外人"变身为"对话者",让新闻报道成为记者与报道对象之间对话和沟通的过程,成为不同立场和话语相互冲突、调和与协商的场域,从而使新闻传播更加全面、客观地反映并介入政治、经济、文化和社会生活的全部过程。

四、战争新闻与和平新闻的有机密度

新闻媒体不要总将关注点放在冲突各方的暴力行为上,而应该在客观报道战争和暴力真相时,更多地思考如何以更开放、更公平和更精确的报道方式观照、分析战争和武装冲突及其演变过程,包括战争的危害和公众的苦难,关注达成和平的希望和线索,努力用新闻传播促进和平,而不要推波助澜,唯

恐天下不乱。

五、本土新闻与全球新闻的有机密度

所有的新闻媒体都是某种意义上的本土媒体,因为没有本土政治、经济、文化和教育等资源的供给和滋养,就没法生存和发展。但是,在经济全球化、文化地球村的今天,中国新闻传媒必须有世界情怀、国际视野、全球战略,让新闻传播的触角和神经遍布世界的每个角落,从而更好地服务于"共同构建人类命运共同体"和重建全球传播良好生态的伟大愿景。①

六、新闻记忆与历史记忆的有机密度

蔡元培在为徐宝璜《新闻学纲要》所作的"序"中说:"余惟新闻者,史之流裔耳。"②"历史是过去的新闻,新闻是今后的历史。"③这两者需要互动互助、有机结合、密度适中。"新闻记忆可以参与历史记忆的过程,并成为历史记忆的重要来源;而历史记忆亦可以超越时间层面,从意义层面上被赋予新闻记忆的价值。""新闻记忆在前,是上游;历史记忆在后,是下游,上游生态决定下游水质。这两者都以事实为依据,主张秉笔直书、用事实说话。"新闻记忆若弄虚作假,历史记忆就真假难辨。"新闻记忆和历史记忆就像两个轨道上行驶的列车,它们可能并列前行,也可能共享站台,但轨迹、目标和终点不尽相同。"④

新闻密度是对新闻传播生态特定体积内的新闻质量、类型、数量的比对和度量,使其合理控制在持续的质优、量足、类型多样、种群平衡的理想状态,并能产生良性的生态循环,形成最适密度。这是良好的媒介生态在新闻密度方面的目标和追求。

第四节　媒介人才生命周期与管理循环链

人才是媒介高质量发展的第一资源和核心竞争力。论述到人才特别是媒介人才,我想起了克拉克在他书的结束部分写的一段话:"我们——即,生

---

① 邵培仁. 多样与平衡:建构良好的新闻传播生态[J]. 中国传媒报告,2018(1):1.
② 蔡元培. 序//徐宝璜. 新闻学纲要[M]. 上海:上海书店出版社,2011:1.
③ 邵培仁. 新闻报道要用事实说话,新闻传播研究呢?[J]. 现代视听,2019(11):82.
④ 邵鹏. 媒介记忆理论:人类一切记忆研究的核心与纽带[M].杭州:浙江大学出版社,2017:31,34.

命种类——不仅全都具有相互的关联:我们实际上不可避免地互相纠缠在一起。我们目前无法为人类复制出一个可以生存的环境(不管是在空间站中还是在被破坏的地球那里),这不只是一个技术的问题,这实际上类似于想象我们可以没有心脏、肝脏或者大脑而生活。""这是花费了 10 亿年时间进化而来的生命集合……它保持着世界的稳定。"①人类文明本身证明,虽然人类是一种优势种群并处于绝对的主导地位,但是它本身依然是无法单独建设或复制一个具有良性循环特点的绿色世界或生存环境的。

一、人才生命周期与媒介的生态调控

媒介人才是媒介生态种群中生态程度最高、生态活力最强的主导性的优势种群。因此,探讨和分析媒介人才种群,可以举一反三,正确理解其他人才生态种群。

我们知道,媒介系统推出的产品有所谓的产品生命周期,媒介人才在媒介内从引入到成长、成熟和衰退诸阶段也可称为人才生命周期。有效的媒介人才管理,是媒介领导者对人才生命周期的各个阶段都给予高度关注,从而可以使媒介人才在每一个生态阶段都能保持良好的生存姿态和竞争优势。通常,媒介人才的生命周期主要有四个阶段:

1. 引入阶段

一个新人进入一个新的媒介系统后的两三年内,为人才引入阶段。此时,经过训练的或教育的新人或大学毕业生,对媒介系统一切事物渐渐由陌生到熟悉,并且在其负责的工作职务中开始摸索出一套采写编播和经营管理模式或经验,但工作一般还不很出色。

2. 成长阶段

在这一阶段,人才由新变旧,人际关系网络逐步建成,他们的创造性进入活跃期,对自己的传播和经营业务已相当熟悉,其表现相当不俗,符合领导者的期望。只要领导者管理得法,他们的才华就会得到充分施展,媒介也可充分受益。

3. 成熟阶段

进入成熟期,媒介人才有足够的工作经历和经验,有丰富的专业知识和

---

① 克拉克. 生物学与基督教伦理学[M]. 李曦,译. 北京:北京大学出版社,2006:277.

技能,堪称"十八般武艺样样精通",有的人可能已有一定的知名度和美誉度,却面临发展与突破之瓶颈。此时,媒介领导者若能给予他们适当的训练、进修、"充电"、调职或晋升、提拔机会,将有助于媒介人才生命周期的活性化循环。

4.衰退阶段

人才进入这一阶段,有快有慢。有的人未老先衰,不到40岁即已江郎才尽;有的人像开足马力的汽车,到了退休年龄(下坡)才放慢速度。媒介人才一旦进入衰退期,往往缺乏职业敏感和创新精神,缺乏工作积极性和主动性,心力和才力也明显不足。

针对人才生命周期问题,媒介机构宜制定相应的生态调控策略或管理措施,以免闲置人才或用人不当,造成人力资源的浪费。

在媒介人才引入阶段,媒介领导者和管理者务必用其所学、用其所长,使其适才适用、适任适所。否则,极可能从此埋没这个人才,使其消沉下去;或者跳槽他去,为竞争对手所用。

在成长阶段,媒介领导者除了要及时给予媒介人才工作上的肯定之外,尚需经常分给他一些具有挑战性的任务,从多方面锻炼他;还要适当地安排时间,让他参加培训、进修或者攻读新闻学、传播学、媒介管理学、网络传播与新媒体方面的硕士研究生课程,以不断提高其专业理论和专业技能。

在成熟时期,对于一个值得媒介高层提拔的主管人才而言,将其放在更重要的岗位上进行培养,或送到高校参加高级人才培训,或送到新闻与传播学院进修阶段性的高级媒介管理课程,或推荐其参加短期的出国访问交流,是给人才发展"充电""加油",注入活力。

对于进入衰退时期的人才,若是未老先衰者,宜调换其岗位或安排时间参加专业培训,以激活其创造性和积极性;若是长期服务于本媒介的即将或已经退休的优秀人才,除了可以返聘的形式让其发挥"余热",以免其去竞争对手处工作,还要给予其适当关心和照顾,或以福利制度等方法使其无生活之忧。这样做,可以培养员工对媒介的忠诚。

三、人才选用与管理循环链

在选择、任用和培养人才时,只有极少数媒介只着眼于短期效益,一般媒介都会有一个长期的规划,有一个循序渐进的步骤,从而能形成人才选用与发展的良性循环,并持续产生效益。这种媒介人才管理循环链,包括五个方面的内容(图5-1)。

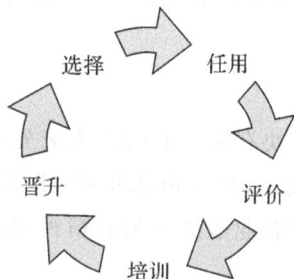

图 5-1　媒介人才管理循环链

媒介人才管理循环链具有三个特点:(1)整体性。它正确地反映了媒介人才管理的整体特征,而不是给人一种零碎的局部的印象。(2)动态性。它反映了人才管理不断运作的动态特征,而不是只给人一种静态的人事档案管理的印象。(3)阶段性。它反映了人才成长与发展乃至退休、淘汰的阶段性特征,把握好这几个阶段,既有利于管理者的工作策划,亦有利于被管理者的人生设计。

媒介人才管理循环链以其简洁显明的图式揭示了人才管理的三个生态规律:(1)它揭示了媒介人才管理循环往复、周而复始的规律;(2)它揭示了媒介人才管理优胜劣汰、吐故纳新的规律;(3)它揭示了媒介人才管理养用结合、奖惩结合的规律。

四、媒介人才的管理原则

1.德才兼备的原则

德和才是每一个媒介人才成长的基本要素,也是衡量各级媒体干部的起码标准。所谓德,是指一个人的政治品德、职业道德、伦理道德和工作态度、工作作风等内容。所谓才,是指一个人拥有的文化知识、理论知识、专业知识和学习能力、表达能力、组织能力、思维能力、创造能力等内容。"才者,德之资也;德者,才之帅也。""才德全尽谓之圣人,才德兼亡谓之愚人,德胜才谓之君子,才胜德为之小人。"([宋代]司马光《资治通鉴·周纪》)群众评价干部时说:"有德有才是正品,有德无才是次品,无德无才是废品,无德有才是毒品。"

因此,媒介用人一定要德才兼备,以德为主。坚持德才兼备的原则,必须反对把德才割裂开来的片面性。有德无才,无德无才,有才无德,这些都不是媒介赢得竞争优势所需要的人才。

2. 适才适用的原则

"治国安家,得人也。亡国破家,失人也。"(《三略·上略》)人才是最宝贵的。古今中外,概莫能外。有效的人力资源管理,要因事以求才,因才而施用,事得其人,人当其用,人能尽其才,事能尽其功。媒介领导者要坚持人事相宜、适才适用的原则,充分发挥人才的竞争优势,应从三个方面入手:首先要根据每个人不同的才干,安排相应的岗位和职务,做到不大不小,不高不低,大才大用,小才小用,高才高用,低才低用,人事相配,职能相称;其次,量才任职还要权衡利弊,用其所长,避其所短;再次,使用人才不可"一次安排定终生",而应随着年龄的增长、知识的增多、才能的变化,不断对人才做出新的调适安排,使其始终在最适合的岗位上贡献聪明才智。搞好适才适用的要领是"知事"与"知人",只知其一或全然不知,就无法做到人事相宜、适才适用。

3. 养用结合的原则

媒介领导者不但要善于正确合理地选用人才,还要重视培养和爱护人才。如果只注意选用人才,而忽视了培养和爱护,那无异于竭泽而渔,久而久之,选用的人才就会老化,就会跟不上社会发展的需要,失去原来的竞争优势。在当今的信息社会,科技发展日新月异,知识更新越来越快,新思想新观念层出不穷。因此,媒介领导者必须有战略眼光,重视对人才的"继续教育"和"终身教育"以及训练与发展,要把使用、培养和提高结合起来,自觉地有计划地培养和造就能形成梯队的各种人才。教育训练是培养人才,社会实践也是培养人才,把两者结合起来,既养又用,养用并重,可使媒介人才获得更大的进步。

4. 智能互补的原则

在大众传播中,专业传播者不仅人数众多、协调性强,而且分工复杂、技能不一。以电影电视为例,它集声、光、电于一身,聚采、编、播于一体,汇摄、录、剪于一堂,加上美术家、化妆师、服装师、音乐家、演奏家……人员十分复杂,分工极其细密,队伍也日益庞大。因此,作为个体的媒介人才,任何人都不可能精通各门学科,擅长各种技能。这就要求媒介领导者通过智能互补,使得媒介成员之间的知识与技能合理搭配、取长补短、相互配合,从而组成最佳智能结构,去完成一系列相互联系的复杂传播活动。群体智能互补大于各个个体智能的简单相加。媒介领导者运用智能互补原则的目的,在于优化总体结构,提高系统效能,形成竞争优势,顺利实现媒介组织的目标。

5.奖惩并举的原则

对成绩优秀的媒介员工给予肯定、赞许,对违纪失职的媒介人员给予惩处、警戒,这种奖惩并举、赏罚分明的原则,对于鼓舞和激励媒体人的斗志,预防错误的发生,具有很大的作用。媒介领导者不仅要关心、爱护员工,而且要对他们提出严格的要求,给予客观评价和公平奖惩。贯彻这一原则,一要赏罚分明,功过不能相抵;二要赏罚公平,亲疏贵贱一视同仁;三要赏罚合理,功必赏,过必罚;四要赏罚有信,说了就要兑现;五要赏罚并用,相辅相成,以赏为主。只要坚持这样做,就可以既让人们从正面接受教育,树立学习榜样和赶超目标;又可以从反面接受教育,吸取教训,慎而戒之。

媒介生态集群

伯理克利介绍

实施改革开放政策以来,特别是进入 21 世纪以后,中国媒介产业的主流趋势已经从依赖于规定性的生产什么、如何生产以及在哪里生产这几个方面,进入一个完全不同的历史阶段。

媒介生产不再由行政领导说了算,而是根据受众的特点和需求组织生产。如何生产也不再是计划性的和程式化的,而是市场性的和灵活性的,具体表现为:一是更大规模、更加有效的媒介将较小、较弱的对手吞并或挤出市场,形成垄断性的生产活动;二是已形成规模效应的媒介集团追求生产活动的多样化、细分化和集约化;三是媒介系统的传统生产方式向现代的机智、灵活的甚至是智能化的生产方式转变,产品的内容和形式的变革始终追踪受众趣味和需求的变化,以适应甚至引领媒介消费的时代潮流。

在哪里生产,这涉及媒介集群问题。通常,工业生产基地总是集中在劳动力成本较低的区域,而媒介生产基地却总是集中在劳动力成本较高的城市,有的媒介则要迁到成本更高的大都市。全世界媒介产品的生产地点的迁徙和集群总趋势是:由小城市转向大城市,一般城市转向省会城市,内地城市转向沿海城市。

第一节　集群的概念和基本特点

自然生态学认为,集群(aggregahon 或 society、colony)现象普遍存在于自然种群当中。同一种生物的不同个体,或多或少都会在一定的时期内生活在一起,从而保证种群的生存和正常繁殖。因此,集群是一种重要的适应性特征。根据集群后群体持续时间的长短,可以把集群分为临时性集群和永久性集群两种类型。临时性集群是一种不稳定且个体间常无特殊联系的较为普遍的群体结构,如迁徙性集群、繁殖集群等季节性集群,以及取食、栖息等临时性集群。永久性集群的个体之间是相互依赖的,且有一定的分工协作的组织结构,如蜜蜂、蚂蚁等。集群的生态学意义主要有以下几个方面:集群有利于提高捕食效率;集群可以共同防御敌害;集群有利于改变小生境;集群有利于某些动物种类提高学习效率;集群能够促进繁殖。

在文化生态研究中,集群是指在某一特定区域内,由许多相互联系的、在地理位置上相对集中的、具有丰厚的传统文化历史积淀和鲜明的地域或民族特色的文化形态和载体的集合,包括一批共处一个生态竞争环境中相互关联的社会资源、文化产业和其他实体。自 2007 年始,我国已经建立了 24 个国家级文化生态保护实验区,其中 7 个已通过国家验收,正式成为国家级文化生态保护区。2018 年 12 月 10 日,中华人民共和国文化和旅游部通过《国家级文化生态保护区管理办法》,自 2019 年 3 月 1 日起施行。国家级文化生态保护区是指以保护非物质文化遗产为核心,对特定区域内的历史文化积淀丰厚、存续状态良好,具有重要价值和鲜明特色的文化形态进行整体性保护的区域。其目的就是通过加强非物质文化遗产区域性整体保护,维护和培育文化生态,传承弘扬中华优秀传统文化,坚定文化自信,满足人民日益增长的美好生活需要,提高当地文化品牌效益和区域美誉度。

产业集群犹如介于市场与企业之间的一种枢纽或环节(市场↔产业集群↔企业),这一中间性组织不仅弥补了纯粹市场机制与纯粹企业组织的失效,也从理论上弥补了传统的"企业与市场"二分法(市场↔企业)的研究缺陷。产业集群的好处包括四点:一是通过批量购买原料、集中制造产品和资源食物链降低了生产成本;二是通过共用基础设施和共享公共事业降低了单个企业的一般经济性开支成本;三是通过集中和批量推广、销售降低了交易成本;四是通过近距离的面对面的人际交流和组织传播降低了组织内部的组织成本和协调成本。本来过去的单一企业需要直接面对市场,由于现在有了产业集群,那么进入集群的单一企业就可以不再直接面对市场了,而可以通过这一中间性组织来完成这一任务,而且通常比单一企业运作的效果更好。鉴于中国在国内外成功建立和运营了各种各样的产业园区、经贸合作区、农业合作示范区、生态产业园区等集群园区,有西方学者提出一个"重要观点"——中国产品竞争力的奥秘就在于产业集群化。

在媒介生态学的研究中,媒介集群的概念近似于媒介群落的概念,是"分子—种群—集群—环境—系统""生态金字塔"的中间环节。媒介集群是指在一定时间内生存和坐落于特定区域或环境内的各种媒介实体所形成的空间聚合体。媒介集群化也是中国媒介产业存在的基本方式。它主张在某一特定区域中(通常以一个主导媒介或优势媒介为核心),以相当数量的媒介以及相关支撑机构(包括研究机构)按产业链条在空间上集聚一起,通过协同作用形成强劲、持续的媒介竞争优势,进而推动区域内的媒介产业升级换代。

媒介产业向城市汇聚和集中已成为世界性的趋势。城市特别是世界性的大都市尤其是首都已经不仅是政治、经济的中心,同时也是媒介中心、信息中心和文化消费中心。纽约、伦敦、巴黎、东京、悉尼、北京、上海等都是媒介产业最为繁荣和发达的大都市。目前,几乎所有城市都制定了一系列鼓励媒介产业发展的政策和措施,一般城市只有迅速行动起来,积极与附近的中心城市和媒介产业集群带接轨,才能分享其丰硕成果。

近年来,中国政府积极出台促进媒介和文化创意产业发展的各项政策,使社会力量投资媒介和文化创意产业的热情高涨,其中文化及其相关产业增加值提升较快。根据国家统计局 2020 年文化创意产业方面的数据:我国文化及相关产业增加值从 2010 年的 11052 亿元增长至 2019 年的 44363 亿元,年均复合增长率达到 16.80%,占 GDP 比重由 2.75% 增长至 4.50%,呈现逐年稳步上升的态势。随着媒介与文化创意产业规模的扩大,其产业集群化、深度融合化趋势日益凸现,不仅涌现了国家级、省级、地市级各类媒介与文化创意产业基地或园区,而且与旅游业、传统制造业、农业等逐渐形成以"越界、渗透、提升、融合、集群"为特点的多样路径和协同发展趋势。

同其他产业集群不完全相同,媒介产业集群是一种高效的侧重于精神产品生产、传播和营销的,由生存在特定区域或生境内的各种媒介种群所组成的集合体,在信息、媒介、人才、受众等资源市场和规模扩张、品牌竞争及技术创新等方面具有很强的竞争优势。它的基本特点主要表现在以下几个方面:

1. 媒介集群由一定数量的媒介种群组成

每一个媒介集群均由一定数量的报纸、杂志、广播、电视、电影、图书、网络和新媒体等媒介种群在一定的时空内组合而成。单个媒介和单一种群不能形成媒介集群。

2. 媒介集群具有一定的特殊结构和形貌

媒介集群除了具有标志性的智能化的大型建筑群之外,还具有形貌上结构上的一系列特点,比如美国好莱坞、印度宝莱坞和中国横店影视基地作为电影产业集群地,美国硅谷和中国北京中关村作为信息产业集群区,阿里巴巴在中国杭州的数字经济集群区,它们的形态结构、生态结构和营养结构以及形貌特征都是各不相同的。

3.媒介种群之间具有紧密的协同演化关系

媒介集群是通过对信息、媒介、人才、网络、能量、物质的共建共享和食物链的建构而有规律地组合在一起的有机系统,它们互动互助、互利互惠、协同演化,经常是一荣俱荣,一损俱损。

4.各个媒介种群围绕一个关键种或优势种集中在一定的区域和范围之内

它们基本上都围绕着一个竞争力强、品牌好的媒介关键种或优势种形成有适当分工和有明显边界特点与分布范围的集聚区。我们经常在一些沿海开放城市看到,有的地方集中了图书出版业,有的地方集中了影视动漫业,有的地方集中了文化创意产业,有的地方集中了数字娱乐和网络产业甚至直播产业,有的地方形成了艺术品设计、生产、宣传、经营一条街。

5.媒介集群能形成特定的经营氛围和传播环境

媒介集群不仅意味着媒介生产、传播、经营主体在地理空间上的接近,还意味着集群内部密集的交易和紧密的生态关联及其所引发的特殊的经营规则、文化氛围和传播环境。没有一定的规则、氛围和环境,媒介集群就会出现乱象、失去凝聚力,也没有生机和活力。

根据媒介产业的"创意"属性的强弱,我们可以将媒介产业集群划分为如下类别:核心媒介产业集群、外围媒介产业集群和相关支撑机构等。媒介产业核心集群主要包括图书出版业、报刊产业、广播影视和动漫游戏产业、数字娱乐产业、网络和新媒体产业等。外围媒介产业集群包括广告产业、公关产业、咨询产业、印制产业、传播和扩散产业等。媒介产业集群的相关支撑机构包括为使媒介产业集群获得可持续发展所需的各类外部配套机构的总和,如教育产业、科研机构、公共事业、资本市场、物流体系、运输产业、能源和食品供应等。

第二节 媒介集群的模式及其识别

一个媒介产业集群区犹如一个生物群落区,它是由多级生物链组成的具有自组织、自调节、自循环能力的生态系统。认识和了解媒介集群的组合模式、空间分布及其互动规律,对于建设绿色媒介生态系统、增强绿色媒介生态活力,无疑具有十分重要的意义。

在广告产业的生态系统,李蕾蕾等人曾通过对深圳市区广告业集群在地理空间上的分布情况进行访谈和研究后,提出广告业集群的形成和关联机制具有广告主主导型、媒体依赖型、产业关联型、成本导向型、环境氛围导向型和社会关系型等六种模式,并认为这六种模式可以在一定程度上解释广告产业地理空间分布的动力机制。[①] 其实,如果结合中国国情和中国媒介实践的具体情况,也可以发现中国媒介产业集群有六种模式(图 6-1),其识别特点与广告业集群大同小异。

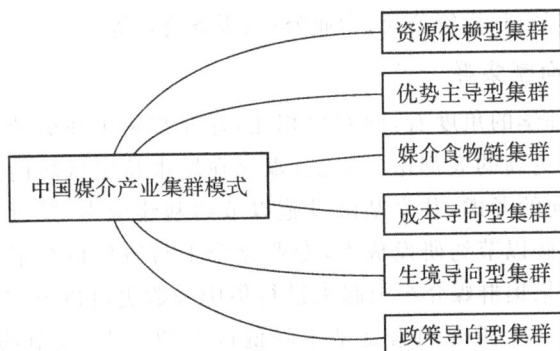

图 6-1　中国媒介产业集群的六种模式

1. 资源依赖型集群

资源依赖型集群主要是根据媒介产业资源富集情况来确定媒介种群的生产经营地点和服务范围。通常,在最接近信息源、人才源、受众源、广告源的地方办媒介效率高、效果好,而离资源太远不仅不方便,容易失去机会,而且运营成本也高。大都市、大城市集中的资源最丰富、最齐全,所以也是理想的媒介聚集地。

2. 优势主导型集群

在媒介集群中,优势媒介往往有比较突出的地位和作用,具有主要控制权或统治权,信息传播广,社会影响大,权威性高,因此它们能主导整个媒介集群的生态特征、发展趋向,甚至会影响到环境和氛围。比如,中央电视台和《人民日报》作为优势种群,就会在它们的主导下形成具有自己特点的媒介集

---

① 李蕾蕾,等. 城市广告业集群分布模式——以深圳为例[J]. 地理学报,2005(2):257-265.

群。同样,在各家省级党报集团和广播电视集团的强力主导下,也必然会在省会城市的特定区域内形成一定数量的媒介组合。

3. 媒介食物链集群

媒介优势种和关键种一旦形成高度的权威性、控制力、传播力、影响力和号召力,就会在上下游形成一条有序的食物链或产业链,分工协作,互帮互助,各取所需,各得其所。通常,除了在报业集团内有大量记者、编辑、摄影、校对、管理人员和部门之外,它的周围还有广告公司、发行公司、印刷公司、网络公司、新媒体公司、投资公司、物业公司、服务公司等。

4. 成本导向型集群

从媒介地理学的角度看,同农村相比,媒介都集中在劳动力成本较高的城市,甚至成本更高的大都市。但是,媒介在城市特定区域的相对集中依然是基于成本导向的考虑:共享基础设施以节约基建成本,贴近客户以节约交易成本,相互切磋以节约研发成本,专业化分工与协作也会带来成本下降和增加灵活性,如果集群媒介组织起来进行集中采购更可以节约原料成本。总之,媒介集群的一个重要因素是基于降低成本的考虑,而节约资源、降低能耗、减污降碳、提质增效也是一种生态的理念,全面落实国家《“十四五”全国清洁生产推行方案》,促进经济社会发展的全面绿色转型。

5. 生境导向型集群

优美的自然环境和城市环境,良好的人工环境和物理环境,悠久的文化传统和丰富的媒介资源,交通便利的地理位置和相对完整的产业链条,具有这些生境因素,对于媒介集群的生存与发展是十分重要的,需要认真考虑。舰队街①曾经是英国报业的大本营,好莱坞和宝莱坞则是美国和印度电影的主产地,麦迪逊大道和苏荷区广告村又是美国纽约和英国伦敦的广告公司集中地和世界级广告中心。这些都说明,生境因素对于媒介集群是多么重要。

6. 政策导向型集群

当政府决心发展文化产业、创意产业和媒介产业时,它会通过政策调控、城市规划、关系协调等措施,营造有利于集群化的生态环境、经营氛围和产业链条。如今各省市自治区、各大中小城市几乎都在大力发展文化创意产业,

---

① 舰队街位于英国伦敦,因为曾有许多全国性报纸总部设在这里,所以它也是英国报业的代名词。

包括媒介产业,都相继出台了一系列支持鼓励的政策措施,也搞了许多文化产业、媒介产业、动漫产业等园区,其中仅 2020 年度公布的北京市级文化产业园区名单中就有 98 家园区入选①,上海、广州、杭州等也不甘落后,发展势头均十分迅猛。中国的报业集团、广播电视集团、网络与新媒体集团等媒介产业集群大多数具有政策导向和政府协调的背景,并非完全的市场自由竞争的结果。

另外,由于社会关系和社会资本具有空间黏合性和关系联结性,而近距离的面对面的人际交流又有利于社会关系的稳定和社会资本的形成,因此社会关系和社会资本在媒介产业发展的初期往往也会成为媒介创业的区位选择因素,并具有一定的路径锁定和依赖性。

第三节　城市是媒介的集群中心

在中华文明发展的漫长历程中,南文北武、南柔北刚的文化差异不仅逐渐演变为华人共同的心理记忆,而且逐步形成了隐形的中国文化两条分界线:一是以长江为界的北方文化和南方文化,而南方文化在江南地区又形成文化集群,即所谓“江南核心性”。不仅文化传播生态中存在江南核心性,而且在电影传播生态中,从电影导演、编剧、演员到电影内容、景观和产业等江南电影也都居于重要地位,反映了华莱坞电影的“江南核心性”。② 其实早在唐代韩愈就发现:“当今赋出于天下,江南居九十。”(《送陆歙州诗序》)二是中国人文地理学家胡焕庸发现的一条由黑龙江瑷珲至云南腾冲的中国人口密度分界线(瑷珲—腾冲线)——“胡焕庸线”,进一步研究发现这不仅是中国大地上的人口密度线、经济贫富线,而且是文化传播、新闻传播和电影传播的分界线,呈现出东南密集、繁荣而西北稀疏、落后的地理态势③,形成了同中国自然地理西高东低的地形正好相反的中国人文地理东高西低的地理形势和生态环境。④

---

① 程铭劼. 98 家园区获评北京市级文化产业园区[N]. 北京商报,2020-08-21(4).

② 邵培仁,周颖. 江南核心性:媒介地理学视野下的华莱坞电影史研究[J]. 西南民族大学学报(人文社会科学版),2017(8):154-160.

③ 邵培仁,周颖. 重绘电影地图:突破华莱坞电影产业发展的“胡焕庸线”[J]. 暨南学报(哲学社会科学版),2016(10):41-53.

④ 邵培仁. 论中国媒介的地理集群与能量积聚[J]. 新闻大学,2006(3):102-106.

　　中国媒介产业集群不仅呈现出"东高西低"的地理形势和"江南核心性"的生态特征,而且同全球媒介一样呈现出媒介产业集群的高度城市化和密集化的趋势。在西方发达国家,媒介集团经过了工业经济阶段,现已达到高度集约化程度,正以良好的基础步入全球化时代。从世界范围看,媒介集群已是一个非常普遍的现象,国际上有竞争力的媒介产业大多是集群模式。由于特定区域内各种媒介之间的人员交流、信息互动、资源互换、自由竞争以及特定地域的历史媒介、风俗习惯和政治经济生态的影响,中国的许多媒介实体也正在各大城市形成具有自己地理优势、传播特色和竞争优势的集合体。

　　综观世界范围内媒介集群的空间分布特点,我们可以发现,今天的媒介集群基本上都是以斑状分布在各大中城市,媒介集群在某种意义上都成了具有生态环境特点的城市媒介集合。因此,城市不仅成了一个国家或地区的政治、经济中心,也成了"作为面对面基础上观念与信息的交流中心"①。

　　这是什么原因呢?因为城市是大众媒介坐落的最佳地理环境,是新闻和信息的生成和传播中心;城市为媒介提供了充足的财力资源或广告资源;城市为媒介提供了大量的有一定文化基础和消费能力的近程受众;城市吸纳和集中了大量受过专门训练的优秀媒介人才。换句话说,是因为城市的基本特征与媒介的基本需求不谋而合:人口规模大、密度高、异质性强;具有市场功能;是社会的权力支配地、信息发源地和教育、文化、购物中心;市民作为城市的建设者和守护者,主要从事非农的职业;他们的互动不是作为完整的个人而彼此相识,部分人的互动是在彼此不相识的情况下发生的;社会联系的基础超出家族和部落,需要有合乎理性的契约和法律;等等。② 特别是进入电子媒介时代,城市的变化更是同媒介的变化步调一致。城市被赋予的"三种功能——消费、金融业和具有象征意义的经济",也使媒介如虎添翼。"这种后工业时代的象征性经济,包括旅游、娱乐、文化、体育、传媒、时尚工业以及一系列融合在一起的支撑这些活动的服务。……大都市里每个地方的地位很大程度上是由崇尚快乐原则的消费主义变体决定的:满足和喜悦的流行的可能性。"它们合谋并联手"成为城市物质和社会生活的主要经济动力"③。

　　在工业主义巨大动力的推动下,现代城市与传播文化之间已经发生了一

---

①　诺克斯,平奇. 城市社会地理学导论[M]. 柴彦威,张景秋,等译. 北京:商务印书馆,2005:44.
②　陈映芳. 城市与市民的生活[J]. 城市管理,2005(4):16-18.
③　根特城市研究小组. 城市状态:当代大都市的空间、社区和本质[M]. 敬东,谢倩,译. 北京:中国水利水电出版社,2005:107.

种根本性的十分奇特的逆转："城市现实"和"传媒文化"好像交换了位置。"现实变成了人造的、一种由新的工业程序所造成的商品和建筑的幻觉效应，而现代城市不过是这些物品的增加。这些物品的密集化就出现了建筑物和消费品的人造景观，而且与以前的自然景观一样无所不包。"①近20年来，中国城市空间发展更是进入前所未有的快速扩张期，几乎所有城市都采用了一种视觉叙事的方式，在满足商业性旅游者的过程中，以想象中设计精良的城市景观为母体，将城市的历史古迹、现实生活技巧性地同舞台文化结合起来，从而使得今天的城市变化和城市记忆越来越不反映在值得纪念的物质实体上，而是更多地体现在个体记忆和媒介记忆中。城市是依据媒介文化的期待样式建筑起来，是媒介文化的另一种状态的真实呈现。正是在这种意义上，有人说："迪士尼公司堪称美国的城市实验室。"②

城市与各种生态因子的有机互动产生了一股强大吸力。这就是全世界的大众媒介都集中在城市，尤其是集中在大中城市和"超大城市"的重要原因。除了战争年代，媒介一般不会办在农村和山区。比如在纽约、伦敦、巴黎、东京、上海等"全球城市"和在北京、莫斯科、渥太华、新德里、罗马、曼谷、里斯本、维也纳等"首都城市"，就都群集了全世界的和本国的最重要的大众媒介。同时，各国行政区域的划分也制约着媒介的地理分布。在中国各省市自治区的省会城市就聚集了大量媒介，有实力的报业、出版、广播影视等媒介集团基本上都集中在副省级以上城市，而地级城市和县级城镇只分布了一些较少的和较小的媒介。如果仔细分析中国的"媒介地形图"，我们会发现各种各样的出版集团、报业集团、广播电视电影集团、网络与新媒体公司以及各种广告和影视制作公司等，基本上都集中在沿海开放城市。"这种媒介地形图说明，东部发达的经济基础、丰厚的文化积累、众多的优秀人才和巨大的受众数量，客观上为媒介提供了丰富的资源。"③

然而，不论是传统的小尺度的"步行"城市，还是现代的大空间的"景观"城市，它作为思想、知识、信息的生产基地和传播基地，作为人类精神领域里

① Buck-Morss, Susan. Der Flaneur, der Sandwichman und die Hure. Dialektische Bilder und die Politik des. MüBiggangs[M]. In Norbert Bolz and Bernd Witte. *Passagen*. München: Fink, 1984:213.

② 根特城市研究小组.城市状态：当代大都市的空间、社区和本质[M].敬东,谢倩,译.北京：中国水利水电出版社,2005:109.

③ 邵培仁.作为最新研究视野的媒介地理学[J].媒介方法,2006(1):56.

的"发电厂"和"加油站",作为人类社会交往的巨大发动机,其地位和功能不仅没有改变,而且随着传播科技的不断进步而日益突出。从街谈巷议、广场演讲、游行示威等传统传播形态,到图书、杂志、报纸、广播、电视、电影、网络、新媒体等现代传播形态,这一演变过程显示出现代城市正在向信息城市、知识城市、智能城市发展,媒介的形貌和内容也正在由广适性受众(eurytropic audience)向狭适性受众(stenotropic audience)的生态方向演变。

在日常生活中的任何一天,你随意翻阅任何一份报纸、一本杂志,任意收听一家电台或收看一家电视台的节目,你都会立即被大量的城市信息所淹没。现有媒介中涉及"农"字的内容很少。"三农"问题是中国媒介难以面对和解决的难题。不仅如此,其传播形式和审美趣味也是适应和迎合城市市民的,而不是针对农民的。随着媒介市场化进程的进一步加快,媒介城市化的进程将进一步加速。坐落在城市中的"大众"媒介必将进一步演化为"小众"媒介,也就是说它正在由为城乡大众服务的媒介演化为城市媒介、市民媒介。媒介内容与形式的城市化和市民化,是当代大众传播媒介的一个重要特点。

媒介产品的生产者和传播者一般都生活在城市,这也决定了媒介内容与形式的城市化和市民化。如果媒介产品的生产者和传播者是有知识、有文化、懂传播的城市市民,那么他会热衷于生产和传播什么样的信息产品呢?这是不言自明的。何况,根据接近性的新闻价值标准,新闻媒介和新闻记者也会特别关注身边的、近距离的新闻,而忽视或不太重视远距离的特别是远在农村或山区的新闻;根据信息收集和产品生产的难易程度,人们也趋向于就近在城区收集新闻和娱乐信息,生产和加工媒介产品,事实上城市也是新闻发生的密集区。总之,传播者的地域特点决定了媒介的城市特质。

媒介所在地的受众素质、数量和资源取向等,也影响着媒介的生存与发展,决定着它的形态和特点。全世界的大众媒介之所以都集中选择在城市,除了城市能提供丰富的人才资源、信息资源和财力资源之外,还有一个重要的原因,就是城市受众大都受到过良好的教育,有较高的文化素质和阅读水准,有稳定的收入,人口量大而又集中,这在客观上为媒介的生存与发展提供了丰富的受众资源、广告资源。大量城市受众的上述特点集中在一起会形成强大的磁场效应,新闻媒介被磁吸而将城市市民作为主要的传播对象,这是很自然的。值得担忧的是,农民甚至郊区人群会被媒介进一步推向传播生态的边缘,而沦落为大众传播中的弱势群体,进而可能为社会混乱和族群冲突留下祸根。

20 世纪城市发展最突出的特点之一是"城市带"（megalopolis）的出现。媒介在城市的集群会产生巨大的能量，但是，如果城市在一定区域内集群形成城市带，形成与城市带相关的媒介集群和能量积聚，那将会在媒介生产和文化传播方面产生无比巨大的能量，进而会对整个区域甚至于全国和全世界的传播格局和文化建设产生巨大影响。

在中国有两大城市集群区，即长江三角洲和粤港澳大湾区城市集群区。如今，长江三角洲城市带和粤港澳大湾区城市带，已经发展成为与美国东北部大西洋沿岸城市带、北美五大湖城市带、日本太平洋沿岸城市带、欧洲西北部城市带和英国伦敦城市带并列的世界大型城市集群区。长江三角洲城市带包括上海市、江苏省、浙江省、安徽省，共 41 个城市，形成了以上海为核心的城市带联合集群发展的态势；2020 年，长江三角洲地区生产总值 24.5 万亿元；常住人口城镇化率超过 60%，以不到 4% 的国土面积，创造出中国近 1/4 的经济总量，1/3 的进出口总额，是中国经济发展最活跃、开放程度最高、创新能力最强的区域之一。① 粤港澳大湾区城市带包括香港特别行政区、澳门特别行政区和广东省广州市、深圳市、珠海市、佛山市、惠州市、东莞市、中山市、江门市、肇庆市，是中国开放程度最高、经济活力最强的区域之一，在国家发展大局中具有重要战略地位。

两大城市集群区发达的经济、强劲的活力和优越的区域生态，为城市媒介的发展提供了丰富的资源和强大的支撑，可以确保媒介产品有比较高的水平和质量，使人才资源、信息资源、广告资源和受众资源等四大资源能产生良性生态循环，也为媒介集群进一步改革、发展、繁荣提供了强大动力。

第四节　媒介集群的功能和原则

媒介集群是指在一定时间内生存和坐落于特定区域或环境内的各种媒介实体所形成的集合体。在这一区域内，各种媒介之间由于媒介人员交流、信息互动、资源互换、自由竞争以及特定地域的历史文化、风俗习惯和政治经济生态的影响，会形成自己的地理优势、传播特色、媒介形态和特殊功能。

中国媒介要充分发挥和合理利用在一定区域内的媒介集群优势和功能，就需要主动加强媒介产业领域的合作与交流，互相取长补短，争取互利共赢。

---

① 陆健，柯溢能. 长三角：打造全国强劲增长极. 光明日报，2021-11-07(2).

长江三角洲和粤港澳大湾区城市媒介集群在媒介融合、资源整合方面已经进行了一定的探索，取得了一定的成绩，积累了一定的经验，为媒介集群提供了良好的范例。例如，文化行政管理部门共同签署区域内文化市场合作与发展意向书和文艺演出市场合作与发展实施意见等合作性文件；区域内文化厅厅长举行联席会议，签署关于加强文化产业合作的协议，进一步拓宽文化产业合作领域；区域内城市报纸探讨合作，签署区域内主流大报发展联合体合作意向，实行四大资源共享；区域内城市广播电台签署协议，成功搭建信息资源共享平台。这些合作传达出媒介产业跨区域整合的强烈信号，为丰富媒介集群合作的项目，提高合作的层次，增强合作的成效打下了良好基础。

为加强中非媒体合作，中央电视台国际视通（CCTV＋）于 2013 年搭建面向非洲媒体的新闻内容服务专线——"非洲视频传输渠道"（Africa Link），为签约非洲媒体提供央视的视频新闻内容及重大事件的直播信号，吸引非洲国家的主流广电媒体加入。在 2016 年"第三届中非媒体合作论坛"上，中非媒体将"非洲视频传输渠道"Africa Link 升级为"非洲视频媒体联盟"（Africa Link Union），首次实现内容互动和共享，成为中非各国媒体合作新机制和新平台。截至 2018 年，这一集群性的中非媒体合作平台已拥有 19 个非洲国家的 22 家媒体成员。[①]

2021 年 11 月 29 日法新社布鲁塞尔电：今天法新社、埃菲社、欧洲新闻社等欧洲 16 家通讯社将联合运营一个欧盟出资组建的"欧洲新闻编辑部"。这个新闻中心将设在布鲁塞尔，欧盟委员会将为其运营提供资金。法新社说："这些新闻机构大多集中在一个地方，这样它们就能够分享所有欧洲问题的信息，联合要求采访"。新闻联盟（ANA）、亚洲—太平洋广播联盟（ABU）等专业性、非营利性的、非政府机构的组织或协会这些都是一种跨国新闻集群的尝试，能否成功，我们拭目以待。

一、集群功能

媒介在时间和空间上的相对集中、积极交流和主动合作，往往具有很重要的地理优势和集群功能。

1. 磁吸与集聚功能。媒介集群像吸力巨大的磁铁一样，对特定区域内外

---

① 央视网."中非媒体合作论坛"推动"非洲视频媒体联盟"发展壮大［EB/OL］.（2018-06-27）［2021-08-30］. http://news.cctv.com/2018/06/27/ARTIJc9kaX9noEIB6RzF4ItJ180627.shtml.

的人财物和信息等各种资源有很大的内聚力和吸引力,会在媒介集群区域内形成大量的信息集聚、知识集聚、广告集聚、技术集聚、人才集聚、权力集聚。媒介集群的磁吸与集聚功能可以通过行业协会来表现,也可以通过产业食物链、媒介融合、企业重组、产业兼并来实现。

2.整合与互助功能。媒介集群对特定区域内各个个体之间的关系起到整合、协调、互助和制定规范、促进良性竞争的作用。当本地或本国媒介遇到强大的外来媒介集群的袭击和竞争时,个别媒介或离群媒介很容易被凶猛的袭击者、竞争者所捕食,而通过行业协会、产业食物链和产业集团组织起来的媒介集群则可能立即集结成群,进行互助和防卫。

3.优化与改善功能。据说,南极企鹅在冰天雪地的繁殖基地的集群能改变群内的温度,并减小风速;昆虫的大规模集结甚至能使周围的温度、湿度条件相对稳定。古人说,"千人之众无绝粮,万人之群无废功"(《文子·下德》);"人众则食狼,狼众则食人"(淮南子·说山训)。媒介集群能优化媒介环境,改良媒介气候,整顿媒介纪律,淘汰媒介杂质,简化交易手续,降低运营成本,提高媒介管理效益。

4.抵抗与竞争功能。据说,鱼类在集群条件下比个体生活时对有毒物质的抵御能力更强,因为鱼类集群分泌的黏液和其他物质可能有效地分解或中和了有毒物质。媒介集群不仅能有效提升媒介竞争力和影响力,增强媒介品牌效应和创新功能,放大媒介能量,促进媒介发展,而且能有效防御"自然灾害",抵抗入侵媒介,维护媒介生态。

总之,充分发挥和合理利用媒介集群的四大功能,既有利于中国媒介加强团结、增强活力、集聚能量,也有利于中国媒介优化媒介环境,整顿媒介秩序,提高对外来媒介恶性竞争的抵抗力。

二、集群的原则

任何媒介要在产业集群中形成自己的竞争优势和传播特色,还需要强化和坚持下列原则:

1.立足当地,根植本土

不论是全国媒介还是省级媒介、地市媒介,也不论是印刷媒介还是电子媒介、网络媒介、新媒体,要想占领和覆盖全国市场或本省、本地市场,都需要嵌入当地,根植本土,将媒介所在地——城市作为自己退可守进可攻的堡垒,在牢固守住自己媒介所在地的城市市场的基础上,再进一步向外拓展,建立据点,加强纵深,拉开战线,重划势力范围,改变游戏规则。否则,它也不可能聚集足够的能量对内用功、向外发力。①

2.发挥优势,营造特色

没有特色,就容易被模仿、被取代,也就没有优势,没有竞争力和品牌效应。因此,特色是媒介生存与发展的生命线。要发挥优势、营造特色,媒介首先要在当地悠久的历史文化中挖掘资源,用传统文化之水浇灌当下媒介之壤、培育媒介信息之花,充分发挥历史优势;其次要将媒介生态系统的资源与当地生态系统资源进行有机联结,资源互补,努力发挥本地优势;再次,要将自身优势与其他优势相互融合、相互补充、相互合作,大力营造媒介品牌和传播特色。

3.加强协调,形成合力

在当今世界,媒介市场也不是早期人们所想象的那种你死我活的争斗场,而是由各种相互联系的共生要素组合在一起的生态系统。因此,在制定媒介发展战略和规划时,就要将媒介集群内众多关联性的媒介、资源与环境看作一个相辅相成、密不可分的整体系统,而后通过行业协会、产业食物链、产业集团或市场纽带对各种生态因子、传播要素和媒介资源加以科学协调、合理配置,从而形成对外竞争的合力。

4.共存共生,互惠互利

这种原则强调人与媒介之间、媒介与媒介之间、媒介与社会之间共商共建、互帮互助、共存共生、互惠互利的"共赢主义",寻求建立在"竞争中合作、在合作中竞争"的新型"竞合关系";不主张将市场当战场、将对手当敌手,欲置对方于死地而后快。在媒介生态日益复杂的当下,不论是作为个人还是作为媒介,如果想靠离群索居式的单打独斗来赢得市场并保持不败,是非常不现实的,事实上也是不可能的。用生态主义的观点来看,凡是没有进入集群并纳入整体互动系统的不太复杂的单一媒介,不仅容易被强大的袭击者所捕食,"而且更为复杂的形式会消灭不太复杂的形式",因为"不太复杂的形式不容易与更为复杂的形式在同一个生态环境中共存"。② 遵循共存共生、互惠互

---

① 邵培仁,等. 文化产业经营通论[M]. 成都:四川大学出版社,2007:141.
② 巴克斯特. 生态主义导论[M]. 曾建平,译. 重庆:重庆出版社,2007:25.

利的集群原则,意味着媒介生态会生成和拥有系统性、全面性、互助性的抗风险、抗打击的机制和能力。

5. 生态绿色,柔韧应对

"绿色、友好、平衡、循环"是媒介生态学研究的根本目标和基本追求。生态绿色蕴含着媒介经济与生态的良性循环,意味着人、媒介与自然的和谐平衡。一方面,经济要环保,经济发展必须以保护环境和生态健康为基本前提,不能以牺牲环境为代价;另一方面,环保要经济,要从环境保护的活动中获取经济效益,实现"从绿掘金"。"绿水青山,就是金山银山。"媒介要能适应媒介集群内快速、连续的市场和条件的变化,又能承受媒介集群内各种激烈竞争带来的巨大冲击和风险,除了要加强品牌建设、特色传播、整体互动之外,还要以绿色生产、绿色产品、绿色传播、绿色营销、绿色消费贯穿整个媒介生态系统,通过生态绿色赢得受众的好感和信赖;还要以一种富有灵活性、柔韧性和对环境友好良善的媒介经营战略和信息传播策略,来化解媒介市场竞争的风险,应对市场竞争的复杂性,让媒介生态平衡发展、良性循环。

同产业集群一样,媒介集群要有效成长、发展,并形成竞争力,还需要有以下条件作为基础:一是以政府支持营造良好的生态环境;二是以人才供给集聚强劲的发展动力;三是以诚信合作实现共生共存、共享共赢;四是以服务支持提供媒介发展保障。同时,国家职能部门不仅要鼓励和支持城市带众多媒介加强相互间的交流与合作,建立良性竞争模式,还要鼓励和允许城市带媒介集团与外国媒介集团逐步开展各种形式的合作,在不损害国家根本利益的前提下分享媒介全球化所带来的成果。

第七章

传播环境生态

马克思写道:"人创造环境,同样环境也创造人。"①环境是指生态系统中生物有机体周围一切要素的总和,包括生物体生存空间内的各种条件。在媒介生态学里,环境是指人生活在其中的并给人以直接或间接影响的一切境况和条件,是构成"分子—种群—集群—环境—系统""生态金字塔"的重要层级。环境总是针对某一特定主体或中心而言的,即它必须有一个特定的主体或中心,离开了这个主体或中心也就无所谓环境。在媒介生态学看来,世界上不存在绝对孤立、封闭的传播活动,所有影响媒介种群生存发展的生态因子都可被视作媒介环境。任何传播活动必然要以某种形式处于一定的环境之中,而一定的环境因素也必然以某种方式影响、规定、制约着人类的传播活动。

人类每时每刻都在根据自己的目的和需要改造着环境,而环境也按照它所固有的形貌、准则和文化塑造着每一个人。因此,我们不仅要正确认识和理解环境的特性、形貌及其对传播活动的作用,而且要知道创造和营建怎样的环境才有利于提高传播效果,保持良好的媒介生态。

第一节　传播与生态环境的关系

弄清客体与环境的关系,大概是研究者正确、全面地认识这一客体(研究对象)的最常见的、最富有成效的途径之一,因为客体的具体存在总是这样或那样地依赖于它周围的条件和前后的关系,或者环境。同样,如果不谨慎地对待环境这个概念,不从环境中区分出传播的所有属性,那么谈论传播是没有意义的。

---

① 马克思,恩格斯.马克思恩格斯选集(第1卷)[M].北京:人民出版社,1972:43.

一、传播对生态环境的依赖

传播活动必然要依赖一定的环境来存放,或者说,它必然要以某种形式存在于一定的生态环境之中。德弗勒和鲍尔-洛基奇认为,如果撇开环境,单纯地孤立地观察各个具体媒介,那么观察再细致,也无法理解当今社会大众传播系统的整体,因为媒介的历史大于其各个部分之和,任何媒介的产生和发展都深深地植根于一系列独特的社会、经济和政治环境之中。① 为什么报刊媒介在将近一个世纪中一直发展缓慢?为什么电影经过快速发展之后又跌入低谷?为什么电视、电脑能很快席卷全球?这都与环境的特点和状况有关。今天的大众传播已成为我们的体制结构的一个中心部分,即既是政治体制、经济体制的一部分,又是文化体制、教育体制、家庭体制的一部分。媒介的生存与发展已经无法抗拒生态环境对它的全面渗透。

传播活动不是某种抽象的、纯粹的存在,它总是以具体的形貌或质的规定性存在于一定的生态环境之中。因此,要对传播活动进行描述和分析,就需要先了解生态环境。传播与生态环境不可分离。"原子,如果不在一定的物理条件下,就不能保持自己的结构";"如果使人在幼儿的某个时刻突然处于社会环境之外,人的存在也将丧失形成完整的人类个性的可能性"。所以,从科学研究的角度看,"客体(研究对象)的某些属性例如速度的存在,在不考虑'参照物'(环境)时,就不能加以研究和描述"。② 但是,客体与环境又是有区别、有间隔的,各自独立的。间隔与融合、独立与统一的矛盾,反映在传播与环境的关系中,具体表现为:传播与相应的"内部"环境是融合、统一的,而对于"外部"因素又是独立的、有间隔的,即既有依赖性又有独立性。

生态环境既是人类的栖息地,也是人类进行传播活动的基础和条件,是媒介生存和发展的各种生态因子的总和。环境作为人类进行传播活动的"场所"和"容器",传播活动既在它里面"表演",也在它里面存放和发展,生态环境对传播起着维护和保证的作用。K. E. F. 沃特(K. E. F. Watt)甚至认为(1972),环境是生物的资源。他认为,周围环境对生物的生长、发育和繁殖有影响的因素就是资源,是五大变量即物质、能量、空间、时间和多样性的结合

---

① 转引自:邵培仁.传播学[M].北京:高等教育出版社,2000:234.
② 拉扎列夫,等.认识结构与科学革命[M].柳延延,王炯华,译.长沙:湖南人民出版社,1986:68-74.

体。因此,环境的缺失和剥夺,不仅直接影响、制约着媒介产品的生产者、生产过程及其质量,而且直接关系到媒介产品的营销、扩散和消费。研究表明,当作者处于一个拥挤、嘈杂、混乱、污浊的环境之中,其思维和编码亦呈现出某种类似的特征;当读者处于混乱的文化环境(风俗习惯不同、语言符号各异等)和恶劣的接受环境(教室和桌椅破旧,编码序列不适当、无组织,噪声干扰)之中时,会导致其知觉辨别不良,出现理解偏差,阻碍智能发展。正因为传播对生态环境具有很大的依赖性,所以一旦条件允许,媒介组织或传播者个人就会重视生态环境建设,努力营建一种有利于生产者生活、能提高文本质量和传播效果的生态环境。

二、生态环境与生态因子

生态学认为,生态因子(ecological factor)是指生态环境中对生物生长、发育、生殖、行为和分布有直接或间接影响的环境要素,它包括气候因子、土壤因子、地形因子、生物因子、人为因子等。在媒介生态研究中,媒介生态因子作为媒介生存与发展的环境要素,作为媒介生存与发展不可缺少的环境条件,除上述五类生态因子之外,还有政治因子、经济因子、文化因子、信息因子和科技因子等。这些媒介生态因子不是单独的和封闭的,而是集群的和开放的;也不是个别的独自发挥作用的,而是相互联系并共同发挥作用、释放效能的。也就是说,单独的生态因子构不成环境,只有很多生态因子的集聚才能共同组成进行传播活动的基础和条件,成为媒介生存和发展的各种生态因子的总和。因此,从某种意义上讲,环境就是各种生态因子的总和。

既然媒介对生态环境具有较大的依赖性,那么生态环境和生态因子就必然要对媒介产生影响和作用。因此,如果我们要对生态环境和生态因子在传播过程或媒介运作中产生的作用进行总结,通常可以根据环境生态学原理归纳出四种作用:

一是整体综合作用,即生态环境和生态因子是以一个相互联系、相互影响、互惠共生、协同演化的整体共同对人类或媒介发挥一种综合作用的。生态环境作为传播活动的存在所特有的条件的总和以及一个统一的整体的系统,以一种无处不在、无时不有的形式,既与传播表现为构成统一体的共轭范畴,又对传播施加一种比较客观、公正的整体综合的影响和作用。

二是主导因子作用,即在对人类或媒介发挥作用的过程中,生态环境和各种因子都有其不可替代的作用,但在一定条件下,其中必有一两个是起决定性作用的生态因子——主导因子,而政治、经济和科技等因子则经常成为主导因子。例如,在媒介创办初期,经济因子经常是主导因子;进入繁荣昌盛时期,政治因子经常是主导因子。

三是间接因子作用,即不直接影响传播主体和媒介运作,但是能通过影响直接因子来施加影响的生态因子(即间接因子),其作用虽然是间接的却是十分重要的,因为它直接支配着直接因子的能量,而且持续时间长,作用范围广,发力强度大,有时甚至构成媒介的地区性差异或国别性差异。例如,在中国,地形、地势、海拔高度、交通状况等间接因子,就形成了与自然地理西高东低的地形完全相反的媒介地理东高西低的地形图,即大型媒介和大型媒介集团基本上都集中在沿海开放城市。

四是潜在渗透作用。生态环境和生态因子很少以一种明显的、突进的和聚合性的方式对传播活动和媒介产生作用。孔子说,"性相近也,习相远也",即人的性格相近,由于习染不同,时间一长便相距甚远。俗语"近朱者赤,近墨者黑"说明了不同的生态环境对人的影响也不同的道理。"囊萤照读""凿壁偷光"的传说,更说明人对良好环境的选择和追求总是积极主动的。古代曾有"孟母三迁",她先从"其舍近墓"到"迁居市旁",又从身居市旁到迁居"学官之旁",最后终于使儿子孟轲在良好生态环境的影响下成为著名学者。这个传说既反映孟母对传播环境作用的朴素认识,也表明适宜的传播环境确实有助于提高学习效果,促进人才的成长。

传播环境是指存在于传播活动周围所特有的情况和条件的总和。在这种情况下,传播与环境表现为互动互助、相辅相成、共进共荣的互制关系。就是说,理想的环境有助于提高媒介产品质量,增强市场竞争力;有助于提高传播者和受传者的积极性和主动性,吸引和培养优秀人才;有助于提高传播和接受效果,赢得社会效益和经济效益。相反,恶劣的环境则可能破坏传播活动。因此,高明的媒介领导者、传播者或受传者,总是积极地营造和选择适宜的理想环境,以充分发挥环境作用的正面效应。

不过,我们必须指出,生态环境虽然在传播活动中起着某种决定性的作用,但并不意味着它可以机械地决定传播活动的成败和效果。不论是传播者还是受传者,他们都不是简单消极地、被动地接受外在环境的影响,而总是积极地、主动地对环境的影响加以鉴别、选择、转化,甚至抵制。因此,尽管不同的生态环境对传播有不同的影响,但相同的生态环境对传播的影响却不一定相同。生态环境不会自觉地、主动地、有目的地释放自己的能量,但会在复杂的互动中产生影响。

第二节　传播环境的特性与类型

一、传播环境的特征

传播环境是传播活动赖以进行的多种条件和状况的总和,也是一张无形的控制传播效果的网络。对它进行全面观照和审视,可以归纳出如下五个特征:

1.无限性

环境系统的本质在于各种生态因子之间的相互作用、互惠共生、协同演化过程。传播环境没有起点也没有终点,没有中心也没有边际。蚁穴之微,宇宙之大,只要它成为存在于某一传播活动周围的能产生一定影响的情况和条件,都可构成传播环境。传播环境不仅指人类传播的外在地理环境和物理环境,还包括内在心理环境;不仅指现时传播者编码、传播的多种情况和条件,还包括万里之外受传者接受信息的环境状况。总之,传播环境无边无际、无微无著、无始无终,具有空间上的无限性。

2.开放性

传播环境没有"围墙"也没有"大厅",信息传播不要"签证",自由出入。首先,传播环境对多种信息传播活动或事物具有广泛接纳性,即在同一环境内可以包容各不相同的信息或事物,也可以进行各不相同的人类活动(生产活动、传播活动、娱乐活动等);其次,它表现为对多种事物或传播活动的普遍辐射性,即它会持续不断、一刻不停地自发地向外输出具有影响的能量;再次,它表现为媒介系统内部与外部在影响上的"通透性"或信息上的沟通性。最后,传播环境与传播主体不断有物质、能量和信息的流进和输出,保持某种整体上的互动、平衡和循环。这四点结合起来,就形成了传播环境的开放性特点。

3.差异性

传播环境形形色色,千姿百态。在人类的传播活动中,人找不到绝对相同的传播环境。一些貌似相同的环境,实际上仍然存在着许多差异。即使两家媒介按照相同的图纸建造和装修大楼,这相同的物理环境也无法导致相同的文化环境和媒介环境。各种环境总是相互渗透、相互重合的。当传播者试图"划定"一块空间作为自己的活动环境时,说不定它正是另一更大环境的一部分;而这一更大环境,又可能被另一还要大的环境所分割。传播环境无法拒绝多种自然的、社会的、文化的和政治、经济条件的介入,这也是生态环境千差万别的原因之一。

4. 相关性

生态环境和生态因子必然要不断地与一定的有机体或主体活动进行物质与能量的交换,发生相互依存、相互关联、互惠共生、协同演化的关系。作为传播环境,它是传播与环境有机结合的统一体。一方面环境向传播主体提供其生存与发展所需要的物质和能量,使传播主体不断受到环境的作用;另一方面传播主体又通过不同途径不断地影响和改造环境。传播主体一时一刻也不能脱离环境而生存与发展,传播活动也不能凭空地、不需要空间和条件地进行。传播环境应与一定的传播活动相关。若干研究表明,传播环境对传播活动的影响程度,同它们之间的相关程度成正比,即它们之间的关系愈密切,环境的影响力愈大;其关系愈松散,环境的影响力愈小。

5. 影响性

环境是个无所不在的磁场,其纷繁复杂的影响力存在于传播活动的周围和过程之中,无人能够摆脱。"环境对人类的传播行为的影响带有多方面的性质。这种多面性是由环境的宽广性、传播行为本身的复杂性以及两者的互感、互动所引起的。"[1]因此,环境对传播活动的影响可能与传播目的一致;它对传播者和受众的影响可能是积极的、正面的,也可能是消极的、负面的;它对媒介产品的生产与行销可能是有利的,也可能是不利的。总之,对生态环境的影响性一定要十分重视,并予以科学优化和合理控制。

二、传播环境的类型

生物环境是一个复杂的系统,至今还没有形成统一的分类体系。有的依据环境范围的大小,将环境分为宇宙环境、地球环境、区域环境、微环境和内环境。有的依据环境的性质,将环境分为自然环境、半自然环境和社会环

---

① 戴元光,邵培仁,龚炜. 传播学原理与应用[M]. 兰州:兰州大学出版社,1988:325.

境。① 传播环境同样具有宽广的、复杂的结构和形貌特点,根据不同的标准,我可以将其划分为不同的类型进行分析研究。

1. 大环境与小环境

这是依据生态环境的伸展面所做出的分类。所谓大环境,是指同传播活动有关的各种状况和条件分布在较大的空间或领域。小环境则是指紧贴传播活动周围的那些关系密切的因素和条件。

从空间上看,大环境包容、笼罩着小环境,小环境融合、渗透进大环境。其内容既相互交叉、重合,又相互区别、分离。它们像大小不等的同心圆,传播活动位于圆心,小环境离圆心最近,大环境离圆心较远。它们又像一种圈层结构,小环境与大环境是一圈套一圈地分布在传播活动的四周的,而传播正是在这种层层叠叠的环境氛围中进行的。

从生态环境因素看,虽然大环境和小环境中包含着众多的政治、经济、文化、科技和自然条件等因素,但小环境较多地强调物理环境(如书房环境、办公环境、制播环境)和媒介环境(如媒介声誉、集体精神、干群关系),大环境较多地强调社会环境(如社会稳定、经济繁荣)和文化环境(如国民素质高,文化气息浓)。传播者往往首先要求有好的小环境,接下来则希望有好的大环境。如果大环境不佳但小环境好,他仍会安心工作;相反,大环境好而小环境恶劣,他就会产生"离异之心"。所以,媒介领导者一定要花力气建好小环境。

从作用方式看,这两种生态环境对传播活动都会产生重要影响,但其作用方式不同,影响力大小不等。通常,小环境对传播活动的作用是直接的显性的,释放出来的能量较大;而大环境对活动主体的作用则是间接的隐性的,影响力不是很大。但是,如果大环境中的某些生态因子与小环境中的某些生态因子产生共振,引起共鸣,那么它也会转化为显性的直接的影响力;而某些普遍性的小环境因素,天长日久也会转化为隐性的间接的影响因素。

总之,不论是小环境还是大环境,它们都是影响传播活动的重要因素,都应引起媒介领导者或传播者、受传者的高度重视。

2. 硬环境与软环境

硬环境和软环境,是依据传播活动参加者的感受所做出的分类。所谓硬环境,是指由传播活动所需要的那些物质条件、有形条件之和构筑而成的生

---

① 蔡晓明,尚玉昌. 普通生态学(下册)[M]. 北京:北京大学出版社,1995:52-53.

态环境。所谓软环境，是指由传播活动所需要的那些非物质条件、无形条件之和构筑而成的生态环境。

就存在形式来说，硬环境是一种物质环境，软环境是一种精神环境。作为物质环境，它被限定或固定在一定的地理位置上（如湖畔的出版大厦，山顶的发射塔）和人为的具体的物质空间之中（如大礼堂、会议室、演播厅）。它独立于人们的意识、体验之外，具有静态的和硬性的特征。作为精神环境，它反映了社会风气、媒介管理、群体风貌、生活状况、信息交流等情况。它是一个被人体验和意识的世界，具有动态的和软性的特征。

就条件准备来看，由于硬环境是存放、容留传播活动的由有形物质条件构成的空间和场所，其重要性、紧迫性容易立即呈现出来，因而引人瞩目、容易得到重视；而软环境是围绕、弥漫在传播活动四周的由无形的精神因素构成的境况和气氛，其重要性、影响力是缓慢呈现的，因而容易被人忽视。另外，硬环境的需求比较具体、明确，一旦满足即可看到成效；而软环境的需求往往比较模糊，难以量化，即使付出代价也难立即看到效果。这也是人们忽视软环境建设的一个原因。正是在这些情况下，我们希望人们在重视硬环境建设的同时，千万不要忽视软环境的建设。否则，不仅传播活动在硬环境中获得的良好效果会消失在软环境之中，而且会由于能量内耗而导致两种生态环境都产生负面效应。

3. 行为环境与心理环境

依据传播活动中人类身体内外的情况，生态环境可以分为行为环境和心理环境。

行为环境是指由人类身体之外的种种行为或活动所组合而成的影响传播的情况和条件。心理环境是指由人类身体之内的种种心理活动所构成的情感状态。

行为环境还可分为宏观行为环境和微观行为环境两种。宏观行为环境反映了较大区域（如国家、省辖区域、民族集中居住区、城市等）内价值观念、文化习俗、宗教信仰、人口素质、人群关系、生活水准等社会状况。它能决定大众传播媒介的规模、形态和媒介产品的内容、形式，因而对传播活动具有规范、控制、调节的功能。所谓微观行为环境，是指在相互接近的一群人（如报社、新闻部）之间共同形成的有一定约束力和规范性的行为准则、纪律制度以及相互信赖、和睦共处的气氛等综合情况。这些综合情况表现在传播活动中,不仅能决定传播者说什么、怎样说,而且能决定受传者听什么、怎样听和怎样做。今天,随着信息社会的来临和大众传播对生活的全面渗透,人类已经无法摆脱行为环境的影响和制约。

心理环境与行为环境之间的关系,既十分密切,又有区别。心理环境是在行为环境中形成的,是某种行为环境的内化;而某种行为环境的出现(如揭露某些社会腐败现象),可能又是某些心理环境的集中反映。这样,喜悦、愤怒、悲哀、痛苦、怜悯、欢乐等情感因素构成的心理环境,就必然要对信息传播及其成效产生一定的影响。

在传播过程中,不论是传播者还是受传者,总是力求保持内心的平衡、和谐和愉快,竭力抑制、摆脱那种倾斜的、矛盾的和悲苦的心境。传播心理学的研究表明:传播活动中的任何一种与该活动有关的愉快的情绪体验,都能使这种活动强化,产生良好的效果;而不愉快的情绪只会抑制这种传播活动。古人云:"忧者见之而忧,喜者见之而喜。"传播活动的参与者一旦形成愉快的心理环境,他不仅会给媒介及其产品一个高于实际的主观评价,而且会给行为环境也抹上一层瑰丽的主观色彩,进而对自己所参与的传播、接受活动予以进一步强化。相反,如果他出现不愉快的心境,那么他就会给本来不错的外在环境主观地涂上灰色,对该活动给予较低的评价,并进而抑制或削弱参与的积极性。

但是,一个人心理环境中特殊能量的释放、辐射,并不是有目的的和有针对性的,而是具有遭遇性、碰撞性和弥散性的;不是必然的而是偶然的。在这里,我们需要反复提醒媒介领导者和传播活动参与者:营造和构筑良好的心理环境,对于优化传播活动、提高接受效果,都是至关重要的,千万不要因小而失大。

下面,我联系实际对具体的地理环境、物理环境和媒介环境、社会环境做重点分析,以便人们正确地认识它、了解它们,进而更科学地利用它们。

第三节　地理环境与物理环境

地理环境和物理环境的共同特点是:(1)它们主要由物质构成,即由有质地、形状、重量的具体而实在的物质实体构筑而成;(2)它们基本上是硬性的,给人的感觉是可见、可触、可感的存在;(3)它们是静态的,一般较少变化、移动。它们的不同点主要表现为:地理环境是一种自然环境,物理环境是一种人工环境。

一、地理环境

地理环境是指人类生存和发展所依赖的各种自然条件的总和,包括天体、气候、地质、地貌、水文、生物等,它们彼此联系、相互作用并在协同互动中产生有序生态。这里主要是指构成同人们生活和传播活动有关的自然条件的那一部分,而不是指整个无限的自然界。

人总是生活在一定的地理环境之中,地理环境是人类赖以生存和发展的物质基础。没有这样的物质基础和活动空间,人类无以为生,无从发展。因此,人类不仅无法割断与地理环境的密切联系,而且也无法摆脱地理因素对人类行为的制约和影响。作为人类的传播活动,地理环境中的种种情况和条件必然要或多或少地直接或间接地制约和影响着它的过程和成效。

第一,特定的地理生态产生特定的媒介形态。人类的生存和传播活动,都要受到一定的地理环境的影响。生活在森林中的原始人类能够就地取材,在树叶、树皮上写字,后来则在木片或竹简上刻字;生活在河网湖区的祖先们则学会了通过苇叶写意传情;而生活在广阔沙漠上的人们要将一则信息传送到远方就只有通过"泥版书";还有我国商代的甲骨文,周代的"青铜器铭文",春秋战国时期的玺印、货布、陶器等文字,以及相传的秦以前的"古文";约公元前 3000 年在古埃及出现另一种原始、古老的图书——纸草书卷,约公元前 8 世纪中东地区的帕加马人发明的"羊皮书卷"等,也都是在特定地理环境中产生的特定的符号和媒介形态。

第二,不同地理环境中的人具有不同的传播特点。人类是在一定的自然地理环境中生存和发展的,因此人类的物质和精神形态包括传播和文化等活动,都存在着明显的地域差异。长期生活在热带的人群,具有暗黑色的皮肤,能保护皮肤免受日光的灼伤;卷曲的头发,能防止头部被晒得过热;宽鼻、厚唇、大嘴巴,便于散热;他们用来描述炎热状态的词汇特别丰富。长期生活在寒带的人群,身材魁梧,具有高窄的鼻子,使冷空气较慢地进入气管和肺部;肤色浅白,以防冻伤;据说因纽特人用来描写雪花形变的词有近二十种。同样,传播作为人类的活动,也是人性和生活的建筑材料。其实当我们说"字如其人""文如其人""传如其人"时,也等于在说"传如其地"。音乐地理学告诉我们,渔歌、牧歌、秧歌、山歌等,就既是唱歌人面貌和人格的本质反映,也是其自身所处的地理环境的真实写照。①

第三,地理环境制约着媒介人才的聚集,媒介场所的建设以及信息的质量、数量和特色。"山林者,鸟兽之居也。山林茂而禽兽归之,山林险则鸟兽去之,树成荫而众鸟息焉,无土则人不安居,无人则土不守,得地则生,失地则死。"(《荀子·致士》)高山树林是鸟兽的居住地。山林茂盛鸟兽就会回来,山林贫瘠鸟兽就会离去,绿树成荫众鸟就会栖息。没有土地,人民无法安居;没有人民,土地就会守不住。因此,人有地则生、无地则死。人与土地、植物、动物是生态命运共同体。同样,大众传媒都集中在人口稠密的大、中、小城市,除非战争时期,不会有哪家媒介愿意搬到交通不便、人烟稀少的山区。在城市,媒介大楼与金融大楼都是引人瞩目的高层建筑,内部装修豪华。而媒介作为信息和知识的生产基地和传播港口,也聚集着大量的专门人才。地理距离也影响信息的质量和特色。通常,媒介离信源的距离越远,其可靠性越低,数量越小;相反,则质高量大,因为近距离的新闻易采集、易核实。不同地理环境下所产生的信息亦各有特色:陕北民歌高亢、悲凉,蒙古曲调嘹亮、致远,江南小调活泼、欢快;北京是政治、文化信息中心,香港是金融、贸易信息中心。

第四,地理环境还制约着媒介的经济效益。在我国,对媒介实行的是相同的政策和管理制度,但在北京、上海、广东、江苏、浙江、天津等省(区、市),媒介的经济效益要远远高于边远省份的媒介,城市传媒又远远高于其他传媒。在报社、电台、电视台、杂志社广告收入排行榜中,前10名媒介都分布在沿海城市。② 但是,必须指出,媒介从地理环境提取资源一定要适可而止,保持生态平衡。古人说:"竭泽而渔,岂不得鱼,而明年无鱼;焚薮而田,岂不获得,而明年无兽。"(《吕氏春秋·首时》)抽干湖水来捕鱼,怎么会捕不到?但明年就没有鱼了。烧毁树林来打猎,怎么会打不到?但明年就没有野兽了。因此,"取之有度,用之有节,则常足。取之无度,用之不节,则常不足"(《资治通鉴》)。

从信息接受的角度分析,优美的地理环境可以提高人们的学习兴趣和学习效果。早晨或傍晚,大学生们在小溪边、树林中、草地上、长廊里读书温习,不仅空气新鲜,景色宜人,有益于身体健康,而且也有助于理解和记忆。心理学的研究表明,当人们生活在肮脏凌乱、嘈杂不宁的地理环境之中时,就容易

---

① 邵培仁. 媒介地理学:行走和耕耘在媒介与地理之间[J]. 中国传媒报告,2005(3):63-66.
② 邵培仁,刘强. 媒介经营管理学[M]. 杭州:浙江大学出版社,1998:65-70.

变得焦躁不安、情绪不稳,不利于专心致志地工作和学习;而当人们起居于风景秀丽、清静幽雅、和谐统一的地理环境之中时,又容易变得精神舒畅、欢快和悦,有利于全身心地从事智力活动。

当然,这也不是绝对的,因为人是有主观能动性的,能战胜环境,不受恶劣环境的左右。人们常常见到:许多著名专家、学者、记者、编辑来自偏远地区的贫困家庭。这告诉人们一个道理:贪图安逸享乐的人,美好的生态环境只能助长他的惰性;而执着追求理想的人,即使面临十分恶劣的生态环境,也会力排干扰,奋力前行。

地理环境就是生产力,保护和改善地理环境,就是保护和发展自然生态生产力,也是保护和发展社会经济生产力。在人类的历史长河中,地理环境既存放、呵护着人及其传播活动,又制约、影响着人及其传播活动,但作为传播活动主体的人总是可以在保护和改善地理环境方面发挥积极、能动的作用。

二、物理环境

人类的绝大部分传播活动是在特定的人为的物理空间(如会议厅、演播厅、办公室、教室、书房)中完成的。这样,传播效果的获得或传播目标的实现,就免不了受到物理环境的制约和影响。

在传播活动中,客观上存在着一系列具有各种不同价值观并能减弱或加强传播效果的物理情境。那些解决重大决策问题的场所(如中共一大会址、遵义会议会址),担任崇高职务或享有巨大威望的人物的住宅(如周恩来总理故居),同人民所尊敬人物有某联系的地方(如韶山、淮安),纪念性、象征性的高大建筑物(如人民英雄纪念碑、渡江纪念碑、毛泽东纪念堂),由于置身于这样的物理环境中,能使人油然而生景仰、昂扬之情,有利于提高人的社会责任感,进而树立远大抱负,因此这些地方通常被认为是开展政治传播、进行思想教育的良好环境。

这些地方之所以能产生那种特殊的教育作用和传播效果,是因为受传者不得不以这些客观条件为背景而进入那些在他们的生活中留下明显痕迹的或预存定势的相互联系、互惠共生、协同演化的进程之中。在这种互动中,受传者自觉或不自觉地、有意识或无意识地接受这些特殊生态环境的影响作用。

不过,对于历史性的物理环境,在利用其积极的影响作用时,一定要适可而止,恰到好处,因为如果多次不合理地加以利用,就会事与愿违,导致参与者精神疲乏,注意力分散,降低活动的价值。而且,多次地将受教育者置于一种完全相同的物理环境中,反复说教前后相同的枯燥乏味的观点或内容,也会使人产生一种厌烦、回避、怀疑的情绪。

除了历史性的物理环境影响传播活动,现时性的物理环境也能促进或阻碍受众对传播者所持立场、观点和所传信息、知识形成肯定的态度。正在使用的办公室,临时布置的会场(如礼堂、大型会议室),如果事先进行了认真整理和科学布置,做到范围合适,气温适中,光线充足,空气清爽,显得整洁、美观、庄重,令人赏心悦目,那么这样的环境就会使人安坐、催人静听,易于进行智力活动。相反,如果会场或工作场所的环境污秽,空气混浊,桌椅设备破烂、拥挤,杂物多,噪音大,光线太强或太弱,温度太高或太低,场所太大或太小,等等,都会分散传播者和受传者的注意力,使人心情烦躁、精神疲惫,影响环境气氛和传播效果。

西方环境心理学家曾对办公室的空间影响力进行过一系列研究。研究表明,媒介员工不喜欢一个个"单门独户"的很小的办公室。这种办公室有点像监狱里的"牢房",不利于员工之间的交流与沟通,影响集体智慧的发挥。他们也不喜欢有足球场那么大的可以容纳上百人在一起工作的场所。这里桌子整齐划一,排列成行,行与行之间只有狭窄的过道。他们称之为"牛栏""生产车间"。这里人声嘈杂,人影晃动,互相干扰,难以集中精神工作。但是,他们比较喜欢园林化办公室。园林化办公室是一种环境设计革命。它用低矮的屏障(不超过 4 英尺高,由隔板、书橱和各种纱、帘、幕、屏风以及各种花木盆景组成)隔成一个个办公室,不仅造价低廉、便于清扫、组合自由,而且使人感觉宽敞、景色别致,便于交流和发展友谊,没有等级和心理隔阂,工作效率高。①

对工作场所的环境要认真对待,回到家里也需要有一个好的智力活动环境。如果传播者(如记者、编辑、专家、学者)在他的住宅里有一间经过精心布置的书房,那么,他就容易形成一种智力活动的气氛,其工作效率就会比在其他地方(如卧室、客厅、图书阅览室、人多的办公室)高。但是,如果他的书房布置得很马虎,不够科学,效果也可能相反。例如,将床放在写字台前面,或者将休息时经常用的沙发或躺椅摆在自己的视线之内,这些家具就会诱发人的休息欲望;把写作和研究时常用的参考书籍放在不能立即随手拿到的地方,每一次费力寻找或起身抽取,就容易被其他事物所吸引,从而影响思考的

---

① 舒尔茨. 应用心理学[M]. 邵瑞珍,等译. 广州:广东高等教育出版社,1987:107-108.

连续性和写作的连贯性；在写字台前面或玻璃台板下布置刺激感官的艺术品，这又会引人离开正题，产生种种稀奇古怪的联想；把电视机、影碟机放置在书房或自己的视线之内，其诱惑亦难拒绝；写字台、座椅的高度、宽度、造型对自己不适合，窗口面对车水马龙的街道，室内光线过于强烈或暗淡，都会起到消极、负面的作用。

物理环境应经常打扫和整理，以保持室内空气的清新和环境的整洁。有时也可以在室内摆放几盆鲜花，点燃一支卫生香或施放一些香料，使其对人的精神和身体产生积极影响。科学研究表明：玫瑰花香使人精神集中，柑橘类香味使人精神振奋，茉莉花香或薄荷味有提神醒脑的功用，墨香有镇静安神的效果，木材香味有轻松致远的感受，苹果香味则有利于提高电脑操作者的工作效率。

据说，采用"背景香味"治疗、刺激大脑，以提高学习、工作效率，这在公元5世纪就已有文献记载。德国吕贝克大学的杨博恩和他的同事在《科学》（2007年3月1日）周刊上发表论文说，想要过目不忘的人闻闻玫瑰花就能有更好的记忆。他们将74名志愿者分成两组分别进行测验，研究表明，一组志愿者由于在睡觉前的智力活动中和睡觉过程中吸入玫瑰香味，因此"在芬芳之夜过去之后，志愿者们能记住睡前所看过的内容的97.2％"；而另一组在睡前没有闻过玫瑰香气的人却只能记住86％的内容。他们认为，在睡觉前的智力活动中或入睡时，使用香味确实能激发大脑中的新记忆，而且睡醒后的记忆力会更好，并且它对慢波型睡眠者的刺激效果更为显著。

芳香疗法已在西方悄然兴起。2007年3月5日《富士产经商报》在《用香味吸引读者》的新闻中写道，从2月份开始，日本许多书店正在尝试"香味营销策略"，即在书店门口、空调出风口或特定区域释放香气，使环境香气宜人，让顾客放松身心，充分享受阅读和购书的乐趣，结果书店的人气和销售额均呈现出上升态势。报道还说，此前一些服装店和汽车销售公司采用这一策略，也取得了较好的销售效果。

但是，以上只是就一般情况而论的，也许并不适合一切人。比如，我国"古时候就曾有'囊萤照读''凿壁偷光'的志士"（鲁迅《且介亭杂文》）。高尔基曾经爬上房顶以靠近月光读书；巴斯德是在老鼠"纵横驰骋"的破阁楼上从事研究工作的；塞万提斯的名著《堂吉诃德》是在楼梯边一张破桌子上写成的；列宁曾多次在大街的路灯下看书；曹雪芹的创作环境是"寒冬噎酸薤，雪夜围破毡"。有坚强意志的人，能够战胜物理环境对智力活动或传播活动的不利影响。

就总体来说,传播活动在其中进行的那个特定的物理环境,对形成和巩固人们的立场、观点、知识,对提高传播或智力活动的效率,确实起着阻碍或推进的作用。我们应该合理而科学地选择、设计和运用这些生态环境。

第四节　媒介环境与社会环境

媒介环境与社会环境不同于地理环境与物理环境。媒介环境与社会环境的共同特点为:(1)它们主要由信息构成,也就是由抽象的、意义性的精神内容组成;(2)它们基本上是软性的,看不见,摸不着,犹如一种气氛或氛围;(3)它们是动态的,随着媒介信息和组织信息的传播,媒介环境与社会环境会随之波动,产生一枝动百枝摇的连锁反应。这两者之间的不同点主要表现为:媒介环境是一种"小"环境,一般以媒介机构为背景;社会环境是一种"大"环境,一般以国家、民族或区域为背景。

一、媒介环境

大卫·阿什德(David L. Altheide)认为媒介的环境有两种:一是媒介赖以生存与发展的现实环境,即"物理的实在环境";另一种是媒介通过其传播活动介入现实环境作用后所形成的已发生改变的环境即"充满符号互动的意义环境"。在这里,我所讲的大约就是阿什德的后一种环境。① 我的定义是,媒介环境是指大众传播机构在运作管理中所呈现出来的一种整体气氛,是由大众传播活动全体参与者的行为方式聚合后形成的一种习惯模式。它的培养与形成,并不是取决于哪一个人的角色观念与行为,而是媒介与社会在过去长期的信息传播和人际互动中逐步形成的。媒介环境一旦形成,就会成为一种无形的巨大的教育力量和影响媒介员工的一个极其重要的因素。积极的媒介环境能使媒介员工不断增强自身的使命感和自觉性,并相互影响、代代相传、沿袭成风、形成定势,进而反过来潜移默化地推动或促进媒介各个系统的高效、良性运转。相反,消极的媒介环境又会使广大媒介人员逐渐丧失责任心、进取心和使命感,扩散开去,相互感染,形成恶性循环,就会进一步瓦解甚至摧毁媒介各项工作的有效开展和正常运行。

---

① 阿什德.传播生态学——控制的文化范式[M].邵志择,译.北京:华夏出版社,2003:126.

　　罗伯特·佩斯(Robert Pace)曾对环境构成做过令人信服的研究。受其启发,我将媒介环境的构成因素分为:媒介威望,社会意识,团队精神,行为规范,求实精神。(1)媒介威望,指的是媒介的知名度、美誉度、社会地位、社会声望和媒介的覆盖范围、传播成就、获奖情况等;(2)社会意识,指的是媒介人员,特别是职业传播者的世界观、人生观、对国家和人民利益的关心程度,对各种社会政治问题的重视程度,对自己在传播活动中所应承担的社会责任的认识程度;(3)团队精神,包括媒介在与对手竞争中团体形象的展示和整体能量的释放情况,媒介内部团结友爱、互相帮助、关心集体的风貌,传播活动中各负其责、密切配合、有序操作的状况;(4)行为规范,它关系到媒介员工尊重传统文化、习惯和恪守新闻或传播职业道德、遵纪守法等风气;(5)求实精神,表示一种具有强调专业理想、职业兴趣、强烈的事业心、认真的工作态度的特征,也表示对信息(新闻)的真实、客观、公正的坚持程度。

　　通常,媒介环境五大因素的指标愈向正极发展,媒介的社会效益和经济效益愈好,而媒介人员的成就感和积极性亦会随之提升。反之,就差,就下降。但是,要让这五大因素以整齐划一的步伐向正极的顶点逼近,是难以做到的,而且也没有必要。媒介的地位、历史、资源、优势不同和媒介所强调的重点各不相同,从而导致上述因素在大多数媒介环境中总是以非均衡状态呈现。有的媒介趋向于强调媒介威望、社会意识和行为规范,有的媒介更多地看重团队精神和求实精神,但又都不忽视其他生态因子,结果都形成了自己的特色。相反,一些试图平均使用力量,均衡各种生态因子比重的媒介,其结果往往是顾此失彼、手忙脚乱,失去自身的优势和特色,效益平平。可见,设计和优化媒介环境,不要对多种环境因素均等用力,而应该根据本媒介的特点和优势,抓特色因素,促普通因素,抓重点因素,促一般因素。这样就可以使本媒介以较快的速度跻身于优秀的媒介行列。

　　媒介环境还可分为封闭式、开放式和复合式三种。

　　1. 封闭式媒介环境

　　这种环境的主要特点是从严管理,即通过建立一整套严格的规章制度,迫使媒介运作和信息传播活动规范化、程序化。例如,实行严格的考勤制度、办事制度、晋升制度、考核制度、奖惩制度,等等,以此来约束媒介人员的言行。传统观念认为,这种媒介环境能使传播者形成严肃认真的敬业精神和一丝不苟的工作作风,媒介的产品质量具有较大的"保险系数"。

2.开放式媒介环境

它的主要特点是民主管理。它没有繁杂而严格的考勤制度、坐班制度等,而是通过目标责任制、承包制等办法来调动员工的工作积极性。只要员工在规定时间内保质保量地完成了任务,达到了预先议定的目标,就应获得相应报酬和奖励。这种环境给予媒介员工以较大的自由度和较多的尊重与宽容,希望员工自我约束、自我管理,允许员工按照自己的特长和爱好进行传播活动。现代观念认为,这种媒介环境有利于培养创新精神,提高工作效率和产品竞争力。

3.复合式媒介环境

它介于上述两种环境之间,是一种优化组合的环境。它既有一套严格的规章制度,又给员工一定的自主权和自由度;既有宏观上的严格要求,又有微观上的许多灵活性。这种生态环境模式中的媒介人员,不仅具有竞争精神和实干精神,而且具有创新精神和鲜明的个性特点。

综上所述,不论媒介强调或重视哪些媒介环境的构成因素,也不论媒介采用或呈现何种媒介环境模式和特征,作为媒介领导者,其首要任务就是要根据本媒介的长远规划、自身特点、优势、能力来设计、建设具有自己特色的优良环境,并不断地发扬光大,使其发挥积极的正面效用。

二、社会环境

人是社会动物。因此,对人的观点、信念、道德等给予重要影响的,是周围的社会环境。所谓社会环境,是指由人类主体聚集、汇合后所形成的社会状况和条件。传播活动的参与者实际上是以个人身份同媒介环境、社会环境发生关系的。人既是自己赖以生存的社会环境的形成者,又是这一环境的受影响者。

社会环境的构成因素是众多而复杂的,但就对传播活动的影响来说,它主要有四个因素:政治因素、经济因素、文化因素、信息因素。(1)政治因素包括政治制度及政治状况,如政局稳定情况、公民参政状况、法治建设情况、决策透明度、言论自由度、媒介受控度等;(2)经济因素关系到经济制度和经济状况,如实行市场经济的程度、媒介产业化进程、经济发展速度、物质丰富程度、人民生活状况、广告活动情况等;(3)文化因素是指教育、科技、文艺、道德、宗教、价值观念、风俗习惯等;(4)信息因素包括信息来源和传输情况、信息的真实公正程度、信息爆炸和污染状况等。如果上述因素呈现出良好的适宜和稳定状态,那么就会对大众传播活动起着促进、推动的作用;相反,就会产生消极的作用。

社会环境对传播主体和大众媒介的重要性主要表现为:(1)社会环境是传播主体和大众媒介生存、发展的社会空间、社会基地;(2)社会环境为传播主体和大众传播提供了源源不断的人才资源、受众资源、信息资源、财力资源(经营、销售、广告收入)和物质资源(机器、设备、纸张、油墨等);(3)社会环境对人的社会角色、生活目标、社会行为加以认定、指导和规范;(4)社会环境影响甚至规定大众传播活动的方式、规模、过程以及内容的性质和特点。

那么社会环境是如何影响传播主体和大众媒介的呢?虽然社会环境的影响是非定向、非自觉的,是潜在性和渗透性的,几乎看不见、听不到、摸不着,但通过审视和分析,我发现,感染、暗示、模仿、遵从是社会环境与人相互影响、相互作用的四种机制。

感染作为社会环境的一种影响机制,在人类历史的早期阶段就已经被察觉,并且有多种形式的表现:集体跳宗教舞时出现的普遍性勃发、沉迷的精神状态;战场上昂扬、疯狂的战斗激情;政治运动、体育竞争中偏激、狂热的表现;危险情境中张皇失措、草木皆兵的情景;等等。在传播活动中,社会环境中的一些特殊因素很容易让人在某些心理状态下敏锐地感觉到,并随之迅速自我夸张地扩散、蔓延。这种一传十、十传百的连锁反应模式,会很快将某种情绪推向巅峰。这在某些情况下十分重要,如沉默情状的相互感染可形成静谧、舒适的智力活动环境,整齐划一的队形可产生严肃紧张的集体气氛。但有时也会产生消极负面的影响,削弱传播效果。例如,会场上一位员工的呼噜声或哈欠声,扩散开来可把全体听众弄得昏昏欲睡;演出时,一个角落里一声呼哨、一阵怪叫,可能引发全场观众的骚动不安。可见,传播者要想使环境的感染机制充分发挥正面效应,避免负面影响,就必须找准信息刺激的兴奋点和引情点,优化传播的环境。

同感染有着密切关系的是暗示。感染是情绪的影响,劝服是理性的影响,而暗示恰好介于两者之间,是情绪—理性的影响。暗示的过程或许有意图或目的,但没有论证,并且只具有口语的性质和单方面的倾向。面对暗示,大多数接受者做出的反应既不是同意,也不是反对,而只是在现成结论的基础上接受信息。通常,女性比男性、儿童比成人、疲劳或体质差的人比身心健康的人容易接受暗示。"众口一词"的社会环境较"众说纷纭"的社会环境,在暗示过程中更具权威性和影响力。暗示作为一种特殊的影响手段,我们需要积极研究它在政治传播、新闻传播、广告传播中的特殊作用及操作机制,并可以适当使用其中的一些因素。

社会环境与个体相互作用的又一形式是模仿。所谓模仿,是指个体在感知他人的行为后所再现或复制的一种类似行为的趋向。这种互相模仿、重复别人行为的趋向是本能的、自发的和无意的,并且具有传染性。模仿是个体对社会环境的相信和遵从,也是社会环境对个体的操纵和控制。它通常表现为:下层模仿上层(省市模仿中央、下级模仿上级)、儿童模仿成人、农村模仿城市、欠发达国家模仿发达国家。它包括时尚模仿与习俗模仿、言语模仿与行为模仿等。对社会环境中进步事物的模仿,使之流行,会成为一种良好的社会风气;对落后事物的模仿,导致蔓延,又会危害社会。在这种情况下,具有巨大影响力的媒介,在树立典型、设置议题、选择模仿对象时一定要慎重。

遵从是指个体在传播活动中不知不觉地受到社会环境的真实的或臆想的压力,而在知觉、行为或观点上所发生的与社会环境中某些因素相一致的变化。在许多情况下,社会环境中集体的意见对某个个体来说,往往比亲眼所见更有分量。阿希的"线段判断"实验和谢里夫的"光点移动"实验,其结果都证明,面对大家一致的错误判断,受试者宁可怀疑自己的视觉能力,也不愿同集体的意见相悖,而更多地表现为遵从的意向。这表明,个人的行为在各种具体情况下,绝不是仅仅按照实践需要或理性思考来实现的。面对愤怒谴责以美国为首的北约对我国驻南斯拉夫大使馆进行野蛮轰炸的大学生的游行队伍,本来只客观报道事实的记者,也不禁热血沸腾、跟着众人振臂高呼口号。社会环境犹如一个巨大的"磁场",个人好比一个个"大头针",只要他置身于这种环境之中,他是无论如何也摆脱不了环境对他的巨大影响的。

特别值得说明的是,还有一种生态环境是介于社会环境和媒介环境之间的,也就是说媒介不仅仅会在自身的组织内部形成一种小环境,同时还会通过不断的传播活动,建构起一种媒介化环境,这种环境被人们称为"拟态环境"[①]。也就是说,在现代社会,大众媒介不仅以其特有的视角和特定的"密码"报道社会、解释社会、分析社会,还以它独立的意志和价值标准影响社会、建构社会和引导社会、塑造环境。随着媒介特别是大众传播媒介的高度发达,它们建构一种"世界图景"的本领也越来越大,而人们对世界的认识、评价

---

① 支庭荣. 大众传播生态学[M]. 杭州:浙江大学出版社,2004:49.

甚至行动都可能依据或者依赖这样一种媒介化的意识和"拟态环境",这无形中构成了人们主导的精神环境。

在今天的媒介社会里,仿佛大众媒介报道什么世界才发生什么,只要大众媒介停止报道了,再热烈的事态也就烟消云散了。大众媒介的所作所为似乎告诉人们:它所反映的世界就是真实世界,而真实世界就是合理的世界。面对无处不在、无时不有的大众媒介,当下的受众已经丧失了选择权。现代人自以为能驾驭大量涌现的信息,实际上更多的是充当了信息泛滥的奴隶而已。可以说,面对强大的媒介,不仅我们的社会和文化将会改变,我们的生活、工作、外观和内心都将被重塑。总之,媒介不仅仅受制于环境,同时也能够影响环境,甚至建构环境。这种媒介建构的"拟态环境",也可以被看作社会环境。因此,媒介在生态环境中,同时也是一种生态环境,或者能够建构一种生态环境。对媒介和生态环境关系的这种认识正是媒介生态学的研究中心和新的方向。

第五节 作为地理与生态的景观环境

景观是不同时期地球上自然风光、地面形态和风景画面的集合。在媒介生态学中,景观生态既有自然的、物质的形式和生态,又是指附加在自然景观上的人类活动生态,是在一定范围内自然物质生态与人类活动生态所包含的有机无机、有形无形因子及其之间的互动关系所产生的综合效应。媒介景观是一种由感性的可观性影像建构起来的。在以影像生产和影像消费为主的景观社会里,媒介景观不仅具有意识形态功能,而且已经成为现今人们主导性的生活模式。媒介每天都在生产可供大众消费的大量景观,以其丰富的影像世界构筑起景观社会,同时媒介也不得不受制于景观社会的商业逻辑的诱惑,走上了一条偏离自己本真的多功能性、综合整体性、差异性、景观与文化协同的歧路。

一、景观生态既是自然的又是文化的

景观(landscape)是地理学和生态学的重要概念,源于德文 Landschaft,指的是不同时期地球形态的集合。在古英语中,"景观是指留下了人类文明足迹的地区"。① 景观作为科学名词,最早是 19 世纪初由德国著名地理学家洪堡特(A. Von Humboldt)引入地理学的。他提出将景观作为地理学的中心问题,探索由原始自然景观变为人类文化景观的问题。在媒介生态学中,狭义的景观一般可以理解为地表可见景象的综合,包括自然要素中的地形、土壤、植被覆盖、动物和气象气候等可观测的生态状况。狭义的景观倾向于强调自然界可视性的一面,"这就是地球外部看得见的表面。就是那个实际存在,在我们心中引起视觉上的景观感觉。这是一种连续的实际存在,为整个世界构成单一的单元整体"②。广义的景观作为能够被观看的一种特别视觉形式,具有物质和观念两个维度:它既有自然的、物质的形式和形态,是通过地球运动、气候变化和人类活动等形成的;又有社会的、精神的形式和形态,是由人类劳动或社会关系和各种媒介所表现的。因此,景观不仅是一种客观性事物,也是一种社会活动的产物,而且也必须被看作一种意识形态的或象征主义的过程,具有积极地形成人与人之间、人与其他物质世界之间关系的力量,是人们基于自己的世界观及与他人的关系创造、表述和解释的结果。

作为哲学和社会科学意义上的"景观"(spectacle),中国台湾学者译为"观展",是因为它既包括"作为主体的观看",也包括"作为被展示观看的客体"。这种意义上的"景观",由法国著名思想家、实验主义电影艺术大师、当代西方激进文化思潮和组织情境国际创始人居伊·恩特斯·德波(Guy Ernest Dobord)首次提出。他在《景观社会》一书中对当代资本主义社会中的景观进行深刻的阐述。德波对景观社会的批判直接影响了后来的鲍德里亚和凯尔纳等人,可以称得上是"当代西方文化思想史和后马克思主义哲学文化逻辑中不可或缺的学术缺环之一"③。这种景观社会是一种影像社会和视觉社会,媒介则是这种影像社会的创造者。

1925 年,美国文化地理学家索尔(Carl O. Sauer)在《景观的形态》一书中首次将"自然景观"和"文化景观"的概念加以区别,并致力于通过"文化景观"来研究区域人文地理特征。文化景观(cultural landscape)是自然景色与人类创造活动的共同结晶,是自然景观叠加和融合人类创造的文化,反映区域社会环境和文化内涵的独特景观。文化景观是社会的镜子,反映了不同区域政

---

① 吴家骅. 景观形态学[M]. 叶南,译. 北京:中国建筑工业出版社,1999:3.
② 哈特向. 地理学的性质:当前地理学思想述评[M]. 叶光庭,译. 北京:商务印书馆,1996:194.
③ 张一兵. 代译序:德波和他的《景观社会》[M]//德波. 景观社会[M]. 王昭凤,译. 南京:南京大学出版社,2006:1.

治、经济、文化、宗教和媒体的差异与特征,既包括城乡聚落、建筑、道路、服饰、器物等物质文化,也包括语言、音乐、宗教、戏曲等非物质文化。作为信息传播的媒介,不论是早期的实物传播媒介还是现代的大众传播媒介,都是文化景观的一个重要组成部分。

我们对于世界的直观了解,往往来自自然景观和文化景观的杂糅式投射和拼贴。景观并不是一种个体特征,而是反映了一种社会的,或者说是一种文化的信仰、实践和技术。[①] 它不仅是一种地理上的自然风貌,而且是以上几种文化、社会因素的集中显现,与社会、群体等存在着相互间的影响。在某一特定地方,当地政治、经济、文化、媒介等要素的共同作用,形成了多样的富有地方特色的景观,并具有丰富的解读方式。在人文地理中,景观的形成可能是物质的,也可能是非物质的,比如文化、宗教、艺术等等,它们将无形地作用于人们的思维和立场,从而产生知识与经验,并形成复杂的文化景观及其生态。

因此,媒介生态学视野中的景观生态研究,对文化景观的研究有助于了解人类利用和改造自然的不同态度和不同成就,有助于了解人类文化的空间差异,甚至可以反映出形成区域文化的自然历史背景。

二、景观生态的意义与标志

景观生态学起源于欧洲,关注的重点从环境规划、设计逐渐扩展到城市建设与管理、生物多样性保护等领域,在理论上强调景观生态的多功能性、综合整体性、景观与文化协同以及可持续发展。北美景观生态学从 20 世纪 80年代初开始发展,并逐渐形成注重量化分析和模型建构以及自然与人文景观研究的特色。目前,全球景观生态研究呈现出各区域、国家之间既各有个性和特色,又相互影响、相互借鉴、共进共演的发展态势。

景观生态是社会的产物,是人们基于自己的世界观及各种关系的认识、创造、表述和解释的结果。景观生态的意义并非与生俱来的,而是不断经过人们的认知和赋予。城市的高楼、立交桥、宽阔的马路等,体现了工业文明对自然地理的改造;而油画般的乡村风景往往蕴含了人们返璞归真的一种观念。地理学上的地图从来不是完全中立、客观地再现空间生态,虽然以坐标、比例尺、距离等精确手段来表现空间的面目,会让人认为空间是可以用物质

---

① 克朗. 文化地理学[M]. 杨淑华,宋惠敏,译. 南京:南京大学出版社,2003:19.

手段控制和测量的,但事实上,地图中的景观是根据特殊的文化需求构筑和描绘的世界。古斯塔夫·梅茨格(G. Metzger)就指出,地图是特殊的意识形态纲领的产物,而且地图和地球仪从来都不只是描述,它们是信念的纹章,推动着创造它们的民族和文化。① 人们对景观的描述都不纯粹是地理外观的客观反映,而是不可避免地加上了人们的价值评判和对外界的认知,这种价值判断和认知赋予景观不同的意义。②

在社会现实中,为景观生态赋予意义的方法很多,其中媒介中的阐释与再现能够加速和深化景观生态的意义呈现。例如,媒介对城市愿景的描绘、城市环境的描写、城市文化氛围渲染等等,都在给城市生态赋予意义,还表现了不同城市及区块的消费群体特征和信息消费取向的差异。过去曾有人对杭州的老城生态用八个字概括——"东富、西贵、北工、南戏",即城东商业企业多,城西事业单位多,城北工业企业多,城南文化单位多。人们对景观生态的认知、理解和接受,可能会引导公众的求职、购房、入学需求和文化消费习惯。

因此,媒介通过影像以及文字等手段对景观生态的再现,有某种客观的依据,但也是某种主观性的描述和阐释。正如迈克·克朗所说,地理景观不能仅仅被看作物质地貌,而应被当作可解读的"文本"。景观不是永恒不变的,也并非不可理喻,其中有些部分是无可争议的日常生活的一部分,而有些含有政治意义。解读地理景观是为了研究和发现为什么地理景观对不同的人具有不同的意义。但由于媒介的介入,便产生了不同的表征方式,存在着双重编码的现象,地理景观的解读变得更加复杂。在某一景观形成之初,已经具备了一定的意义,但对于观察者而言,影视、绘画等方式使景观更增添"一层晕圈",或主观,或客观,都是对景观的再次解释和说明。③ 大都市繁华的生活景象,可以用来颂扬工业文明所带来的现代生活方式,也可以用以批判工业社会对人的异化。因此,在研究媒介生态内容的过程中,人们总会将现代人的观点加入各种景观生态原有的意义之上,从而形成更为复杂的文本。

景观的标志与景观生态的多样化、差异化,可以体现出不同的地区、城市

---

① Metzger, G. The Artist in the Eye of the Storm[M]//In J. Wood (ed.). *The Virtual Embodied : Presence/Practice/Technology.* London:Routledge, 1998:107.

② 邵培仁. 当"看到"打败"听到":论景观在传媒时代的特殊地位[J]. 浙江师范大学学报(哲学社会科学版),2010(6):1-5.

③ 克朗. 文化地理学[M]. 杨淑华,宋惠敏,译. 南京:南京大学出版社,2003:51.

文化及其差异。现代工业社会已经高度城市化,相对乡村而言,城市中包含了更为丰富的景观。这些景观不仅仅成为城市的标志,而且还通过蕴含其中的文化、群体、组织等来建构复杂的生活图景。随着传播科技的飞速发展与经济全球化的持续推进,城市化的进程也大大加快,城市逐渐成为各种民族、语言、文化和社会背景汇聚的交叉点。为了将城市的景观充分呈现,各种媒介会根据各自的传播目的选取那些极具城市特质的地点或标志性的建筑与构造,来表达某种既定的意义。为了展示城市的现代感和文明的程度,摩天大楼、中央商务区(CBD)、高铁站、立交桥等建筑与建筑群在媒介中频繁呈现;而在展现城市中边缘人群的生存状态时,人行道、臭水沟、贫民区、三轮车则极有表现力,还有充斥其中的流动商贩和流浪者,与富裕的街区、高档的消费场所营造的繁荣景象形成鲜明对照。

当然,对于城市景观生态的描绘不可能如此简单或者两极分化,媒介承担着展现更为复杂的城市生态图景的责任,社会的有序与无序、平等与不平等、发展与衰落、平静与喧嚣、财富与贫困所交织而成的城市景观,都能够在媒介的万花筒中被一一窥见。①

在地方性日益被全球化侵蚀的今天,探究景观生态似乎有些困难。城市中的建筑外观越来越趋于同一,就连乡村也被改造成统一的景观,景观多样性和差异性逐渐消失,特色化景观似乎正在被同质化景观取代。媒介要肩负起对景观生态进行阐释和批判的角色,既展示城市和乡村的多样性和差异性的景观生态,也揭示其同质化、单一化和生态恶化的各种现象。一些流行杂志、时尚频道就比较关注剧院、酒吧、商场等区域所具有的休闲特质和消费特性。而专注于社会发展的媒体,则往往将目光聚焦于城市中的犯罪、性别歧视、人口膨胀、权力失衡、贫富分化等状况,并将其作为城市化过程中所带来的显著社会问题。现代城市文化对人们日常生活的影响经由媒介的放大,进一步深入人们的习惯和行为方式中。一些人认为,城市代表的是"文明与美德",是活力与文化创造的源泉,城市使经济与文化获得了最大限度的发展机会。但对于另一些人而言,城市则被看作一个冒烟的地狱,到处是寻衅和互相猜疑的人群,到处是犯罪、暴力和腐败。② 景观及其意义差异性的构成,除了依赖于各种政治或权力机构对城市空间的重构外,媒介的再现与阐释也是

---

① 邵培仁. 景观:媒介对世界的描述与解释[J]. 当代传播,2010(4):4-7,12.
② 吉登斯. 社会学[M]. 赵旭东,等译. 北京:北京大学出版社,2005:546-547.

其重要的原因。①

三、景观生态的发展与规划

景观生态的形成与发展、规划与维护离不开人的参与。人们从自身的价值判断和思想观念出发赋予景观生态以意义,而媒介对景观生态的阐释与再现能够加速和深化景观生态的意义的呈现。景观生态具有物质和观念两个维度,它既有自然的、物质的形式和形态,完全是通过劳动或其他关系产生的;又是观念和社会关系的代表,并由各种媒介呈现出来。德波认为,大众媒介是制造"景观"的主要方式,而符号是景观的语言,但"景观不能被理解为一种由大众传播技术制造的视觉欺骗,事实上,它是已经物化了的世界观"。②不同地方具有不同的景观生态,景观生态的标志与差异化可以体现出不同的地区文化和地区差异。景观生态的生产和消费正是对这些地区文化的生产与消费。景观生态不仅是一种事物,而且也必须被看作一种意识形态的或象征主义的过程,具有积极地形成人与人之间、人与其他物质世界之间关系的力量。

景观生态的主体是"人"不是"物"。人是景观生态的灵魂,景观生态是人的延伸。景观生态规划与形象塑造必须以人为中心,以人为出发点。"人的情感是传播活动中不容忽视的关键要素,在很大程度上,环境成为激发主体产生情感的主导因素。因此,人们在传播活动中要清晰地表达与妥善地处理这一复杂多变的情感,需要观照情感主体所处的特定地理或环境。而现有的传播理论研究对情感和环境两个要素要么'顾此失彼,无法兼顾',要么'视而不见,傲然无视'。"③中国古人更是将家与"特定的场景的关联"直接等同于身体,"宅以形势为身体,以泉水为血脉,以土地为皮肉,以草木为毛发,以舍屋为衣服,以门户为冠带"。(《黄帝宅经》)这种"切身意见"和"身体比喻"可以被认为是"天人合一"的景观生态理念。女娲造人的神话传说更是简洁明白地讲清了人类的来源与归宿——土地。景观则是人类建筑在土地之上的梦幻空间,各种景观空间中上演的各种剧本无一不与人的情感有关。

① 邵培仁. 当"看到"打败"听到":论景观在传媒时代的特殊地位[J]. 浙江师范大学学报(哲学社会科学版),2010(6):1-5.
② 德波. 景观社会[M]. 王昭凤,译. 南京:南京大学出版社,2006:3.
③ 邵培仁,林群. 时间、空间、社会化——传播情感地理学研究的三个维度[J]. 中国传媒报告,2011(1):19.

在全球化的影响下,景观生态正在发生巨大变化。全球化与信息技术的发展不断强化"城市化"的概念。一些大城市、超级城市,因其巨大的包容力而成为人们梦想的目的地。城市逐渐成为各种文化、语言和意识形态相交汇的地点,来自不同背景的人群在这里会聚,从而改变了个人的行为与思维方式。不仅如此,超市中琳琅满目的货品,其实也是全球化对地方的一种影响。在许多城市的超级市场,我们都可以见到来自世界各地的食物与日用品。这种小型的消费空间,已经被抹去了它的地方特性,而成为一个商品的汇聚地,同时也是全球化的产物之一。所以,我们可以将超市视作一幅微型地图,从中观察生产与消费的动态空间。由于人群的往来,产生了丰富的文化与口味,以及消费的欲望。商品标签上显示的信息,往往有多种文字和符号,直观地反应了地理的多样性。在工业主义的推动下,现代城市与媒介文化之间已经发生了一种根本性的十分奇特的逆转:"城市现实"和"媒介文化"好像交换了位置。"现实变成了人造的、一种由新的工业程序所造成的商品和建筑的幻觉效应,而现代城市不过是这些物品的增加。这些物品的密集化就出现了建筑物和消费品的人造景观,而且与以前的自然景观一样无所不包。"[①]媒介是消费景观的强大推手,过去我们被物所包围和异化,现在包围我们的是景观和符号,是一种象征性的社会关系。

从更大的范围来看,越来越多的城市建筑与消费场所等景观趋向同质化。那些由钢筋和玻璃建构出的百货商店,用透明的橱窗显示着商品的丰富程度。落地玻璃、各式灯光和商品的陈列形成强烈的视觉刺激,并改变了城市的景观,影响了人们的消费心态。此外,城市化的进程使得更多的城市扩大其空间,不断向四周、向空中发展。在其进行经济活动的过程中,将不同文化、习俗背景的人联系在一起,并提供了一个交融和碰撞的巨大空间。城市之间建立起了的各种现实和虚拟的联系,逐渐形成全球性的网络。城市分解为由各种全球村文化和各种模拟的建筑景观组成的展示场所,大型购物中心、繁华街道、娱乐与休憩场所,各种景观符号的拼贴和堆积,共同构筑起当今城市的生活场景。如今,我们很难从这些都市中找到关于城市景观生态的个性与特征,这也正是全球化背景之下城市景观生态的共性。

---

① Buck-Morss, Susan. Der Flaneur, der Sandwichman und die Hure. Dialektische Bilder und die Politik des. MüBiggangsp[M]. In Norbert Bolz and Bernd Witte. *Passagen*. München: Fink, 1984:213.

随着城市现代化进程的加速推进,作为人体延伸的城市,不仅城市的身躯越来越大,而且城市的四肢也十分健壮。原本在特定的经济理性作用下形成的相对稳定的城市"中心区"和"边缘区"(城郊),其传统边界被不断突破,范围日趋模糊,对其进行一次又一次重新界定的是城市媒体、城市地铁、城市轻轨、环城高速和建筑景观。城市布局与城市版图上的"中心"与"边缘",不只是地图上可见的建筑设施、交通状况和商业繁华街区,也同教育、文化、媒介、娱乐等传播内容的互动密切相关。这些不仅在一定程度上改变了人们对城市"中心"和"边缘"的定义和认识,而且也在某种意义上界定着生活和工作在不同空间的城市市民的各自特征、身份和地位,而不同的市民群体也通过对某些空间或住宅区的购买、竞争、设计、传播以及物质和媒介的消费,建立起具有鲜明的外在特征的群体意识和文化空间。如今要找准一个城市的核心区域或"城市传播圆心",已经越来越困难了。特别是随着高速交通的日益便捷化,城市发展的样态也日益网状化和散点化了。

在被"他者化"的过程中,在"我们"与"他们"的解读和区分中,一种基于城市区域、空间层次的并不平等的关系也在不知不觉中形成了。城市中某些具有优越感的人群也在某种程度上依靠对他者的否定和轻视,来定义自身具有优越感的身份、行为和生活空间。于是在城市规划和城市景观的构建过程中,总有一些弱势群体作为"他者"而被有意无意地忽略或者误读。城市规划者和设计者所描绘图景的现实或期待的观赏者、服务者往往不是城市的全体市民,而只是部分市民和商业旅游者。但是,人、市民本来是应该被作为整体来看待的。

城市的身躯越来越大、越来越胖,并非好事,因为城市的过度扩张会消耗、外溢大量能量和资源,而越是远离城市中心区能量和资源输送的成本越高,传播辐射力就会越小。比如,远在市郊的小区就很少看到报纸杂志和平面广告。可见,城市建设与发展也要体量适中,适可而止。

如今智慧城市、智联城市作为城市大脑,正成为城市规划和建设的热门话题。智慧城市、智联城市是城市发展的高级形态,是城市更加繁荣、生活更加美好的实现手段。但是智慧城市、智联城市建设同样要以人为本位,以人为主体,要同政务、经济、民生、城市建设及管理等与人有关的工作相匹配,凸显信息化工具是服务人的宗旨,亦即是"人+信息化",而不是"信息化+人"。①

因此,智慧城市建设、景观生态规划、景观建筑、环境设计、园区改造等都要以人的特点、情感、需求、生存、集聚和发展亦即人类文化为基本考量,不可舍本逐末。换句话说,智慧城市建设,以及景观生态的生产与消费、发展与规划必须符合景观生态学的基本原理:(1)景观生态本身必须符合人的特点和需求;(2)景观生态要能够与当地的和现存的生态环境相适应;(3)景观生态要符合平衡性、循环性、多样性的原则和可持续发展的需要;(4)景观生态的维护和修复所采用的方法要具有生态稳定性、坚韧性和持久性。我们需要记住,人永远是智慧城市、智联城市和信息化的主人,是城市建设和景观生态发展的灵魂和根本。

第八章

媒介生态系统与生物圈

媒介生态系统理论将人↔媒介↔智能↔社会↔自然五者之间形成的生态系统看成是互相影响、彼此依存、相互作用的平等的统一的互动整体，主张和鼓励人类与媒介、智能、社会、自然形成良性互动、和谐共处的共演共进关系，提倡和支持人类努力阻止或消灭对环境、生物圈造成危害以及对健康和人类安宁形成刺激的行为，推动和促进人们理解媒介生态良好、社会和谐团结、自然环境优良对人类对国家的重要性。

第一节　媒介生态系统的定义与阐述

媒介生态领域是一个生生不息、往复循环、永无止境的相互依存、相互作用的复杂系统。用生态学的原理与方法生态地想象和分析人与媒介、智能、环境、系统之间的复杂互动关系，思考和阐释人作为"分子—种群—集群—环境—系统""生态金字塔"中的一种主体性、主导性的存在及作用，是颇具挑战性的，也是十分有意义的。

一、生态系统与媒介生态系统

在生态学研究中，生态系统（ecosystem）是指在一定时间和空间范围内，由生物群落及其生存环境通过物质循环和能量流动共同形成的一个相互影响、相互作用并具有自调节功能的动态平衡整体。"生态系统"概念是由英国植物生态学家 A. G. 坦斯利（A. G. Tansley）于 1935 年首先提出的，20 世纪 50 年代得到广泛关注，60 年代以后逐渐成为生态学研究的核心概念。

其实，在先秦古籍《逸周书》中就有关于"天地人三极系统"的深入、细致的思考和阐释。所谓"三极：一天有九列，表使阴阳；二地有九州，别处五行；三人有四佐，佐官维明，五示显允明所望"（《逸周书·成开解》）。其意思是，一极为天上有九星，分别主使阴阳；二极为地上有九州，分别处于金木水火土五行之中;三极为人有肝脾脏肾,辅佐心官明思虑。天地人三极子系统各主其德、各司其职、相互配合、共进共演。先秦诸家都奉行德性优先、天地交合的原则,主张"人治百物,物德其德""以德致物""德以抚众"《逸周书·宝典解》,三极德性不可缺一。天有天德,地有地德,人有人德,三极有德则万物安顺、"三产"(生态生产、物质生产、生命生产)和谐,日月星辰运行,春夏秋冬交替,种管收藏诸事,生老病死代谢等都会有机协调、顺变有序。天地交合,万物通泰。"天地交而万物通也,上下交而其志同也。"(《周易·泰》)天地不交,万物否闭。"天地不交而万物不通也,上下不交而天下无邦也。"(《周易·否》)天地有"元亨利贞"之德,因而天地相交,产生生命万物,并使生命万物通泰发展,自由生长。同样,人与人之间的交往,也应学习天地之"元亨利贞",上下相交,实现心志之同。①

张立文认为:"天、地、人三极主体运行,是一个天体西移、江河东去、人贵中央、循环往复、生生不息的有机性结构。"②《逸周书·武顺解》写道:"天道尚左,日月西移;地道尚右,水道东流。人道尚中,耳目役心。心有四佐,不和曰废。地有五行,不通曰恶。天有四时,不时曰凶。天道曰祥,地道曰义,人道曰礼。"在三极系统中,天、地、人各有其生态目标、生态取向和生态功能,它们相生相养、相互协调、和谐共处,共同构成美好的生态共同体。

天、地、人三极系统的运行也是有规律的,信之者昌,不信者亡。《逸周书·常训解》写道:"天有常性,人有常顺,顺在可变,性在不改。"天有恒常不变的特性,人有与生俱来的顺性,但人性易变,天性难移。既然如此,那么"不改可因",人性就要顺应天性,不断变革,而不要逆天行事。《逸周书·宝典解》认为,对待自然规律,人要有"三信:一春生夏长无私,民乃不迷;二秋落冬杀有常,政乃盛行;三人治百物,物德其德,是谓信极。"信之则民不迷、政兴盛、物有德。正所谓:"信以生宝,宝以贵物,物周为器。""行之以神,振之以宝,顺之以事。"(《逸周书·宝典解》)只有遵循和相信自然规律,才能顺势而为,与时俱进,不被时代的潮流所抛弃。

《三字经》写道:"三才者,天地人;三光者,日月星。"天、地、人三极系统的核心是"天、地、人三才之道"。《周易·说卦》写道:"是以立天之道,曰阴曰阳;立地之道,曰柔曰刚;立人之道,曰仁曰义。兼三才而两之,故易六画而成

---

① 邵培仁,姚锦云. 华夏传播理论[M]. 杭州:浙江大学出版社,2020:180.
② 张立文. 人之辨:儒学与生态文明[M]. 北京:人民出版社,2013:131.

卦。"天地人三才互动,三对两种因素互构,共同形成相互依存、相互作用、相互影响的生态、世态、心态复合有机系统。源于《周易》的"三极系统"和"三才之道"早已经同中华传统文化融为一体,培育了中华民族乐于与天地合一、与自然和谐的精神,使得中华传统文化成为现在和未来调整、理顺、整合、改进、协调人与天地万物以及人与社会、人心与人身平衡和谐发展的智慧源泉。

进行中国媒介生态学研究时,我们不仅要将"媒介生态系统"作为核心概念,而且还要将其放在中国传统的生态系统研究的历史进程中加以考察和分析,并同世界其他国家的相关研究进行比较,从而找到立足中国、面向世界的学术方位和坐标。

我们研究媒介生态系统,当然要将"人与自然(天地)"作为两个核心要素,但又不能不考虑人与自然相互作用的中介因素和作用对象,所以"媒介与社会"两个核心要素也是必不可少的。因此,我们所理解的所谓媒介生态系统,就是指在一定的时间和空间内人←→媒介←→智能←→社会←→自然五者之间通过物质交换、能量流动和信息交流的相互作用、相互依存而构成的一个动态平衡的统一整体。

对于这一定义,我们可以从以下几个方面进行理解:(1)媒介生态系统是媒介生态学研究中的一个结构和功能单位,属于媒介生态学的最高层次;(2)媒介生态系统的核心要素是由人、媒介、智能、社会、自然五者共同组成的,缺一不可;(3)媒介生态系统可以通过自调节、自适应、自组织和自更新的机制顽强生存,达到动态平衡;(4)媒介生态系统可以通过物质交换、能量流动和信息交流的机制达到良性循环;(5)任何媒介系统都将面临需求量的无限性与资源量(营养级的数量)的有限性这对永久矛盾,解决这对矛盾需要采用生态观念、和谐思想和绿色思路;(6)媒介生态系统是一个被现代传播科技武装起来的不断变化、不断发展的动态整体系统,任何解决问题的成功做法都可能很快过时,我们必须不断面对新的挑战,思考新的办法。

二、媒介生态系统的认识和阐述

如果从生态系统概念或认识的历史进程来看,对于媒介生态系统,我们还可以从以下几个方面来认识和阐述。

1. 媒介生态系统是有机统一的整体系统

恩格斯指出:"我们所面对的整个自然界形成一个体系,即各种物体相互联系的总体,而我们在这里所说的物体,是指所有的物质存在,从星球到原子,甚至直到以太粒子。"①坦斯利(A. G. Tansley)认为(1935),生物与环境是不可分割的整体,"它不仅包括生物复合体,而且还包括了人们称为环境的各种因素的复合体。……我们不能把生物与其特定的自然环境分开,生物与环境形成一个自然系统。"德国社会学家尼克拉斯·鲁曼(N. Luhmann)曾说过:"一般系统理论和控制论,在传统古典系统理论把部分和整体的关系当作基本概念之外,又附加上一个新的模式去强调系统同它的环境的区分。这个新的典范使得系统的结构,包括区分化的形式,连同系统的过程一起,都同时地同环境相关。"②然而,环境讲的是时空的交集,而生态却讲时空中因果与消长的交织。

《中庸》说:"万物并育而不相害,道并行而不相悖";"唯天下之至诚,为能尽其性,则能尽物之性,则能尽人之性;能尽人之性,则能尽物之性;能尽物之性,则可以赞天地之化育;可以赞天地之化育,则可以与天地参矣。"这里所描绘的是一幅整体的社会和谐、万物共荣、良性循环的美丽图景:天覆地载,万物并育而不相害;四时日月,错行代明而不相悖。同样,媒介生态系统中的种群与环境、人和媒介同社会和自然也是不可分割的复合体或统一体。作为整体生态系统中的人,你需要认识到:"完整的人"应该既是物质与精神的平衡,也是技术与情感的平衡,否则就会沦为"单向度的人";对于整体,人既不能脱离于它也不能自立于它,而只能与其融为一体;对于整体,各种社会要素是相互依赖、相互作用的,你伤害它就是伤害你自己,你优待它就是优待你自己。当下,媒介生态正在发生一系列"整体性和互动性变化",它跨越国家和地区的界限,冲破体制和语言的藩篱,向着媒介一体化和全球化的方向发展。因此,以一种整体互动意识关注人类、关注媒介、关注社会、关注世界,已经成为媒介生态学研究的核心问题。

"在中国传统文化看来,正义的价值和自由一样重要;同情比理性更有必要;人的责任,特别是一个人对家庭、社会、人类的责任,比权利更重要;礼治比法治更为基础;社会的和谐比个体的发展更优先;等等。"③基于中国传统的生态思想,进行跨文化传播和处理媒介生态问题需要跳出一种狭隘的、武断

---

① 马克思,恩格斯. 马克思恩格斯选集(第3卷)[M]. 北京:人民出版社,1972:492.
② Luhmann, N. *The Differentiation of Society*[M]. New York: Columbia University Press, 1982:229.
③ 杜维明,安乐哲. 中国哲学研究的世界视野与未来趋向[J]. 哲学动态,2018(8):7.

的、过分简单的处理方式，采取一种具有包容性、多样性、互动性的生态策略。

2.媒介生态系统是不断变化的生命系统

马克思当年曾经明确提出："现在社会不是坚实的结晶体，而是一个能够变化并且经常处于变化过程中的有机体。"①媒介系统是同社会系统相关联的一个有机体，一方面它要张扬自己系统的独立性和坚韧性，另一方面它又要强调它同周围环境诸因素的复杂关联性；一方面它具有自组织、自协调、自循环的能动性，另一方面它又具有环境和他者的外干扰、外扰乱、外逼迫的被动性。

在生命系统内，人类实际上并没有什么值得骄傲的地位。"我们需要诚实。我们需要从我们的种系特殊性的狂妄自大中解放出来。没有证据说明我们是被选出来的。我们不是专为其他的生物制造出来的独一无二的物种。我们也不因为我们数量众多、力量强大、充满威胁而最重要。我们顽固的特殊物种错觉以直立的哺乳动物杂种外形掩盖了我们的真实地位。""人类不是生命的中心，任何其他什么物种也不是。人类甚至并不靠近生命的中心。我们只是这个古老的巨大整体中的一个新近的迅速生长的部分。""没有什么科学证据能够说明人类是地球生物进化的最终胜利者，也没有任何理由可以断定我们人类会比恐龙在地球上繁衍生存的时间长。"②

"就传播关系来说，大众传播作为社会系统的一个子系统，它与社会有着千丝万缕的联系和复杂的互动关系。与以往不同，媒介生态观念倾向于人与自然是和谐一体的'一元论'思想，相信'人天双赢'的可行性，主张媒介与媒介、媒介与社会、社会与环境和谐协调、同生共进。"③换句话说，作为一个不断变化的生命系统，"生命价值高于一切"，我们应该允许媒介生态系统依据自身的实际需要和价值判断去对待和处置它同环境的复杂关系，并根据环境的变化和性质不断调整自身的姿态和结构。未来媒介将是一个有机的生命体，不论是在物质世界奔跑还是精神世界流动，媒介都将以一个互相联系、互相依赖、有机统一、共进共演的面貌呈现在世人面前。

3.媒介生态系统是物质交换、能量流动和信息交流的枢纽

林德曼（R. Lindeman）早在 20 世纪 30 年代就发现了生态系统中物质和

---

① 马克思. 资本论（第 1 卷）[M]. 北京：人民出版社，1975：12.
② 马古利斯. 生物共生的行星[M]. 易凡，译. 上海：上海科技出版社，1997：96.
③ 邵培仁. 传播学[M]. 3 版. 北京：高等教育出版社，2015：5.

能量的移动规律,创建了营养动态模型。后来里克莱夫斯(R. E. Ricklefs)在《生态学》(1979)一书中提出了生态系统中物质循环和能量流动的基本模式,表明了生态系统中生物和非生物成分间相互作用和相互依赖的关系。与自然生态系统不同,媒介生态系统不仅是物质交换和能量流动的枢纽,还是信息传播与信息共享的中心。媒介生态系统中三种资源的交换与流动,使其具有生机与活力,而不交换、不流动则会导致系统衰老、退化,甚至瓦解。因此,良性循环的媒介生态系统总是具有坚韧性、连锁性、流动性和衰减性的特点,物质、能量、信息能够在特定的生态系统中有序流动、互动互助、功能衔接、共进共演。

其实,自从拉斯韦尔(H. Lasswell)最先在《传播的社会职能与结构》(1948)一文中提出了"五 W 模式",接着香农和韦弗(Shannon and Weaver)在《通讯的数学原理》(1949)一书中提出了传播的"数学模式",施拉姆(W. Schramm)在《传播是如何进行的》(1954)一文中提出了传播的循环模式,再到提出整体互动模式①,传播学的研究始终是围绕传播系统进行的,并最终形成信息论、系统论和控制论三论的明确交集:信息论探讨信息传播由起点到终点全过程的状况,系统论研究信息、物质与能量的流通如何影响系统的互动,模控学研究如何利用系统间信息的传布减少输出行为的偏差以直达目标,而传播学则探讨系统之间信息流通的方式、媒介特点、受众面貌、信息所造成的系统之间互动的效果。从此以后,信息传播过程已完全可以由媒介生态系统的观点诠释,并被视为具有开放性的物质交换、能量流动和信息交流的行为过程。因此,就这一点来说,传播学的历史差不多就是媒介生态学的历史。

4.媒介生态系统是开放的、动态的、平衡的预警系统

媒介不是一种僵死的封闭的物质实体,媒介生态更是一种具有"生命"特征的开放系统。媒介生态系统所面对的不是静止地孤立存在的个别种群现象和生态问题,而是要从媒介生存与发展的角度去面对"整个生活的世界",即它要向所有的变化莫测的影响性因素和相关性现象开放。换句话说,凡是同媒介生存与发展有关的各种生态因子,都可以从一定角度和窗口进入媒介生态系统,事实上也没法拒绝这些生态因子的影响和渗透。因此,不论是传播活动还是媒介经营,都要从媒介生态系统的整体性出发高度重视和合理利

---

① 邵培仁.传播学[M].3 版.北京:高等教育出版社,2015:78-85.

用各种外部条件。《老子》说:"天之道,损(意为减少)有余而补不足;人之道则不然,损不足以奉(意为供奉)有余。"媒介生态系统有自组织、自调节、自适应的平衡功能和预警功能。用媒介生态学的观点来看,在系统生态(环境与组织)、系统行为(适应、互动、传播)和系统控制(前馈、回馈)三者的互动过程中,系统控制总是及时地将前馈与反馈信息传给主控中心,主控中心通过适应、互动、传播等系统行为来调控信息的流量和流向、行为的力度和偏差,"损有余而补不足",从而实现媒介系统生态(环境与组织)的平衡与循环,维系媒介系统的生存与发展。总之,媒介生态系统不是一种封闭的静态的呆板的结构,它是一种开放的动态的具备程序转换能力的和具有平衡与循环本性的生命体。自觉遵循媒介生态系统的信息、物质、能量流动规律和整体优化、互动共进、差异多样、平衡和谐、良性循环、适度调控等原则,是媒介作为绿色生态和生态文明研究的重要内容。

第二节　媒介生态系统的组成与结构

媒介生态系统是一个复合生态系统和整体互动体系,它强调内外环境的协调和各种相关生态因子的互动,主张共同演进、和谐发展、共生共荣、可持续发展。媒介生态系统是以媒介产品生产、传播和营销为核心的相关要素的组合。它包括信息传播的全部过程,既包括媒体通过时间和空间反映出来的媒介产品形态、频率频道、人力资源、广告资源,也包括受众支持、社会信息和社会资源系统等等。过程的前端能够反映传播生态系统能量的内部流动姿态,则反映了信息传播系统与社会系统能量流动和互联的情形。两端保持良好的生态互动关系是极其重要的。

一、媒介生态系统的组成

媒介生态系统的组成不同于一般生态系统的组成,它既包括非生物成分又包括生物成分,但更多地要考虑与其密切相关的部分。根据我的理解,媒介生态系统可以分为自然环境、社会环境(含有政治环境、经济环境、文化环境和技术环境等)与一级生产者(传播者)、二级生产者(媒介)、三级生产者(营销)、消费者(受众)和分解者(回收、利用者)等。

1. 自然环境

自然环境是指人类生存和发展所依赖的各种自然条件的总和,包括地理位置、气候、地貌、植被和自然资源等同人们生活和传播活动有关的那一部分自然条件。介于自然环境与社会环境之间的是物理环境。物理环境是指存在于传播活动中的具有各种不同价值观并能减弱或加强传播效果的特定的人为的建筑实体和物理情境。

2. 社会环境

社会环境是指存在于传播活动中的由人类主体聚集、汇合后所形成的社会状况和条件。它包括政治环境、经济环境、文化环境和技术或信息环境等。

3. 一级生产者

一级生产者是传播活动的发起人和传播内容的发出者，是位于传播起点的个人、组织、社会的混合体。一级生产者不仅决定着传播活动的存在和发展，而且决定着信息内容的质量和数量、流量和流向，决定着传播内容对人类社会的作用和影响，还决定着媒介生态的状况。一级生产者可以分为普通生产者和职业生产者。普通生产者不专司传播，也不以传播谋生，因而也无须进行专门的训练与教育。职业生产者专司传播，并以此得到物质上的利益和心理或精神上的满足，通常需要进行专门的训练与教育，有专门的职业道德和规范，包括记者、作者、主播、编辑、编剧、导演、制片人等。

4. 二级生产者

二级生产者是指介于生产者与消费者之间，用以负载、扩大、延伸、传递特定符号的物质实体（如报纸、杂志、图书、广播、电视、电影、网络等），也用来指专门从事大众传播活动以满足社会需要的社会单位或机构（如报社、杂志社、出版社、电台、电视台、电影公司、网络公司和媒介集团等）。

5. 三级生产者

三级生产者包括发行公司、广告公司、投资公司等，是整个媒介产品经营的龙头，制约着产品营销的全过程。可以说，媒介管理的目标主要是围绕媒介产品的发行与销售而展开的。因此，媒介的发展、媒介产品市场占有率的提高，都要从扩张媒介产品的发行与销售能力上去寻找出路。从媒介生态的角度来说，只有建立一个完善的功能齐全的媒介产品营销种群，上接传播者、媒介，下联消费者，并与自然环境和社会环境有机互动，才能实现媒介市场的充分渗透和媒介生态的平衡循环。

6. 消费者

消费者在这里专指接受信息的人群，还既是传播食物链中的一个重要环节,也是社会大环境的一个重要组成部分,包括大规模信息传播中的消费群体——报刊的读者、广播的听众和电视的观众,也包括小范围信息交流中的消费个体——参与者和对话人。对于信息消费者,可以从年龄上、地域上、文化上进行分类,也可以从传播者感知的角度分为预期消费者、现实消费者和潜在消费者,还可以从同传播关系的角度分为纯粹消费者和介质消费者。

7.分解者

分解者虽然位于信息消费和信息接受一端,但是,它们的主要任务是分化信息的能量、化解舆论的压力、分解媒介的质态,将其归还到自然环境和社会环境之中,或者被生产者再次加工或利用。废品收购站、造纸厂、图书馆、资料库、博物馆是分解者,电子媒介和印刷媒介也可以互为分解者,知识生产者还可能是新闻生产者产品的分解者。据统计,某市由印刷媒介生产者生产的报纸有90%、图书有85%被分解者分解,进入再生产的良性循环过程。

在媒介生态系统中,所有的对媒介生存、发展、扩张与分布等有着直接或间接影响的组成因素或生态因子,既具有紧密联系、协调运作的结构和机制,也具有一系列互动互助、共进共演的特点:(1)综合性,即各种媒介生态因子以相互影响、相互依赖、相互制约的态势对媒介生存与发展产生作用;(2)非等价性,即诸多媒介生态因子中必有起主导或决定作用的因子;(3)不可替代性和互补性,媒介生态因子虽非等价,但都不可或缺;(4)限定性,即媒介在不同的成长发展阶段往往需要不同类型或不同强度的媒介生态因子;(5)坚韧性(robustness),就是媒介生态系统及其因子具有顽强性和健壮性,即能在生态异常和危险情况下继续顽强地生存和发展,继续稳定地维持某些生态性能的特性;(6)反作用性,即生态因子能对媒介生存和发展产生影响,同时,媒介组织的行为也会对生态因子产生反作用。

二、媒介生态系统的结构

媒介生态系统的研究需要从结构开始。与其他生态系统的描述不同,媒介生态系统的结构有其特殊性。对此,我可以从其形态结构和功能结构两个方面来描述和分析。

1.形态结构

媒介生态系统的形态结构是指媒介生态组成成分在时间和空间上配置与变化的基本构架。它可以分为垂直性结构和水平性结构。从级别层次的角度来看,垂直性结构的最上层是意识形态层,接下来是全国性媒介、省级媒介、地市媒介、县级媒介;从空间生态位的角度来看,垂直性结构的排列顺序是广播、电视、电影、网络、报纸、杂志、图书等。对于水平性结构的分析,大多是相同层级、相同媒介种群之间的横向比较分析,比如从媒介地理学角度分析得出的与中国"西高东低"的自然地理形势截然不同的"中国媒介东高西低的地形"论点,就是横向的比较分析。

当然,我们还可以依据媒介生态系统中各种要素的相互关系,建构一种更为复杂、更加科学的纵横交叉的媒介生态系统分析模型(图 8-1)。

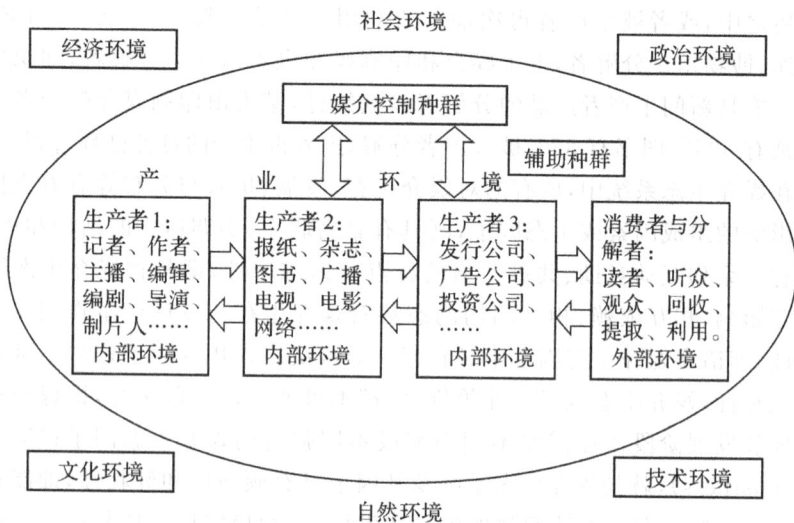

图 8-1 媒介生态系统分析模型

2.功能结构

媒介生态系统中的各种因子之间最重要的联系是通过功能转换和资源交换来实现的,即通过食物链和食物网将媒介与环境、传播者与消费者连接成一个相互作用的生态整体。媒介生态功能结构的食物链(如图 8-2)是指由于资源和功能关系在媒介之间形成的一种链条关系。食物链可以加长,比如信息传播的食物链(生产者→信息→符号→媒介→消费者→回收者→生产者);知识生成的食物链(数据→信息→知识→理论→科学→思想→智慧);媒介经营的食物链(传者种群→信息种群→受众种群→财力种群→物流种群→传者种群)。但是,媒介食物链加长不是无限的,因为当物质、能量、信息通过食物链由低向高流动时,高一级的媒介因子不能全部利用低一级的媒介因子,这样每经过一个营养级都会有一些物质、能量和信息减少,直至因可用性不大而失去继续开发的价值。

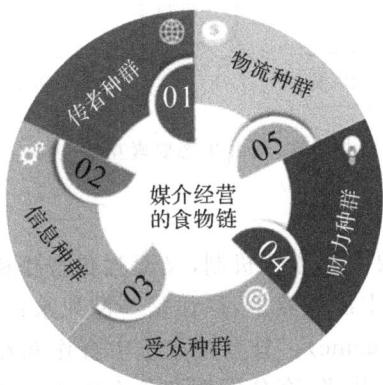

图 8-2　媒介经营的食物链

三、媒介生态系统的互动机制

　　媒介生态系统可以分为他组织生态系统和自组织生态系统。他组织生态系统主要指来自外界生态境的支持,为系统内部提供源源不断的政治、经济、教育、文化和生活资源及其信息,维持并不断促进媒介生态系统的生存和发展。自组织生态系统主要指系统内各种要素间的协同与竞争,是媒介生态系统生存和发展的基本力量和核心资源。媒介产业的生命周期是形成期—竞争期—创新期—进化期的生态往复循环。媒介自组织生态系统的四大资源支柱是人、财、物、讯,由内核能力、主导能力、生存能力、拓展能力共同构成系统的能力体系。为了建成符合科学发展观并具有良性循环、平衡和谐、强健坚韧特点的媒介生态系统,使媒介系统自发地由无序走向有序、由高代价走向低代价、由低效率走向高效率、由失衡走向平衡的友好生态,需要建构起科学的媒介生态要素互动机制(图 8-3)。①

―――――――――

① 　邵培仁. 建设平衡和谐、良性循环的中国媒介生态系统[J]. 今传媒,2010(7):27-29.

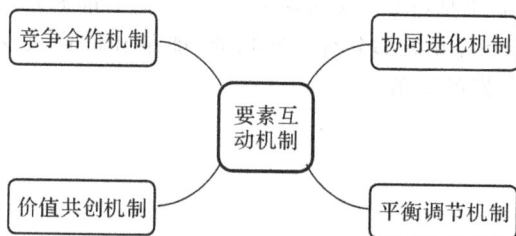

图 8-3　媒介生态要素互动机制

1.竞争合作机制

媒介生态系统既要引进竞争机制,又要强化合作机制,竞争与合作相互依赖,缺一不可。合作中没有竞争,往往是一潭死水;竞争中没有合作,通常是零和博弈(zero-sum game)。只有在竞争中合作和在合作中竞争,互动互助,共进共演,才能双翼腾飞,充分发挥竞争合作机制的动力激励作用,产生媒介生产和消费的倍增效应和共赢结果。

2.协同进化机制

协同进化(coevolution)是媒介与环境、传统媒介与新兴媒介在发展过程中由于生态上相互依赖或关系密切而产生的相互选择、相互适应、共同演变的进化方式。协同进化机制可以维持媒介群落的稳定性和提高媒介群落对环境变化的适应性,还可以促进媒介和内容的多样性和丰富性,增强媒介系统对外来媒介的抵抗力,但也要注意避免趋同进化。

3.价值共创机制

这是指"与有经验和创造力的组织和用户密切合作,利用其智力资本,并且给予奖励,共同创造商品、服务的流程"[①]。媒介生态系统的价值共创改变了传统价值创造理论,将食物链上的组织模块和用户或者协作网络、虚拟社群等纳入共同创造价值或重新创造价值的过程中,使其由被动的商品和服务的购买者、消费者,主动地转变为积极的合作者、设计者和创造者。

4.平衡调节机制

媒介生态系统具有一种趋向于达到稳定态或平衡态的机制特点,使系统

---

① Ramirez, R. Value Co-Production: Intellectual Origins and Implications for Practice and Research [J]. *Strategic Management Journal*, 1999,20(1): 49-65.

内的所有要素彼此协调、相互依赖、共进共演。这种稳定态或平衡态,是靠自我调节机制、反馈调节机制和韧性(robustness,又译"鲁棒性")调节机制来实现的。正是因为有了这三种平衡调节机制,媒介生态系统才富有弹性和张力,能够承受一定的压力和冲击,从而维持着自身的生态平衡。

第三节 媒介系统的食物链与食物网

一、食物链与食物网的关系分析

生态学上食物链(food chain)是指植物所固定的能量通过一系列的取食和被取食关系在生态系统中传递的关系。而能量在生态系统传递过程中形成的普遍的联系,使生物体彼此之间的关系错综复杂,从而形成食物网(food web)。以往学术界运用"链"的术语研究和分析生产经营系统的有很多,除了用"食物链"分析研究资源和功能关系之间的生态现象之外,有的用"商品链"作为分析全球技术流动的基础,有的用"生产链"作为分析全球生产系统的地域结构,有的用"增值链"和"价值链"分析商品价值的起伏波动现象。这些不同的"链"有本质上的共同点,即表达具有某种特征的不同要素之间的相互联系。不过,传播过程和媒介运作常常不是那么简单的直线式食物链,而是一种复杂的互动式食物网。也就是说,媒介生态因子不可能只固定在某一食物种群或食物链上,而更多的是连接食物网同时指向许多食物种群,从而形成交叉的网状的取食状态或结构。比如,传播者不仅要取食信息资源和受众资源,还需要取食物质资源、能量资源和财力资源。受众也不仅需要数据、新闻、娱乐,还需要知识、理论、科学、思想和智慧等。也就是说,媒介领域内各种生态因子、社会经济条件和自然环境条件都是相互联系的整体,"牵一发而动全身","唇亡齿寒"。

在媒介产品的生产中,食物链前端的"生产链"也在向"生产系统"演化,即由过去的信息收集、整理、加工、创造、印制、包装、发送等过程,向信息融合、符号融合、媒介融合、多种相关产业彼此之间纵横交错的协调运营的方向转变,由"链"向"块"的方向发展。

在此,我需要指出,不论是"媒介链条"还是"媒介系统",各种生态因子和媒介种群虽然同等重要,但并不意味着各种生态因子和媒介种群平均地承担着各种责任和任务。就新闻媒介来说,它们在报道新闻事件时所依赖或取食的甚至主要是一些势力强大的新闻来源——政府机关、专业性组织、压力集团、工商协会和专家。比如"在美国国家安全问题的报道中,1％的新闻源的讲述构成了报道中所引用的25％"①。其中最突出的是政府发言人和"高级管理人员"的讲述,而那些"不知名人士"特别是"普通人"则很少作为新闻源,并且只在极其有限的条件下才用到他们的讲述。这就是说,在新闻生产的食物链中,某些因子或种群具有一定的主导性,属于优势种和关键种,处于十分特殊的和非常重要的地位。

那么,经常视新闻自由为最高追求的西方媒介为什么如此重视范围狭窄的强势种群所提供的新闻资源呢? 这是因为:这种新闻资源可以解决大量的新闻收集和新闻生产问题,尤其是解决最具实际意义的真实性问题,很少有受众去质疑官方新闻来源的真实性。同时,当新闻来源于一个势力强大的个人或组织时,这一事实本身也证明它是有报道价值的。因此,新闻媒介对于某些新闻资源的过分依赖,事实上就等于允许这些新闻来源接近甚至控制媒介的部分新闻报道的主张权、选择权和传播权,并且也等于让自己成为新闻来源的取食对象。在中国,党委机关报可能更多地依赖官方提供的新闻资源,而晚报、都市报则更多地倾向于利用非官方的新闻来源。

虽然媒介生态系统的食物链条上的有些因子可能处于主导地位或者起决定的作用,但是这个食物链或食物网上的各种因子又都是重要的、不可或缺的。媒介生态系统是通过食物链与食物网来维持媒介生态系统的正常运转和良性循环的,各种媒介生态因子之间是一种互助合作、共进共荣的关系,缺少任何一种生态因子都会在不同程度上使媒介生态系统的稳定性有所下降。从媒介生态系统的稳定性和发展性的角度来看,也需要维持食物链和食物网的复杂性,因为食物网越复杂,生态系统抵抗外力干扰的能力就越强;食物网越简单,生态系统就越容易导致生态退化、衰竭甚至消亡。因此,在媒介生态系统中,我们也需要建构和营造不同生态因子和传播种群之间相互依存、相互作用、互惠共生、协同演化的良性生态关系,使它们能彼此联系,共同完成物质、能量和信息的交换、转化和传递,形成有生命力的可持续的稳定增长的产业价值链,不断增强媒介生态系统的稳定性和抵抗力。

---

① Hallin, D. C. , Mankoff, R. D. & Weddie, J. K. Sourcing Patterns of National Security Reporters [J]. *Journslism Quarterly*,1993,70(4):753-766.

二、媒介产业食物链的四个环节

媒介系统生产的是特殊的商品——媒介产品,它既是物质文明的一部分,又是精神文明的一部分。这就要求媒介经营者既要懂生产经营,又要懂信息传播,只有详尽了解媒介系统的全部情况和基本过程,才能找到媒介系统经营管理的捷径。而媒介产品的生产、流通和消费,最重要的就是需要遵循基本价值规律。

媒介系统在其发展过程中,同样受到供求机制、价格机制和竞争机制的制约,以市场为基本取向,通过市场调节媒介系统各种资源的配置,是价值规律作用于媒介系统的基本形式。作为价值规律在媒介系统中的具体体现,媒介系统食物链的形成和完善显得尤为重要,西方国家把这个产业食物链形象地称为"微笑曲线"(图 8-4)。

图 8-4　产业食物链——"微笑曲线"

媒介系统食物链的基本形态表现为:上游的原创研发、中游的生产制造以及下游的销售发行。在这条食物链上传递的是媒介系统所特有的知识产权(或称为版权)的价值,围绕着知识产权的形成、发展、保护、升值以及转化,构成了媒介系统的生命周期,体现了媒介系统独特的增值魅力。

20 世纪末,查尔斯·兰蒂(Charles Landry)将"价值产业链分析法"(Value Production Analysis)引入了文化产业研究中,对文化产业价值链做了更清楚的揭示。他提出的文化产业价值链包括五个价值环节:(1)创意的形成;(2)文化产品的生产;(3)文化产品的流通;(4)文化产品的发送;(5)观众与接受。① 这五个环节构成了文化产业的基本价值链。可以看出,较之上面的"微笑曲线","创意的形成"对应于"原创研发","文化产品的生产"对应于"生产制造","文化产品的流通"和"文化产品的发送"对应于"销售发行",而

---

① 曲晓燕.中国文化产业发展初探[D].北京:首都经济贸易大学,2004.

"观众与接受"则是对"微笑曲线"的补充。

根据查尔斯·兰蒂的文化产业价值链五个环节的基本思路,我结合动漫产业对中国媒介产品系统的食物链进行简要的分析(图8-5):

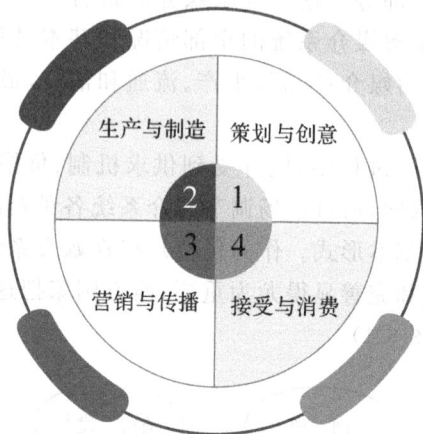

图8-5　中国媒介产品系统的食物链

1.媒介产品的策划与创意

对媒介产品策划与创意的分析,其实是对媒介系统食物链参与主体和首要环节的分析。在这个首要环节中,参与主体是媒介内容的生产者和提供者,它们可能是媒介从业人员——记者、编辑、主持人、制片人等,也可能是与媒介系统有签约关系的作家、编剧、艺术家、歌星、影星等,还可能就是任何能够创造出媒介产品的普通人——草根记者、新闻报料人、网络博客和DV传播者。[①]

对于媒介系统而言,媒介产品的策划与创意永远是一种稀缺资源。如果有谁要问我国动漫产业与西方国家相比,其主要差距在哪里,那么我可以说,主要表现在食物链的头尾两端,即策划与创意、传播与营销。在动漫产业和游戏产业,曾经有一段时间由于缺乏创意和策划,我国生产出的大量动漫、游戏产品不能吸引受众,加之缺乏有效的传播与营销模式,根本无法同日本和

---

① 邵培仁,章东轶.市民新闻学的兴起、特点及其应对[J].新闻界,2004(4):52-53;邵培仁,李一峰.从全民阅读时代到全民写作时代:论世界"参与新闻"运动[J].山东理工大学学报(哲学社会科学版)2007(3):104-109.

美国等国家的同类产品进行强有力的竞争。21世纪初的一项全国性调查显示,我国从幼儿园小朋友到初中、高中学生平时所看动漫的80％以上来自日本和美国。2012年之后,随着各级政府支持力度不断加大,中国动漫产业开始缓慢走出模仿美、日动画的"非民族化"迷途,探索产业转型升级和"再民族化"的路径,在动画艺术、策划与创意、传播与营销等方面逐渐形成特色、走向成熟,终于创作出了《西游记之大圣归来》《哪吒之魔童降世》等多部超过10亿元票房神话的国产动画电影,尽管整体上仍在追赶位置。[①]与此同时,我国媒介系统也在不断改革创新,但整体竞争力各分项指数并不高,特别是"媒介创新指数"和"媒介运作与战略整合"的指数在国际竞争力排列中仍均处于劣势。

2. 媒介产品的生产与制造

媒介产品的生产与制造过程可分为:媒介信息的采集与整理,媒介产品的制作与编辑,媒介资源的存贮与利用,信息咨询与媒介服务。"大众传播媒介实现生产的机能,我们已知道可以通过两种方法:一是把零碎散乱的数据和模糊不清的事件制作成完整统一、清晰明确的材料——信息,这属于信息生产和精神生产;二是将纸张、胶片、磁带、光盘等印制、摄制或录制成报刊、广播电视节目或电影片,这属于媒介生产和物质生产。""信息生产阶段,是信息的采集、鉴别、整理、制作、加工、编辑的阶段。在这一阶段,信息传播者决定一切,他以经验、知识和智慧决定数据转化为信息的形貌和特点,决定信息传播的流量和流向。媒介生产阶段,是将信息以符号(声音、文字、图像、动画等)的形式负载在物质实体(纸张、胶片、磁带等)上的过程。""可见,媒介产品是双元的混合的,是信息产品与实体产品、精神产品与物质产品、比特与原子的有机结合。"[②]

媒介产品的生产与制造是建立在策划与创意基础上的,没有策划与创意的生产与制造大多是拍脑袋地盲目生产出来的东西,发现不了媒介市场需求和空余生态位,极易造成媒介资源的浪费和市场机会的丧失。

随着媒介体制改革的推进,越来越多的民营资本参与进来,投资渠道多元化,对外开放程度不断提高,参与主体也呈多元趋势。外企和民营企业生产主体的加入,对于扩大媒介系统的规模化生产,对于改善媒介公司治理结构,提高和改善媒介产品的生产质量等都大有裨益。当然,在我国,这个环节

① 盘剑. 中国动漫产业和动画艺术的发展趋势与流变. 人民论坛,2021(1):134-138.
② 邵培仁. 媒介管理学[M]. 北京:高等教育出版社,2002:39-40.

的参与主体良莠不齐,真正具有较高的媒介水准,又懂得市场营销的还不多见。发展壮大这一环节的参与主体,提高媒介产品生产者的素质,是今后媒介系统发展中需要注意的。媒介产品的开发要注意多向度,进行立体式的开发,使媒介创意的产值达到最大。

3.媒介产品的营销和传播

这是媒介系统食物链的第三个重要环节,包括营销和传播。在媒介产品的营销和传播环节,媒介产品被媒介产品发行人、代理商及经纪公司(人)进行营销和分销,媒介产品被营销商购买,并运用各种销售渠道、营销模式和手段将其价值和使用价值售让给消费者。市场营销的目的是使媒介和消费者之间的联系达到最优化,达到互惠互利、协同共赢。在我国,媒介产品的营销和传播环节非常薄弱,由于缺少中介环节与市场营销环节,媒介生产与制造环节变得萎靡不振。投入产出不成比例,陷入非良性循环,忽略或扭曲了市场价值规律。长期以来,中国媒介产业重宣传轻新闻,重内容轻包装,重制作轻发行,重计划轻市场,重口碑轻广告……诸如此类的现象成为中国媒介市场发展的桎梏。

4.媒介产品的接受与消费

媒介产品最终要进入消费环节。受众的媒介需求是媒介市场和媒介系统存在、发展的出发点和归结点。媒介生态系统的发展和完善,不能忽视消费者这个参与主体对整个食物链的反馈和互动。从总体上来说,目前我国的媒介产品并不丰富,消费者对某些媒介产品只能"照单全收",作为参与主体,目前消费者对整个食物链并没有掌控能力。实际上,对于媒介消费者的培育,也应该成为媒介系统发展的重要价值链。漠视消费者无益于媒介产品的营销和媒介市场的拓展。受众的口味与需求正越来越成为媒介产品生产与制造、营销与传播的主要依据和真正动力。这就要求处在媒介生态食物统链第一环节的媒介策划与创意关注受众审美、娱乐、休闲、兴趣需求的不断变化,依特定媒介消费指向,设计出相应的媒介物品、媒介象征物和媒介体验,以满足受众的媒介消费,适应公众的媒介需求,表达公众的媒介意志,同时,注意培养各个层次的媒介受众。[①]

中国是一个文化大国,媒介系统可开发的潜在资源十分丰富。目前,我

---

① 邵培仁,等.文化产业经营通论[M].成都:四川大学出版社,2007:83.

们还没有完全形成"分工互补,立体开发,依托主业,多元发展"的媒介生态系统。但值得注意的是,近年来,中国媒介系统对食物链的开发与完善日益重视,有些媒介系统做了不少努力,已走出了可喜的一步。在媒介系统的食物链打造方面,《喜羊羊与灰太狼》《超级女声》等影视娱乐产品确实树立了榜样。它们以影视娱乐产品为中心,众多增值产品、衍生产品相继跟进,形成了多点聚利的一条基本完整的传媒食物链。

第四节　媒介生态系统的规划与管理

弗雷德里克·斯坦纳(Frederick Steiner)写道:"习惯上,规划过程被描述成一种线性的进程。其实与其他人类行为一样,决策的制定是很少按照这种线性与理性的模式进行的。但它仍属于人类活动的某种逻辑序列,并能够表述为某种简单的组织框架。"①"正其末者端其本,善其后者慎其先。"([西晋]潘岳《籍田赋》)媒介生态系统的规划与管理也一样,要想端正树枝之末梢,那么先要端正树木之根本;做事要想取得好的结果,那么在开始时就要谨慎。正所谓:"凡事预(豫)则立,不预(豫)则废。言前定,则不跲;事前定,则不困;行前定,则不疚;道前定,则不穷。"(《礼记·中庸》)"天之所能者,生万物也;人之所能者,治万物也。"([唐代]刘禹锡《天论上》)人是自然之子,也是自然之主。人的高贵之处正在于:人不仅能科学地顺应自然、合理地利用自然,而且能积极、主动、合理地保护、调控、规划和管理自然。因此,媒介生态系统一定要十分重视前期规划与过程管理,尽管它很少按照某种既定的线性进程和理性模式进行,但肯定会有一些核心的或共同的问题必须提前拟定。

一、媒介生态规划的概念及发展过程

规划是运用科学原理、方法和技术信息,对众多选择进行思考、分析、论证并获得一致意见的过程。媒介生态规划是指运用媒介生态学的基本原理、方法及社会文化信息,就媒介生态建设与生态发展的众多方案和可能的机遇进行思考、分析、论证并进行决策的过程。

对此,伊恩·麦克哈格(Ian McHarg)认为:生态规划"可以被再解释为就

---

① 斯坦纳.生命的景观——景观规划的生态学途径[M].周年兴,等译.北京:中国建筑工业出版社,2004:3.

任何特定的人类使用方式明确地提出面临的机会和约束,调查能够揭示出最合适的区位与过程"。因为"所有的系统都渴望生存与成功。这一论断可以被描述为优化—适应—健康。其对立面是恶化—不适应—病态。要实现前述目标,系统需要找到最适宜的环境,并改造环境及自身。环境对系统的适宜性可以定义为只需要付出最小的努力和适应。适宜和相符是健康的标志,而适宜的过程也就是健康的馈赠。寻求适宜归根结底是调整适应。要成功地调整适应,维护并提高人类的健康与幸福,在人类能运用的所有手段中,一般来说文化调整尤其是规划可能是最为直接而有效的"。①

    媒介生态规划的知识基础是景观生态规划。景观是复杂的自然过程和人类活动在大地上的烙印,是多种功能(过程)的载体。景观的概念最早可以在《圣经》(旧约全书)中找到它的踪影——用来描绘具有所罗门王国教堂、城堡和宫殿的耶路撒冷城美丽的景色,后来景观又具有地理学和生态学上的意义。

    景观规划并不是从一开始就表现出对环境的关注,而是经历了一个逐渐认识、发展、再认识、再发展的过程,其间许多历史运动和事件都对景观规划中环境的认识发展有着重要的影响。人类早期的景观规划活动完全从功利角度出发,并未考虑到规划对环境的影响。景观生态规划研究的历史最早可以追溯到 19 世纪下半叶,当时苏格兰植物学家和规划师派特里克·盖迪斯(Patrick Geddes)提出了"先调查后规划"的主张;以美国景观之父弗雷德里克·劳·奥姆斯特德(Fredrick Law Olmsted)、乔治·珀金·玛希(George Perikns Narsh)和埃比尼泽·霍华德(Ebenezer Howard)为代表的规划师在不断反思的过程中认识到景观、生态是一个自然的系统,并开始了生态规划的初步尝试。从 20 世纪初至中叶,出现了大量涉及开放空间系统、城市公园及国家公园的规划。在思想上,奥尔多·利奥波德(Aldo Leopold)、芒福德与本顿·麦凯(Benton Mackaye)等人先后倡导了规划的"生态理论"。而在技术上,沃伦·曼宁(Warren Marnning)和派特里克·盖迪斯等人则创造并改进了生态规划的方法。此时生态思想已经渗入规划领域,为规划注入了活力。直到 20 世纪 60 年代伊恩·麦克哈格以《设计遵从自然》一书正式对追求人为秩序和区划的传统城市物质规划方法宣战,提出了基于生物生态学适应

---

① McHarg, Ian L. Human Ecological Planning at Pennsylvania[J]. *Landscape Planning*,1981,8 (2):112-113.

性原理的人类生态规划方法。目前,生态规划已成为世界各地规划研究的热点,一系列专著也相继问世,弗雷德里克·斯坦纳的《生命的景观——景观规划的生态学途径》、伯恩鲍姆和卡尔森的《美国景观设计的先驱》①等便是其中获得高度评价的著作。直至今日,在无数生态规划工作者的不懈努力下,不仅生态规划得到了更进一步的发展,而且从自然生态系统扩展到以人类为中心的人工生态系统,进而向媒介和文化创意产业等生态规划领域发展。

二、媒介生态规划的铁则与主要步骤

联合国人与生物圈计划(MAB,1984)报告指出:"生态城(乡)规划就是要从自然生态和社会心理两方面去创造一种能充分融合技术和自然人类活动的最佳环境,诱发人的创造精神和生产力,提高物质文化生活水平。"媒介生态规划就是对一定时期内媒介愿景和媒介生态建设的对策、目标和措施所做的规划,其目的在于提高媒介产品质量,维持生态平衡,优化人与媒介、社会和自然的关系,实现媒介的和谐、高效、持续发展和良性循环。

媒介生态规划是可持续发展的基础。可持续发展最著名的定义是世界环境与发展委员会提出的,即"满足当代人需求的同时,并不损及后代需要的能力"(WCED,1987,8)。1993 年,美国国家环境委员会又做了新的界定:可持续发展,"一种战略,在提高生活质量的同时保护未来的环境潜力,依靠利息生活而不是消耗自然资本。可持续发展要求当代人将环境及积累的资源传递下去,使我们的孩子生活得像我们一样,最好是比今天的人们生活得更好,不应限制后代人的选择,而应努力扩展他们的选择机会。可持续发展的前提是依靠地球自身的资源生存(1993,2)"②。

因此,媒介生态规划不同于传统的媒介发展规划和城市生态规划,它是联系媒介发展规划和城市生态规划及社会经济规划的桥梁,其科学内涵强调规划的能动性、协调性、整体性和层次性,强调媒介生态的良性循环、再造再生、可持续发展,其目标是追求媒介的绿色、社会的文明、经济的高效、环境的友好、人类的和谐。

媒介生态规划的主要内容包括媒介生态系统规划、媒介生态工程规划和

---

① 伯恩鲍姆,卡尔森. 美国景观设计的先驱[M]. 孟雅凡,俞孔坚,译. 北京:中国建筑工业出版社,2003.

② 转引自:邵培仁,等.媒介生态学:媒介作为绿色生态的研究[M].北京:中国传媒大学出版社,2008:126.

媒介生态管理规划三部分。媒介生态系统规划,由生态因子规划、生态关系规划、生态传播规划、生态文化规划和生态功能规划等组成;媒介生态工程规划,由信息生态工程、传播生态工程、水生态工程、能源生态工程、景观生态工程、建筑生态工程、产业生态工程、物流生态工程等组成;媒介生态管理规划,由媒介产品的生产、传播、营销的生态管理和媒介人才、媒介经济、媒介资产的生态管理以及媒介生态代谢管理、生态体制管理等组成。

《生命的景观——景观规划的生态学途径》一书的作者弗雷德里克·斯坦纳具有丰富的景观设计的理论和实践经验,参与了大量的社区和区域规划项目。该书从规划师如何开展生态规划、应从哪些方面入手进行生态规划出发,从生态环境的角度总结了规划技术与规划应用的经验,介绍了如何开展生态规划,以及如何确定规划问题、规划目标的步骤、方法和原则。他把生态规划划分为十一个步骤,详述每一步骤可能开展的工作,循序渐进地引导读者了解如何开展生态规划①,这些对于我们进行媒介生态规划均有很大的帮助和启迪作用。

1.明确规划问题与机遇

人类社会面临着许多社会、政治、经济、文化及环境问题和机遇,而问题与机遇则导出了特定的规划议题。例如,新区的发展规划与土地拥有者之间的冲突问题,与当地自然景观的融合、协调问题,与周围其他社会组织或机构的关系处理问题,以及新建的优美景观和娱乐设施所带来的新的发展机遇,而关键的挑战在于如何在适应新发展的同时,保护那些吸引人们来此的自然资源。

2.确立规划目标

目标能清晰地显示企业未来的理想景象。设立相应的目标是生态规划的基础,也是解决问题的一部分。以目标为导向的规划需要"从社区及其居民的目标出发,然后开发那些构成实现社区目标最佳途径的项目,并注意不要让这些项目的结果导致不良的行为或成本后果"②。因此,所有受此目标影响的人都应该参与到确立目标的工作中来,而且要让参与具有持续性,即人

---

① 斯坦纳. 生命的景观——景观规划的生态学途径[M]. 周年兴,等译. 北京:中国建筑工业出版社,2004:12-24.

② Gans, Herbert. *People and Plans : Essays on Urban Problems and Solutions*[M]. New York: Basic Books, 1968:53.

们能够继续参与其后的规划过程。确立规划目标的公众组织包括市民咨询委员会、技术咨询委员会、邻里规划委员会、名义团体研讨会等。

3.景观分析的区域尺度

景观分析的尺度主要有区域、地方和特定场地(强调地方性)三种。景观的尺度也可被理解为:(1)风景;(2)栖居地;(3)生态系统;(4)符号。规划工作涉及相互联系的各种尺度等级,每一等级都有自己的特性,而每个等级的整体都是更高等级的组成部分。恩格斯指出:"人却懂得按照任何一个种的尺度来进行生产,并且懂得怎样处处都把内在的尺度运用到对象上去。因此,人也按照美的规律来建造"①。生态规划也应"按照美的规律"、根据区域和景观实际,从不同尺度及其等级有条理地进行思考和分析。区域、地方和特定场地被认为是对景观规划和自然资源管理很有用的分析尺度和等级。

4.景观分析的地方尺度

规划应对更为具体的规划区域上发生的过程进行研究。对地方尺度的分析,主要是为了获得对自然过程、人类计划或活动的认识。生态规划过程中的这一步骤类似于前面各步,包括对构成规划区域的物理、生物及社会元素的相关资料的收集。由于成本与时间在许多规划过程中都是很重要的因素,故现有的已出版或绘制的资料是最容易,也是能最快地获取的。如果预算及时间允许,在开展景观分析时,最好组织跨学科团队收集新的资料。无论是哪一种情况,这个步骤都是跨学科收集资料的过程,包括搜寻、汇集、调查、绘制。

5.详细研究

详细研究的基本目的是理解人类价值观、环境的机遇与约束及正在研究的问题之间的复杂关系。要完成此任务,关键是要使研究与当地现状联系在一起,将问题、目标与资料调查、分析联系在一起,进行不同尺度的适宜性分析研究。典型的详细研究,如适宜性分析,是基于生态调查及土地使用者的价值观念,以确定某一特定地区对多种土地利用类型的适宜性。

6.规划区的概念及多解方案

在适宜性基础上提出了具有普遍性的概念模型,以及为问题的解决提供

① 马克思,恩格斯.马克思恩格斯全集(第42卷)[M].北京:人民出版社,1979:97.

预景分析。提出的模型需要能够保证目标的完成而不应偏离规划目标；预景分析（即未来可能的选择）确定了未来对区域进行管理的可能方向，因此可以作为讨论的基础，而由社区来选择其未来。在此当中，实施的可能性也应当予以考虑。规划选择的组织有专家研讨会、特别工作组、市民咨询委员会、技术咨询委员会、公众听证会等。规划选择的技术手段包括公民投票、同步调查、"目标—实现"矩阵等。

7. 景观规划

景观规划将最优的概念和待选方案综合在一起，并考虑自然和社会两方面，在地方尺度上提出发展战略。它为政策制定者、土地管理者及土地使用者提供了灵活的导则，以指导对某一地区进行的保护、恢复或开发。在这种规划中，需要留有足够的自由度，便于地方领导者及土地使用者针对新的经济需要或社会变化而调整其行动。规划应该包括对政策及实施战略的书面表述，以及一张表现景观空间组织结构的地图。

8. 持续的市民参与及社区教育

一个生态规划的成功很大程度上取决于有多少民众参与到其决策过程之中。有无数这样的先例，政府或企业突然公布某一项目的规划方案，但该规划事先并未与相关人员协商，尽管将对他们产生深刻的影响，结果规划受到民众强烈反对。可行之策应是使民众参与到规划过程中，征求民众意见，并将意见融入规划中。虽然这么做可能会使规划周期加长，但会获得地方民众较高的支持率，从而加强对规划的监督力度。

9. 设计探索

设计代表了对前面所有规划研究的综合，也是赋予其形体并在空间上布置要素。规划师在景观规划的基础上进行详细设计，可以帮助决策者了解其政策的后果。设计既是景观的设计，也应是生态的设计，即通过图形模拟、景观、建设示范项目等来表达生态观念。只有这样，决策者和规划者才能认识人类生活的生态背景，正确评价各种事物。专家研讨会是产生设计思想源泉的良好平台。

10. 规划与设计的实施

实施是采用各种战略、战术及程序，实现生态规划中确定的目标及政策。无法实施的规划与设计是毫无用处的。美国政府实施规划，通常采用四种权力(管制权、征用权、支付权及税收权)和多种具体措施(自愿达成契约、地役权、土地购买、开发权转移、分区制、设施推广政策及执行标准等)来控制对土地及其他资源的利用。斯坦纳提醒,实施规划采用的方法需要适应此地区的实际情况,否则也可能事与愿违。

11.管理

生态规划的最后一步是对规划进行管理。管理包括对规划实施的全程监控及评价。对规划的修正、调整或管理无疑是必要的,因为现实情况会不断发生变化,会不断出现新的信息。为了实现规划的目标,需要特别注意设计制度化的检查程序及对决策过程的管理,还可对项目做出影响评价,以衡量项目的效益。

第五节　生物圈与全球传播命运共同体

一、地球是人类的家园

生物圈(biosphere)是指地球上凡是出现并感受到生命活动影响的生态统合整体,是地球的一个外层圈,其范围大约为海平面上下垂直 10 公里。生物圈是一个复杂的、全球性的开放系统,是一个生命物质与非生命物质的自我调控的最大的生态系统,是人类诞生和生存的宜居(有适宜的阳光、空气、水、温度和所需的各种营养元素)空间,更是所有生物共同的家园。这是生态学对生物圈的一般定义和描述。

"人是自然界的一部分"、"人靠自然界生活"、自然界是人的"无机的身体",这是马克思关于人与自然相统一的思想的重要观点。[1] 人作为万物之灵,在生物圈中占据着主宰和统治的地位,不仅能大规模地改变地表的景观,而且能够改变地表之上的生态系统,使其为人类的生存和发展服务。但是,人类需要认同一个价值目标:生物圈是人类与其他生物的共同家园。人类还需要明白一个道理:"地球好,人类才会好!"目前,每年全球食品产品中预计有三分之一,即相当于 13 亿吨、价值 1 万亿美元,会在消费者和零售商的垃圾箱里腐烂,或者由于运输和收获不当而变质。预计到 2050 年,如世界人

---

① 李湘崑. 马克思关于人与自然、社会与自然相统一的社会历史观:对当代生存环境危机的几点看法[J]. 牡丹江师范学院学报(哲学社会科学版),1994(4):1-5.

口增加到 96 亿,那么,要维持现有生活方式所需的自然资源相当于三个地球总资源的总和。人类无节制地攫取自然、妄图征服自然甚至破坏自然,必然也会遭到自然的报复。

"绿水青山就是金山银山。"这是经济发展与生态环境保护之间矛盾的最高阶段,即矛盾双方由对立走向统一的"合题"。经济发展与生态环境保护之间具有内在一致性。打破经济发展与保护对立的束缚,树立保护环境就是保护人类、建立生态文明就是为人类造福的新理念。自然资源不再是单纯服务于经济发展的材料和客体,它本身就是财富,保护、开发和利用好自然资源就是积蓄财富、发展经济。经济生态化与生态经济化的转换思维,触发了矛盾双方由对立走向统一的条件,使矛盾双方在朝向对立面的转换进程中达成了和谐统一。生命起源于自然,坚持生态平衡和生态循环,达到人与自然的和谐统一、友好相处,才能让"绿水青山变成金山银山"。

在生物圈生态系统结构中,若从人本主义和本土主义的视角进行思考和分析,那么人与全球生态之间应该是一种层级的波纹的逐步递进的逻辑生态关系:人→本地生态→中国生态→亚洲生态→全球生态→生物圈生态(图8-6)。在这种生态关系中,人是生态的因子,与生态是一种相互依存、相互作用、相互制约的关系,人也是其中最有力量、智慧和活力的因子。人是我们思考和分析问题的立足点、出发点和最终目标,离开人而去谈论生态问题是没有意义的。人与本土生态、中国生态、亚洲生态、全球生态和生物圈生态之间的关系呈现出层层叠叠、波纹扩展、空间放大和逐步递进的态势,好像它们之间的亲密度也在递减、衰退,其实人的"生态时空伴随互动"的频度、热度并未减少一分,有时因为人的生态意识的加持、生态伦理的增强和社会责任感的提升,反而会不减反增。

因此,人作为地球之子、自然界的一分子,是对象性的,又是主导性的;是被动性的,又是主动性的;人与生物圈是对应关系,也是一种新陈代谢的、物质与能量交换和转化的生态系统,从人类诞生早期的生物圈对人类单向的影响为主,发展为现在人类与生物圈相互作用、相互影响、相生相济的格局,人类逐渐认识到自身同生物圈的关系是一种共生共存、互助互利、共进共演的生态关系。人类只有认清自己在生物圈生态中的位置和坐标,自觉地与生物圈和谐相处、友好合作,才能消除人与生物圈之间的紧张关系,进而建设一个既有利于人类生存与发展,又有利于生物圈的平衡循环的生态系统。

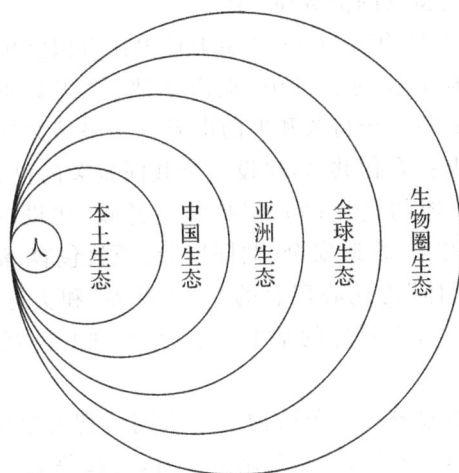

图 8-6　人与全球生态的层级、递进关系

二、打造人类命运共同体与生物圈保护

的确,全球的消费和生产推动了全球经济发展,但这种消费和生产模式并未摆脱对自然环境和资源的依赖性利用,而目前的利用模式会持续对地球环境和资源造成破坏性甚至毁灭性影响。人类必须以负责的可持续消费和生产的观念思考如何用更少的资源做更多、更好的事,如何以善良的简洁得恰到好处的生活方式利用和消费资源,科技、媒体、创新如何在减弱富人过度消费欲望、消除经济增长与环境退化之间矛盾的同时向物质和精神贫困者施以援手,如何既向低碳和绿色经济过渡,又能提高资源利用效率、促进可持续生活方式。

"构建人类命运共同体"是习近平根据世界和人类文明现状及其发展趋势提出来的创新性的系统性认识、论述、主张及其行动方案。它不是以民族主义、单边主义、孤立主义、利己主义或以某国优先为战略考量,而是以"共商、共建、共享"的共赢主义为基本原则,携手世界各国政府和人民"共创普惠平衡、协调包容、合作共赢、共同繁荣的发展新时代"①,这同样有助于在全球

---

① 新华网. 央视快评│共创普惠平衡、协调包容、合作共赢、共同繁荣的全球发展新时代[EB/OL].
(2022-06-25)[2022-06-30]. http://www.xinhuanet.com/2022-06/25/c_1128775837.htm.

打造负责的节约的可持续的消费和生产模式。

习近平主席在 2017 年 1 月 18 日瑞士日内瓦万国宫出席"共商共筑人类命运共同体"高级别会议的演讲中,提出了建设"美好世界"的五个标准:(1)坚持对话协商,建设一个持久和平的世界;(2)坚持共建共享,建设一个普遍安全的世界;(3)坚持合作共赢,建设一个共同繁荣的世界;(4)坚持交流互鉴,建设一个开放包容的世界;(5)坚持绿色低碳,建设一个清洁美丽的世界。① 可以说,持久和平、普遍安全、共同繁荣、开放包容、清洁美丽是共同构成以"人类命运共同体"为核心理念的"美丽世界"和美好生物圈的复合体,"五项坚持"则是建设五个目标的基本要求,是实现互动互助、共存共荣美好愿景的必由之路。②

"智者察同,愚者察异。"(《黄帝内经·素问》)智者察同,就会互相包容,求同存异,获得共赢;愚者察异,就会制造矛盾,挑起争端,导致失败。美国国务院政策规划部门前负责人安妮-玛丽·斯劳特在接受德国《时代》周报采访时说:国家之间相互斗争"会削弱动员全球共同抗击疫情的能力,也会影响对气候变化和其他各种全球性挑战的应对"。"全球主义是更好的指导原则",因为"全球主义是一项以人和地球为中心的政策,一种不仅仅关注国家是竞争还是合作的政策"。③ 当今各国在经济、社会等各个方面相互依存,零和博弈、冷战思维早已过时,倡导以对话解决争端、以协商化解分歧,变对抗为对话,发展相互尊重、平等合作、互利共赢的国家关系,才能顺应时代变革与发展。建设这样的"美丽世界"和美好生物圈,符合全世界人民的共同利益,大概除了极少数极端自私的利益集团和反人类势力外,绝大多数的国家和人民都会拥护、支持实现这个美好理想。

面对全球日益严峻的人口、资源、环境危机,联合国教科文组织于 1971 年发起了一项政府间的科学计划——"人与生物圈计划"(MAB),旨在为改善人类及其生存环境之间的相互关系打造一个科学基础。具体而言是:整合自然科学和社会科学的力量,以合理及可持续地利用和保护全球生物圈资源,增进人类及其生存环境之间的全方位的关系。2016 年第 4 届世界生物圈保护区大会提出要"开展综合的、现代化的、开放的、透明的传播、信息和数据共享

---

① 新华社. 习近平出席"共商共筑人类命运共同体"高级别会议并发表主旨演讲[EB/OL]. (2017-01-18)[2021-08-30]. http://www.xinhuanet.com/world/2017-01/19/c_1120340049.htm.
② 邵培仁. 作为全球战略和现实考量的新世界主义[J]. 当代传播,2017(3):1.
③ 冬天来临时我们不能互斗[N]. 参考消息,2021-12-10(1).

活动,以增强人们对联合国教科文组织 MAB 各方面的了解与认知,并制订其传播战略行动工作计划"。2018 年 MAB 第 30 届国际协调理事会正式出台了MAB 全球传播战略行动计划《通过今天人类与自然的牵手,激发出一个积极的未来》。中国设有人与生物圈国家委员会,秉持保护与可持续发展并重的"人与生物圈"理念,充分利用中国生物圈保护网络平台开展各项合作,取得了一系列重要成果,是实施"人与生物圈计划"卓有成效的国家之一。① 2020年 12 月 13—16 日,中国生物圈保护区网络(CBRN)第 22 届成员大会在山东省烟台市举行。至此,中国生物圈保护区网络成员达到 185 家,其中 34 家成功申报世界生物圈保护区,生态类型覆盖面进一步扩大。会议希望生物圈保护区成员单位进一步推广落实人与生物圈计划的核心理念,努力探索既保护生物多样性、文化多样性,又促进经济社会可持续发展的道路。②

与此相关,中国正式签署、批准和实施了联合国《人类环境宣言》《巴黎协定》《生物多样性公约》《气候变化框架公约》和《格拉斯哥气候协定》等各种与生态环境有关的公约和协定,国家还出台了一系列生态环境整治、保护的法律法规和行动方案,如《中国生物多样性保护战略与行动计划(2011—2030年)》《生态环境监测规划纲要(2020—2035年)》《水污染防治行动计划》《土壤污染防治行动计划》《"十四五"控制温室气体排放工作方案》《"十四五"生态环境规划》《关于生态环境保护助力打赢精准脱贫攻坚战的指导意见》《中央生态环境保护督察工作规定》,等等,全部对标 2035 年美丽中国目标。③ 2021年底,中共中央办公厅、国务院办公厅印发了《农村人居环境整治提升五年行动方案(2021—2025年)》,要求通过环境整治,"到 2025 年,农村人居环境显著改善,生态宜居美丽乡村建设取得新进步"。"农村人居环境治理水平显著提升,长效管护机制基本建立。"④全面扎实推进农村人居环境整治,有助于彻底扭转农村长期以来存在的脏乱差局面,为全面建成安全、清洁、美丽的小康社会提供有力支撑。2022 年年初,国家发展改革委等七个部门又联合印发了

① 王丁,刘宁,陈向军,等.推动人与自然和谐共处和可持续发展:人与生物圈计划在中国[J].中国科学院院刊,2021,36(4):448-455.
② 陈欢欢.中国生物圈保护区网络成员增加到 185 家[N].中国科学报,2020-12-16(4).
③ 中华人民共和国生态环境部.全国生态环境保护工作会议在京召开[EB/OL].(2021-01-21)[2021-08-30].http://www.xinhuanet.com//world/2017-01/19/c_1120340049.htm;国务院新闻办公室.中国的生物多样性保护(白皮书)[N].光明日报,2021-10-08(10).
④ 新华社.中办国办印发:农村人居环境整治提升五年行动方案(2021—2025年)[N].人民日报,2021-12-06(1).

《促进绿色消费实施方案》的通知,要求各类消费主体在消费活动全过程贯彻、实施绿色低碳理念的消费行为;全面推动吃、穿、住、行、用、游等各领域消费绿色转型,统筹兼顾消费与生产、流通、回收、再利用各环节顺畅衔接,强化科技、服务、制度、政策等全方位支撑,实现系统化节约减损和节能降碳;争取到 2030 年,绿色消费方式成为公众自觉选择,绿色低碳产品成为市场主流,重点领域消费绿色低碳发展模式基本形成,绿色消费制度政策体系和体制机制基本健全。同时,要求各部门加强组织领导、开展试点示范、强化宣传教育、注重经验推广。①

　　传播特别是大众传媒、网络与新媒体在人与生物圈计划及各种环境整治活动中,发挥了十分积极的宣传教育、经验推广和舆论引导的作用。自从中国加入联合国教科文组织"人与生物圈计划"暨中华人民共和国人与生物圈国家委员会成立以来,中国每年都举办人与生物圈大会和中国生物圈保护区网络大会,除了开幕式、主题讲演,还邀请国内外生态保护领域权威专家开展形式多样的主题报告与科普宣讲活动,举办"协调人与生物圈保护"展览,同媒体合作开展"人与生物圈计划在中国"的宣传活动,并专门成立了媒体传播专家组,举办中国人与生物圈传播力培训班,展示、总结中国世界生物圈保护区发展历程、现状、研究成果等内容,提升中国生物圈保护区的传播力和影响力,吸引世界各国和全社会对中国"人与生物圈计划"和人与生物圈保护区的关注,共同推动世界人与生物圈保护绿色传播工作。此外,中华人民共和国生态环境部还提出了全国生态环境宣传教育规划、《"美丽中国,我是行动者":提升公民生态文明意识行动计划(2021—2025 年)》,成立全国生态环境宣传教育机构、宣教队伍和网络与新媒体平台,举办各种宣传教育活动,为打赢污染防治攻坚战营造了良好舆论氛围。②

　　因此,构建人类命运共同体与保护生物圈及良好的生态环境,不是一个人、一个地方、一个国家的责任,而是全人、全媒、全球的共同责任。"地球好,人类才会好!""大家好,才是真正的好!"携手保护我们的生物圈,让我们的地

---

① 中华人民共和国国家发展和改革委员会. 国家发展改革委等部门关于印发《促进绿色消费实施方案》的通知[EB/OL]. (2021-01-18)[2021-08-30]. https://www.ndrc.gov.cn/xxgk/zcfb/tz/202201/t20220121_1312524.html? code=&state=123.

② 中华人民共和国国家生态环境部. 2021 年全国生态环境宣传教育工作会议召开[EB/OL]. (2021-11-16)[2021-12-30]. https://www.mee.gov.cn/ywdt/hjywnews/202111/t20211116_960534.shtml.

球更加美丽,需要我们地球人一起同心协力!

三、整体全球化与建设美好的家园

中国生态文化的最高境界和理想是"万物一体"和"天人合一",认为世间万物是一荣俱荣、一损俱损和互为平等的生态共同体,天、地、人、物是和谐、均衡、统一和多元、包容、共存的同类共构的生态统一体。中国人追求人与天地万物的和谐相处,自然也追求人与媒介、媒介与社会、国与国的友好合作、和谐共进,包括一个人主我与客我的和谐及内心的圆满与平和。但是,这种生态思想和文化基因在近现代却遭遇严重挑战,也饱受诟病。"正当我们要将其抛弃的时候,它似乎完成了调整,重新焕发出了生机,与当代社会的发展找到了契合点。旧邦新命,一洗沉疴,令人欢欣。"[①]基于人类最高境界和理想的整体全球化,正呈现在世人的眼前。

当今世界政治、经济、文化生态乱象丛生,不仅包括"中东、北非之乱",还包括"西方之乱",美国挑起的贸易摩擦、领土争端、北约东扩和将新冠肺炎疫情"甩锅"中国,有可能演变为世界冲突的源头,甚至可能成为"世界之乱"的焦点。但是,正如中国古语所云:"天狂必有雨,人狂必有祸。""治常生于敬畏,乱常起于骄纵。"当前的世界危机和乱象看似巨大的挑战,实质上也是难得的机遇。它警示人类要保持定力、直面挑战,因为没有大乱就没有大治,"一治一乱"(《孟子·滕文公下》)、由乱到治、由治到兴、由兴到美,正是事物发展的基本规律。特别是新冠肺炎疫情,它的确是人类遭遇的前所未有的巨大灾难,但是"祸兮福之所倚,福兮祸之所伏"(《老子》第五十八章),灾难不仅不会击溃人类的大无畏精神和传统美德,甚至有可能成为"推动世界运转的隐藏力量"[②],成为人类在逆境中奋起斗争、持续变革的催化剂和动力源。新冠肺炎疫情的出现既凸显了人与生产、消费之间的生态失衡态势,也暴露了人与自然之间的生态紧张关系,并揭示了我们在生产活动和资源消费方面始终面临的取舍症结:人类的需求无限,但地球满足人类需求的资源有限。

人类必须在全球危机和负面影响出现之前,理解和认识到地球自然资源的有限性,积极寻找人与媒介、社会、自然之间整体互动的最佳生态平衡点和

---

① 陈胜前. 中国文化基因的起源:考古学的视角[M]. 北京:中国人民大学出版社,2021:270.
② [英]弗兰克·菲雷迪(Frank Furedi). 恐惧:推动全球运转的隐藏力量. 吴万伟,译. 北京:北京联合出版公司,2019.

良好的生态循环机制,思考与建构从"单一全球化"过渡到"整体全球化"的科学路径,转变落后和陈旧的生产和消费方式,采取更负责的、可持续的做法,将人类的生产和消费模式控制在恰到好处的状态,从而共同构建"整体全球化"的科学秩序和更加美好的人类家园,造福人类及子孙后代与地球。

四、人类整体传播学与全球传播生态

我们正站在人类发展进步的一个新的历史起点之上。世界正处于大发展、大变革、大调整的关键时期,同时,世界也从来没有像今天这样互联互通、唇齿相依、水乳交融。如果说新航路的开辟是世界开始连成一个物理整体的标志性事件,那么互联网的出现则是世界连接成一个传播整体的里程碑,是人类朝着世界传播整体化进程迈出的关键性一步。

如今任何国家和组织都已经无法单独面对和解决所遇到的安全性、危机性、灾难性世界问题和传播问题,人类相互依存、利害与共的互动共进的生态关系已经进入了一个新的历史阶段,面临着一系列前所未有的新挑战和新形势,从而不仅迫切需要世界各国共同打造全球安全治理的新秩序和新机制,而且也迫切需要共同构建一种全球性、跨文化、能为全人类共同接受的具有包容、开放,自由、民主,友好、善良,和平、安全,和谐、平等,对话、协商等特质的人类整体传播学。

人类整体传播学是以共同构建人类命运共同体为核心出发点,综合运用多学科知识和方法,以多角度、多层面的和宏观、中观、微观相结合以及古今中外相融通的分析视维,研究世界各民族的一切传播行为和传播过程发生、发展的规律以及信息与人、社会、世界的复杂互动关系的学问和科学,目的是共同建构一个和谐包容、开放合作、共进共演、共赢共享、良性发展的新型全球传播生态。①

新型全球传播生态是由区域传播生态和生物圈媒介生态共同组成的超级有机体,只有人类整体传播学能持续有效向其提供方向和功能,推动和协调其构建传播生态环境、提高传播生态水平、增强传播生态能力,充分发挥切实而持久的作用和影响。

未来人类整体传播学和全球传播生态的建构,应该致力于探讨人类整体传播的本质和规律,致力于打造一种不分高低贵贱、社会成员相互尊重、开放

---

① 邵培仁. 共同构建人类整体传播学[J]. 中国传媒报告,2017(4):1.

共享、平等交流的传播生态氛围和社会环境,坚持文明对话、文化平等的生态思想;应该鼓励采用一种内外结合、上下互动、左右联通、多方呼应的统筹协调、包容互动、互利共赢的原则或理念,处理和应对全球传播生态的变化和挑战;应该致力于与世界各国媒体、各国际传播组织和区域传播组织及全球高校传播学术组织开展全方位合作与交流,共同推进媒介生态与全球传播生态走向健康的友好的良性发展轨道;应该致力于构建一种既有纵向的时间久远性,又有横向的空间广阔性,还有竖向的层级高低性的媒介生态理论分析模型来解决全球性和区域性的传播生态问题和矛盾;应该致力于建构一种第一二三世界融通、东西南北各方兼顾、宏观中观微观结合的良性互动、和谐发展的世界传播新格局;应该致力于推崇世界的多极化、经济的全球化、文化的多样化,使全球传播生态中的世界性与地方性、全球性与民族性、普遍性与特殊性、整体性与个体性等各种对立关系得到有机化解、协调融合和重新升华。①

"未来社会是信息社会、知识社会、智能社会,亦是传播社会。在这个社会中,万物感知,万物互联,万物智能,万物一体。人类整体传播不仅是人类的特权和表征,是社会关系的整合和呈现,而且还将是全球性的人与人、人与物、人与天地勾连互动的神经和大脑,是千门学科、万种行业互联互通的桥梁与纽带。"②

---

① 邵培仁,王军伟. 传播学研究需要新世界主义的理念和视维[J]. 教育传媒研究,2018(2):29-32.
② 邵培仁. 共同构建人类整体传播学[J]. 中国传媒报告,2017(4):1.

第九章

媒介生态产业及学术展望

世界正处于大规模的发展、改革、调整与变化之中。政治、经济、文化和科技的重心正由北向南、由西向东舒缓而稳健地转移和迁徙。与此同时，当代传播学研究中的欧洲中心论、美国中心论已开始受到质疑和挑战，而非洲中心、亚洲主义的声浪却日益高涨；传播学研究中的传统学派和批判学派面对诸多难题时也有点捉襟见肘、难以应对，甚至整个人文社会学科似乎都处在一种平庸乏味和停滞不前的状态①，而作为"中国传播学自主范式"的媒介生态学②却逆流而上、开疆拓土、发展迅速，呈示出空前的生机、活力和美好的发展前景。

第一节　生态产业园与媒介生态产业园

丹麦未来学家罗尔夫·詹森曾对未来社会有一个十分大胆而美好的憧憬："人类历经渔猎文明、农业文明和工业文明，而今，我们生活在以计算机为标志的信息时代。"但是，"信息时代的太阳已经日薄西山——虽然如今的公司和个人尚未完全适应时代要求。""随之我们将面临第五种社会形态：梦想社会。""它是一种新型社会，其中的企业、社团和个人都凭借自己的故事扬名立万，而不再仅仅依靠数据和信息。"③也许是立场和眼光不同，我们看到的却是物质文明与精神文明协调发展的生态文明一步步向我们逼近和走来，同时也似乎看到了在未来美丽的生态城市中矗立着一座座绿色的媒介生态产业园。

①　邵培仁. 当代传播学的生态转向与发展路径[J]. 当代传播, 2010(5): 1.
②　袁靖华. 生态范式: 走出中国传播学自主性危机的一条路径[J]. 徐州师范大学学报(哲学社会科学版), 2010(3): 68-74.
③　詹森. 梦想社会: 第五种社会形态[M]. 王茵茵, 译. 大连: 东北财经大学出版社, 1999: 1.

一、从生态城堡到生态产业园

20 世纪 60 年代以来,随着生态学研究的迅速发展,人们萌发了模仿自然系统的想法。俄罗斯生态学家雅尼特斯基(O. Yanitsky)在 1987 年提出了一种模仿自然系统的社会模式——生态城(Ecopolis)。这种生态城是一个经济发达、社会繁荣、生态保护三者保持高度和谐,技术与自然达到充分融合,城乡环境清洁、优美、舒适,物质文明与精神文明协调发展,从而能最大限度地发挥人的创造力和生产力,并有利于提高城市文明程度的稳定、协调,有利于持续发展的人工复合系统。生态城是人类发展到一定阶段的产物,是现代文明与人类理性及道德在发达城市中的体现。[①] 实践已经反复证明:生态之城就是宜居之城,宜居之城就是人才之城,人才之城就是创新之城,创新之城就是财富之城,五者之间正好形成相辅相成、互动互助、共进共演的健康、良性的递进式生态循环食物链:生态之城→宜居之城→人才之城→创新之城→财富之城→(更优的)生态之城(图 9-1)。笔者在 2008 年《媒介生态城堡的构想与建设》一文中,将生态城的理念运用到媒介生态研究中,提出了媒介生态城堡的建筑结构和基本标志,目的也是希望媒介生态城堡能够成为宜居之城、人才之城、创新之城和财富之城。[②]

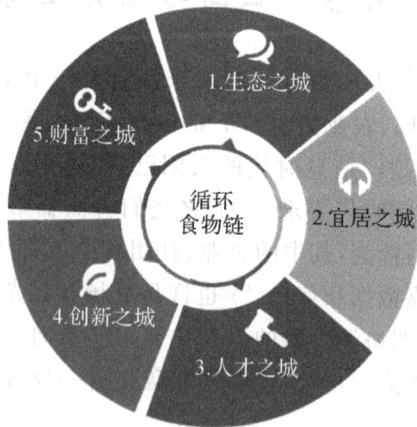

图 9-1　递进式生态循环食物链

[①]　卢升高,吕军. 环境生态学[M]. 杭州:浙江大学出版社,2004:186.
[②]　邵培仁. 媒介生态城堡的构想与建设[J]. 当代传播,2008(1):15-17.

近年来，一种与"生态城"模式相近的"生态产业园"模式正在迅速兴起，它被认为是继经济技术开发区、高新技术产业开发区发展的第三代产业园区。丹麦哥本哈根卡伦堡镇(Kalundborg)生态产业园是 20 世纪 80 年代运营的一个典型的高效、和谐的生态园区。目前，生态产业园在美国、英国、法国、意大利、荷兰等国家迅速发展。[①] 在中国，生态产业园的建设也迅速取得了丰硕成果，成为我国循环经济建设和可持续发展的重要载体之一。但是，西方生态产业园的形成往往是一个自发的、市场运作的过程，一般规模不大，而中国生态产业园的建设和形成与西方不同，它有自己独特的优势和特色：(1)开始阶段具有自发性和试验性，一旦成功则制度性设计迅速介入，进行有组织、有目标、有标准的较大规模规划和建设；(2)中国生态产业园建设综合吸收、借鉴和升级了国家大学科技园、国家文化产业园、媒体产业园以及兴起于浙江、壮大于长三角的特色小镇等各种园区建设的资源、成果和经验，成功的可能性较大；(3)中国生态产业园建设起点高、标准严，在经济发展、物质减量与循环、污染控制、园区管理等项目上都有明确的指标和指标值，所以许多地方的园区建设很快就采用了智能控制的低碳建筑、低耗动能和高效运营的管理模式；(4)中国生态产业园建设与管理实行可进可退、能上能下的流动机制，既为许多非生态产业园进入预留了通道，也有惩罚和淘汰不合格生态产业园的规则和措施；(5)中国生态产业园建设目标十分清晰，许多园区标明为"示范"，就是告诉人们，它将最终演化为生态城市和生态社会的一个有机组成部分，其功能也将从物质生产功能发展为融物质和精神生产、生活和生态为一体的复合功能。

2005 年 11 月 6 日，中国国家环保总局首次批准设立 17 个国家生态工业示范园区，接着于 2006 年 8 月 8 日首次发布生态工业园区建设标准，之后各省市、地市政府纷纷批准设立各种类型的生态产业园示范区，生态产业园区已经在中国大地上遍地开花。中华人民共和国环境保护总局公告 2006 年第 25 号《行业类生态工业园区标准(试行)》(HJ/T 273-2006)明确指出："生态工业园区是依据循环经济理念、工业生态学原理和清洁生产要求而设计建立的一种新型工业园区。它通过物流或能流传递等方式把不同工厂或企业连接起来，形成共享资源和互换副产品的产业共生组合，建立'生产者—消费者—分解者'的物质循环方式，使一家工厂的废物或副产品成为另一家工厂的原

---

① 戈峰. 现代生态学[M]. 2 版. 北京：科学出版社，2019：623-624.

料或能源,寻求物质闭环循环、能量多级利用和废物产生最小化。"中华人民共和国生态环境部公告 2009 年第 34 号在新修订的《综合类生态工业园区标准》(HJ 274-2009)明确指出:本标准所指的"综合类生态工业园区是由不同行业的企业组成的工业园区,主要指在经济技术开发区、高新技术产业开发区等工业园区基础上改造而成的生态工业园区"。同时,"本标准适用于综合类国家生态工业示范园区的建设、管理、验收和绩效评估。本标准适用于国家级经济技术开发区、国家高新技术产业开发区和省级及省级以下各类工业园区"。这一文件不仅指明了各级各类生态产业园区的建设标准,而且明确了它们的管理、验收和绩效评估标准,从而十分有利于生态产业园区持续、有序、健康和良性发展。

二、媒介生态产业园的设计结构

媒介生态产业园的设计与建设是以最先进的绿色生态理念为指导,以系统观、整体观、平衡观和循环观为考量,以零缺陷、零库存、零能耗、零排放为基本标准,以优化—适应—健康为基本目标,以"绿色生态链"替代"灰色生态链"和"黑色生态链"的产业生态园。目前,已经建成的上海融媒体生态产业园、武汉融媒体生态产业园、合肥互联网生态产业园,都坐落在长江沿线的环境整洁优美的大都市,具有建设良好媒介生态产业园的坚实基础。我们构想的媒介生态产业园,应该位于美丽的生态之城,是由一系列花园式的零碳、绿色的现代化、智能化的最美丽的生态建筑所组成。媒介生态产业园的思维结构(图 9-2)包括四个层次的内容:

1. 自然地理层

它是社会成员和媒介成员活动所依赖的各种自然条件的总和,包括地理位置、气候、地貌、植被和自然资源等同人们生活和传播活动有关的那一部分自然条件;也包括人类置身其中的特定的人为的物理环境(山丘、湖泊、溪流、树林、花草等人工环境)和人造的物理空间(零碳建筑、智能大厦、媒介大楼、亭台楼阁、场馆会所等人造景观)。"人类社会是动态的,变革是与生俱来且不可或缺的。变革富有挑战性——机会和问题共存。"①即使面对地理环境和物理环境,它也是人类变革与设计的一部分。据学界分析,凡是人类频繁活

---

① 斯坦纳. 生命的景观——景观规划的生态学途径[M]. 周年兴,等译. 北京:中国建筑工业出版社,2004:27.

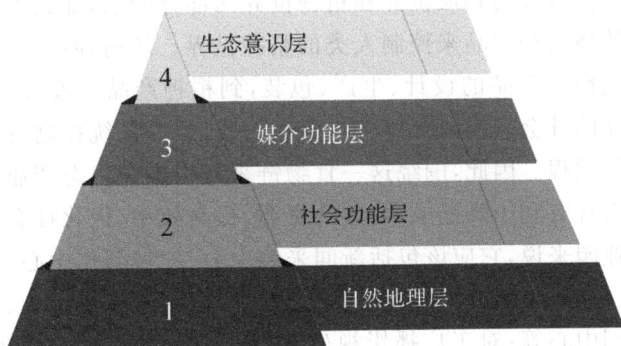

图 9-2 媒介生态产业园思维结构

动的地方,大约有 60%的自然地理都经过了人工改造、升级或优化。因此,对外在环境进行适当的设计与改造,目的是推动媒介生态产业园各种生态因子走向竞争、趋适、友好、平衡和循环的生态过程,最终达到地尽其能,物尽其用,环境适宜,人居舒适。

2.社会功能层

这个层面由政府机构、社会组织、企业事业单位及其行为构成。具体负责政策法规的制定与执行、社会经济的调控与运营、市场机制的建立与维护、文化教育的管理与协调、能源物资的供应与交通运输的保障、国家安全的保证与社会秩序的维护、人口密度的控制与党派团体的管理等等,这些都是社会功能层面需要面对和完成的任务。充分发挥社会功能层的生态效用,可以优化生态产业园、文化生态产业园和媒介生态产业园的组织结构和社会功能,改善系统之间的生态关系,增强作为社会有机体的互动共生能力。媒介系统作为社会系统的一个子系统,一方面要承担社会功能层面的责任和义务,要完成社会分工中的各项分摊性的社会工作和任务;另一方面主要以自己所擅长的精神产品的生产与传播同社会系统进行交换,也就是说,媒介系统和社会系统都是以市场和金钱为纽带,通过交换获得它们想要的那些物质产品、精神产品和各种服务。

3.媒介功能层

媒介系统是信息传播基地、知识生产基地和娱乐活动中心,是信息广场、知识银行和娱乐超市。环境哺育我们成为生物,媒介表现我们成为文化。如果可以将这个世界分为物质世界和精神世界两部分的话,那么媒介系统主要通过生产和传播精神产品来控制人类的精神世界。从精神产品的原料收集、挖掘、采购,到精神产品的设计、生产、包装,到精神产品的发行、销售、传播,再到精神产品的社会影响、信息反馈、废品回收,媒介系统控制着这一生态循环链条的全部过程。因此,围绕这一食物链来建构媒介生态产业园不仅是科学、合理的,而且有利于降低成本、节约资源、提高效率、优化社会生态。对于报业生态产业园来说,它应该包括新闻采编中心、广告制作中心、报刊发行中心、印刷设计中心、市场营销中心、信息资料中心、网络传播中心、后勤保障中心和各种报刊中心等;对于广播影视生态产业园来说,它也应该包括影视制作中心、影视拍摄基地、影视编辑中心、节目营销中心、广告制作中心、节目输送中心、信息资料中心、网络传播中心、后勤保障中心和各种广播电视电影机构等。此外,还有办公室、人事处、财务处、调研处、投资公司等。

4.生态意识层

如果说意识是指人的大脑对于客观物质世界的反映,是感觉、思维等各种心理过程的总和,那么,生态意识就是指人类赖以生存的客观生态环境在其大脑中的反映及其心理过程的总和,随着生态实践水平的提高,人类的生态意识也在不断地丰富与发展。生态意识虽然来源于客观世界和社会实践,但一旦形成就会反过来对客观世界和社会实践产生影响。媒介生态产业园的建设与维护问题,涉及社会大众和生态产业园员工的思想、行为或生态意识,非生态专家所能单独解决,除非人人都对生态环境有正确的认识与行为,方能有效解决生态环境问题。因此,人应该养成和具有科学的正确的生态意识,积极维护、保养自己生存环境的完整、稳定和美丽,应该确认所有的生态种群(植物、动物、水、土壤、媒介等)在一种自然状态中持续存在的权利,要意识到人类在自然界不是征服者或优越物种,而是自然与社会生态共同体中的普通种群。国际环境教育计划发行的通讯 Connect 1991 年第 16 期以"全球环境伦理:环境教育的终极目标"为主题,提出环境教育的理想目标在培养具有环境伦理信念的人,他具备正确的环境态度和价值观,并能做出尊重环境(包括自然的与人造的)的理想行为。因此,媒介生态产业园管理层应该在加强生态基础设施建设、营造良好的生态环境、提高居民的生活标准的基础上,为每个居民提供机会,使他们获得保护生态环境和改进生态环境所需要的知识、价值观、态度、承诺和技能,增强其生态保护的意识,丰富其生态保护的知识,变生态环境的外在控制为内在控制,变生态保护的自发行动为自为行动。

三、媒介生态产业园的基本标志

1.绿色的建筑设计

绿色建筑(green building)应结合地形地貌进行场地设计与建筑布局,且建筑布局应与场地的气候条件和地理环境相适应,并应对场地的风环境、光环境、热环境、声环境等加以组织和利用,推广绿色低碳建材,推动建筑材料循环利用,使用绿色家装、节能灯具、节能环保灶具、节水马桶等节能节水产品,努力做到节约资源(节能、节地、节水、节材)、保护环境、减少污染,为人们提供健康、适用、高效的使用空间,实现人与自然的和谐共生。

零碳建筑(zero carbon building)是指零碳排放的绿色建筑。它采用综合建筑设计方法,不用常规污染性能源(零能)和不损失绿化面积(零地)的建筑,依靠太阳能、风能、氢气能、水电能、地热能、潮汐能和生物质能提供的可持续、可再生能源运作,还将废物合理利用,使消耗的能源量与其自身产生的能源量大体相当,从而最终达到"零废水、零能耗、零废弃物"的理想状态。

据媒体报道,北京在冬奥场景测试和使用了 200 多项技术,适用智慧、绿色、安全、防疫等 60 多个细分场景。比赛时应用 70 多项技术成果助力冬奥会更加绿色低碳,从"冰丝带"(图 9-3)到"雪如意",从"雪游龙"(图 9-4)到"冰立方",建成世界第一座采用二氧化碳跨临界直冷系统制冰的大道速滑馆,名称中带有鲜明中国传统文化色彩又充满时尚感的 11 个冬奥场馆,将实现 100％"绿电"运行,三个冬奥村均符合绿色建筑三星级标准,"绿电"高铁,氢能客车,场馆赛时需要和赛后利用有机结合,不仅在奥运史上书写新篇章,而且在节约资源、保护环境等方面形成示范,形成了"科技、智慧、绿色、节俭的特色"。国际奥委会主席巴赫因而盛赞,北京冬奥筹办"树立了奥运新标杆"。①

近年来,世界上一些发达国家相继推出各自的绿色建筑评价指标体系,其中以美国、加拿大、日本的方案较有代表性。2006 年 6 月我国推出《绿色建筑评价标准》第一版,标志着我国绿色建筑的发展实现了新的跨越。2019 年 3月住房和城乡建设部发布公告,批准《绿色建筑评价标准》(GB/T 50378-2019,第三版)为国家标准,当年 8 月 1 日起正式实施,以往版本同时废止。文

---

① 马剑. 让绿色成为冬奥筹办鲜亮底色("北京冬奥会准备好了"系列报道)[N]. 人民日报,2022-01-05(10).

图 9-3 零碳建筑——冬奥"冰丝带"

图 9-4 零碳建筑——冬奥"雪游龙"

件规定:绿色建筑评价指标体系应由安全耐久、健康舒适、生活便利、资源节约、环境宜居 5 类指标组成,且每类指标均包括控制项和评分项;评价指标体系还统一设置加分项(表 9-1)。在当前全球变暖、国际能源日趋紧张的环境下,国家和社会对保护环境、节约能源越来越重视,因而,推出并执行严格的绿色建筑标准显得十分迫切。

表 9-1 绿色建筑评价分值

分值类别	控制项基础分值	评价指标评分项满分值					提高与创新加分项满分值
		安全耐久	健康舒适	生活便利	资源节约	环境宜居	
预评价分值	400	100	100	70	200	100	100
评价分值	400	100	100	100	200	100	100

2.低代价发展模式

建设媒介生态产业园需要实现由高代价的发展模式向低代价的发展模式转换,走低代价发展之路。"所谓高代价的发展模式,是指代价的付出大于或等于社会之进步,从而造成一系列严重的发展问题。高代价的发展模式包括粗放型的经济增长方式、高消费的生活方式和具有极端功利性质的思维方式。它具有三个突出的特征:在发展理念上奉行物本论,在发展目的上单纯追求经济指标,在发展过程中一味追求发展的速度和数量,结果在实践中造成了一系列严重的生态环境问题、社会问题和人的问题。""所谓低代价的发展模式,就是把低代价发展模式化、体制化,在发展演进的特定时期,人们自觉选择低代价发展的方式、途径、原则和结果。低代价发展是付出的发展成本和所导致的消极后果最小或最少,而发展收益最大或最显著。低代价发展理念要求人们从代价的角度认识发展,从调控代价的角度实现发展,从而改变以往为发展而发展的片面做法。"低代价发展"是一种综合的整体的发展。它既包括社会的发展,也包括自然的发展,即不应以生态为代价的付出来实现社会的发展;既包括当代人的发展,也包括子孙后代的发展,即不应以损害子孙后代的发展潜力为代价实现当代人的进步;既包括个人的发展,也包括他人和社会的共同进步,即不应以社会的分化和失序为代价来实现某一些人的发展;既包括社会系统某一领域的发展,也包括着其他领域的全面协调发展"。①

3.高效率传播系统

时间就是金钱,效率就是生命。21 世纪是一个信息产业、媒介产业、创意

---

① 邱耕田.落实科学发展观要走低代价发展之路[N].光明日报,2007-06-26.

产业迅猛发展的时代。在这个时代里，人们以海陆空合一的立体高速网络作为信息传播渠道，以渐趋普及的多媒体电脑、电视甚至手机作为收发工具，融采编摄演于一体，集声字图像于一身，聚眼耳脑手于一瞬，是一种高效率、大容量、全方位、多渠道、极具开放性的传播系统和服务体系。同时，它也是一个低成本、高速度、高效率、多元化的运营机制和传播渠道，并通过数字传输、虚拟空间的空前优势，为公众参与全球化信息传播提供了即时、瞬时、实时和容量无限、互动参与、生动形象的高效率互动渠道。新闻信息和娱乐信息一旦进入网络，就等于到了无国界、无约束的自由世界，任何人都可以自由收听、收看、阅读或搜索、加工、重组、生产和创造新的信息，行政控制或干预的可能性将越来越小。

高效率意味着信息、资源、能量流动合理、充裕、适中，恰到好处，"无过无不及"。它不仅体现在信息传播的过程中，而且体现在媒介管理和物质转换的过程中。在媒介经营管理中，信息流、人流、物流、资金流的周转加快，效率提升，物质转换中的自然物质投入少，经济物质产出多，初步实现零缺陷、零库存、零能耗、零废水和零废弃物等"五零化"，从而形成绿色生产链、传播链、销售链和消费链。

4. 良性循环的媒介经济

联合国环境与发展世界委员会早在 1987 年的《我们共同的未来》报告中即提出"可持续发展"的理念，以倡导一种新型的"绿色经济学""绿色GDP"——即当代人的发展不以伤害后代人的发展为代价，经济的发展不以破坏环境的生态为代价。2007 年 8 月 26 日，全国人大常委会正式启动循环经济立法，力图以"资源—产品—再生资源"和"生产—消费—再循环"的模式，有效地利用资源和保护环境，最终实现以较小发展成本获取较大的经济效益、社会效益和环境效益，以"绿色生态链"和"蓝色生态链"替代"灰色生态链"和"黑色生态链"，以循环发展模式替代传统线性增长模式。这标志着循环经济将成为今后我国经济发展的主要模式。良性循环的媒介经济要求媒介产品在研发、生产、传播、流通、消费等全部过程中坚持走绿色的低代价的和"减量化、再利用、资源化"的良性循环的发展之路。换句话说，就是要用媒介生态理论指导和规范信息传播活动和媒介生产过程，正确处理媒介与人、智能、社会、自然五者之间的生态关系，掌握好"分子—种群—集群—环境—系统"五者之间的平衡尺度，建立健全发展媒介循环经济的规章制度和奖罚措施,坚持不浪费资源、不污染身心、不破坏社会稳定的"三不"发展模式,坚持走良性循环的、可持续发展和低代价发展的道路。

5.适宜洁净的环境状况

联合国生物圈生态与环境保护组织规定,城市绿地覆盖率应达到 50%,居民人均绿地面积 90 平方米,居住区内人均绿地面积 28 平方米。[①] 媒介生态产业园应该是一个多介质、多层次、多功能、立体化、智能化的绿色的人工复合生态系统和宜居环境。它由太阳能、风能、氢气能、水电能、地热能、潮汐能、生物质能和环保材料等构成能源节约系统,由大地绿化、道路绿化、庭院绿化和建筑绿化等构成生态保护系统,整个生态系统点线面结合,上中下联通,高低起伏,错落有致,协调共生,洁静舒服,在更大程度上发挥全部生态系统调节气候、净化空气、美化环境和提供娱乐、休闲场所的功效。从信息产品的研发、生产、传播、流通、消费的全过程预防精神的和物质的污染产生,实现信息产品生产、传播和媒介营销、消费的"五零化"。

创建运转良好、生态友好、可持续发展的零碳建筑、媒介生态产业园既是建设生态城市的必然要求,也是国际建筑界的主流趋势,更是投资者的最好机会。在世界范围内,近年来兴建了许多所谓的零碳建筑、生态产业园、城市生态村和各种专门的产业生态园,但是目前还没有真正意义上的完全符合生态建设标准的零碳建筑物、园区和村落,只是已经有了一些比较有意义的实践案例,如英国 BedZed 太阳村,阿联酋 Masdar 零碳城,美国纽约依赛卡生态村、洛杉矶生态村,中国上海低碳办公示范区——印象钢谷、天津生态城公屋、杭黄(杭州黄山共建)绿色产业园,等等。可能就在未来几年,在世界发达国家的主要宜居城市将会建立起大批的清洁美丽、友好适宜的各种生态产业园。在这些园区,人们将把自己不愿意做的各种工作,诸如开车、搬运、装卸、维修、家务、做饭、种植养殖、打扫卫生、清理垃圾、修剪草地、清洗外墙、门卫,甚至部分文稿的起草,等等,全都交给智能机器人去完成,而让人去做更有意义的事。

第二节　媒介生态学发展趋势

生态学犹如宗教学,主张"天人合一""万物为一""物我一体",视天地万

---

① 卢升高,吕军. 环境生态学[M]. 杭州:浙江大学出版社,2004:186.

物如己,爱自然就是爱自己,大地是自己的肌肤,高山是自己的乳房,河流是自己的血脉,花草树木是自己的毛发,楼宇房舍是自己的衣裳。媒介生态学作为人类学术史上的"世界观转化工程"和"第三次真正的革命",作为当代传播学研究中的"第三种范式"和"第三个学派",不仅要科学地理性地在欧洲中心论与美国中心论、传统学派与批判学派之间探寻与确立自己生存与发展的生态位、立足点和坐标系,而且要在以往探索和研究的基础上认真思考与分析今后的前进路径和发展方向。

一、探讨和思考生态文明与物质文明、精神文明的新型生态关系

在新的社会发展的历史时期,从构建人类命运共同体的理念视野来看,生态文明相对于物质文明、精神文明的概念,是一个更高层级的概念体系,更加富有内涵的综合性和外延的扩展性,更加强调多重文明要素的和谐共生、共进共演,既关注各文明要素之间的协调性,也重视文明要素与其他要素之间、某个文明与其他文明之间的生态关系。

在人类生态 4.0 时代,人类文明已经由物质文明、精神文明两个层面的"化学综合体",发展为物质文明、精神文明和生态文明三个层面的"生物综合体"(图 9-5)。人类的物质文明、精神文明和生态文明相互依赖、相互促进,共同发展繁荣,呈现金字塔状,融合于人类文明。物质文明是精神文明和生态文明发展的基础,为精神文明和生态文明提供必要的物质前提;精神文明和生态文明反过来又成为物质文明得以巩固和发展的必要条件,并且不同程度地规定和影响物质文明建设的方向;生态文明是实现物质文明、精神文明的前提条件,物质文明建设要求经济发展与生态环境平衡发展,精神文明建设也包含着生态滋养、保护和平衡的文明生态追求。

人类文明因生态文明概念的吸纳和融入,而使得三大文明要素之间的关系变得更加融合和密切,生态文明不仅成为人类文明新形态的必要条件,而且成了人类文明新形态的有机组成部分,而媒介则是人类三大文明之间信息、能量、资源有机互动、和谐共生、良性发展的桥梁、纽带和活性因子。没有媒介的发明、创造、普及和使用,人类文明只能停留在原始的蒙昧无知的生态 1.0 时代。因此,探讨和思考物质文明、精神文明、生态文明三者之间的新型互动关系,不能忽视或回避媒介和媒介生态在其中的意义、价值和功能。

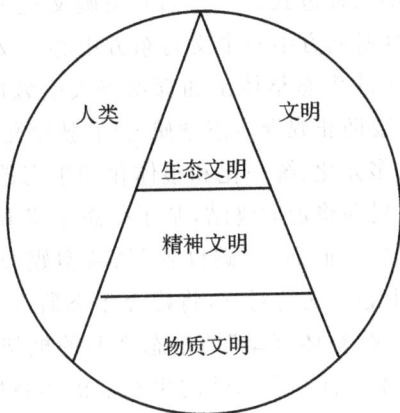

图 9-5　人类三大文明的"生物综合体"

二、完善和升华媒介生态研究的理论体系和研究范式

"任何可以称得上学科的知识部门都不是相关知识的简单堆砌,其首要条件就是这些知识必须形成以概念、逻辑、原理、命题、方法等元素构成的知识结构。"① 虽然中国媒介生态学研究已经初步完成了从基本概念、核心元素、研究方法和理论框架的知识建构,但是采用学科建构的原理与方法,依据学科演变的历史与现状,通过充分地分析研究,进一步提炼出一整套既不同于媒介环境学也不同于人文生态学的、具有创新特色和自身特点的研究范式和理论体系,用来处理和把握"分子—种群—集群—环境—系统"五者之间的平衡尺度,探索和揭示人与媒介、智能、社会、自然五者之间的相互关系及其发展变化的本质和规律,以及在"三大文明建设"中的意义和作用,提高媒介生态学研究的理论高度、专业强度、分析深度和思想温度,应是继续努力的方向和职责,而且是这种努力和追求是没有止境的。

三、探索与明确符合人文传统和生态规律的媒介生态学的发展方向

新型媒介生态学的学科方向应该不走极端,恪守"中庸之道",避免冲突碰撞,在学术的两端之间保持某种不偏不倚的中和平衡,积极探索传播学术

---

① 劳凯声. 人文社会科学研究的问题意识、学理意识和方法意识[J]. 北京师范大学学报(哲学社会
科学版),2009(1):5.

研究的第三条道路和第三种范式。一方面要突破文化帝国主义的"中心—边缘"范式,另一方面要规避西方中心主义与东方中心主义的"二元对立"范式,也不要落入戴蒙德引领的生态整体论和森博洛夫引领的生态还原论两派之间学术争论的陷阱,更要防止媒介生态学研究的"狭窄化"和"内卷化"。

世界走向多极化、多元化、统一化和整体化的生态趋势已经形成,一极独霸、一家通吃的传统格局即将走向终结,基于生态主义和共赢主义的"美好的零碳世界"一定能够建成。面向"零碳世界"的新型媒介生态学,需要超越人类中心主义与非人类中心主义的对立,将媒介生态研究范式纳入一种全球生态多元平等、良性循环的"整体互动"的生态文明的框架之下,建构符合人文传统和生态规律、兼容本土性和全球性的生态话语体系以及以跨文化交流为基础的世界各国都能接受的包容性、开放性和对话性的新世界主义媒介生态研究体系。

四、传承、转化和推动中国传统生态思想与当代生态理论融合发展

"历史是一个民族的灵魂和一个国家的血脉,也蕴藏着面向现在、走向未来、联通世界的智慧和答案。"[①]汤因比说:"东亚有很多历史遗产,这些都可以使其成为全世界统一的地理和文化上的主轴。""中华民族的经验。在过去的二十世纪中,中国始终保持了迈向全世界的帝国,成为名副其实的地区性国家的榜样。"[②]媒介生态学同传播学研究一样,不要总是盯着西方,殊不知西方学术界已经开始关注东方、转向东方。如今的西方媒介生态学界在想方设法从东方文化中寻找生态学的东方智慧和灵感。我们生于斯、长于斯,占有独特的天时、地利、人和优势,为何还要舍近求远、以短搏长?"去西方化"是趋势之一,华夏传播、亚洲传播、东方传播必然闪亮登场。

因此,中国媒介生态研究应该既是立足中国本土、深入挖掘中国五千年历史和文化中丰富的生态思想的学问,也是联通亚洲生态、关注全球生态和打造生态命运共同体的学问;既是梳理和总结古代中国生态思想的学问,也是推动中国古代生态思想创造性转化、融合现当代中西方媒介生态学研究精华及前沿信息并面向未来的研究。未来媒介生态学应该鼓励世界各国媒介

① 邵培仁. 面向现在、未来和世界的华夏传播研究[J]. 现代视听,2020(6):85.
② 汤因比,池田大作. 展望21世纪:汤因比与池田大作对话录[M]. 荀春生,等译. 北京:国际文化出版公司,1997:277.

生态专家学者都从本土出发，以全面开放、充分包容、协商合作的原则，开展多层次、多角度、立体的学术对话和合作研究，致力于同国际接轨、与世界对话、同全球共命运；应该积极构建以全球生态命运共同体塑造为共同目标的不论东西、无论南北和不分中外、古今联通的共商共研共享的学术交流平台和传播渠道；反对单极全球化和地域中心主义，坚持走和平发展、共同繁荣之路，着力构建相互尊重、公平正义、整体互动、共赢共享的新型国际关系。

五、推动媒介生态理论更加广泛深入地对接中国甚至全球的生态问题

媒介生态理论来自实践的总结和升华，又回归于实践的应用和指导。中国媒介生态理论自开始就紧扣中国的和全球共通的媒介生态实践问题进行研究，为理论与实践结合、理论应用于实践、为具体生态问题的解决提供理论指导，发挥了自身的价值和作用。

今后必须加大力度回应来自中国的甚至全球媒介生态实践中的叩问和需求。第一，要积极传播和推动联合国教科文组织的"全民信息计划"（IFAP）及其落实，改善全民信息获取、交流和享用以及获得新机遇的平等机会，让社会最底层的穷人精神脱贫、信息和知识脱贫，建立基于信息公平公正的全球信息生态系统；第二，要着力解决文化斜视、文化霸权、文化单一的生态问题，号召人们树立全球文化平等、文化多元的观念，在促进全球传播过程中把握多元文化通约性和不通约性之间的生态平衡；第三，要研究如何通过法律、伦理规范和技术手段消除无价值、无用处信息和有害有毒、污染、垃圾信息，防止信息垄断、信息恐怖、信息虚假和信息欺诈，保障信源多样化和传播公平化，思考如何建立全球传播公约和全球媒体伦理，努力形成无害化的良善性的建设性的和安全可靠的全球绿色媒介生态；第四，要思考和研究媒介生态如何在生态园区、生态城市、生态乡村建设中发挥桥梁和纽带作用，以及如何共同建设包容、安全、有抵御灾害能力和可持续的城市和人类住区；第五，思考和研究如何对媒介生态风险、危机、安全进行合理的评估、预测和控制，对媒介生态污染、退化和破坏进行科学的修复、保护和重建，防止和控制媒介不良生态状况蔓延和恶化；第六，在吃穿住行、收种产销全部智能化的社会，在人类一切文化产品都开放共享，语言文字智能翻译、自由选择，免费无障碍传播和共享的社会，一部分人的文化创造力普遍激活、空前高涨，一部分人进入失业的状态，还应该思考媒介如何让人类日常生活和工作能够充满人文关怀和生态温情。

参考文献

一、外文参考文献

Beniger, J. R. *The Control Revolution*: *Technological and Economic Origins of the Information Society* [M]. Cambridge, MA: Harvard University Press, 1986.

Bolter, J. D. *Turing's Man*: *Western Culture in the Computer Age* [M]. Chapel Hill: University of North Carolina Press, 1984.

Bolz, N. & Witte, B. *Passagen*[M]. München: Fink, 1984.

Boorstin, Daniel J. *The Image*: *A Guide to Pseudo-Events in America* [M]. New York: Vintage, 1992.

Buck-Morss, Susan. Der Flaneur, der Sandwichman und die Hure. Dialektische Bilder und die Politik des. MüBiggangs[M]. In Norbert Bolz and Bernd Witte. *Passagen*. München: Fink, 1984.

Bukatman, S. *Terminal Identity*: *The Virtual Subject in Postmodern Science Fiction*[M]. Durham: Duke University Press, 1993.

Carey, J. W. *Communication as Culture*: *Essays on Media and Society* [M]. Boston: Unwin Hyman, 1989.

Carey, J. W. *James Carey*: *A Critical Reader* [M]. Minneapolis: University of Minnesota Press, 1997.

Eastham, S. *The Media Matrix*: *Deepening the Context of Communication Studies*[M]. Lanham: University Press of America, 1990.

Eisenstein, E. L. *The Printing Press as An Agent of Change* [M]. New York: Cambridge University Press, 1980.

Eisenstein, Elizabeth L. *The Printing Revolution in Early Modern Europe* [M]. Cambridge: Press Syndicate of the University of Cambridge, 1983.

Ewen, Stuart. *Captains of Consciousness: Advertising and the Social Roots of the Consumer Culture*[M]. New York: McGraw-Hill, 1976.

Gans, Herbert. *People and Plans: Essays on Urban Problems and Solutions*[M]. New York: Basic Books, 1968.

Gieber, W. & Johnson, W. The City Hall Beat: A Study of Reporter and Source Roles[J]. *Journalism Quarterly*, 1961, 38(3): 289-297.

Gitlin, Todd. *The Sixties: Years of Hope, Days of Rage*[M]. New York: Bantam Books, 1987.

Goody, J. *The Interface Between the Written and the Oral*[M]. Cambridge: Cambridge University Press, 1987.

Goody, J. *The Logic of Writing and the Organization of Society*[M]. Cambridge: Cambridge University Press, 1986.

Gray, C. H. (ed.). *The Cyborg Handbook*[M]. New York: Routledge, 1995.

Hallin, D. C., Mankoff, R. D. & Weddie, J. K. Sourcing Patterns of National Security Reporters[J]. *Journslism Quarterly*, 1993, 70(4): 753-766.

Haraway, D. J. *Simians, Cyborgs, and Women: The Reinvention of Nature*[M]. New York: Routledge, 1991.

Havelock, E. A. *Origins of Western literacy*[M]. Toronto: The Ontario Institute for Studies in Education, 1976.

Havelock, E. A. *The Greek Concept of Justice: From Its Shadow in Homer to Its Substance in Plato*[M]. Cambridge, MA: Harvard University Press, 1978.

Havelock, Eric A. *The Literate Revolution in Greece and Its Cultural Consequences*[M]. Princeton: Princeton University Press, 1982.

Havelock, Eric A. *The Muse Learns to Write*[M]. New Haven: Yale University Press, 1986.

Hawley, A. H. *Human Ecology: A Theoretical Essay*[M]. Chicago: University of Chicago Press, 1986.

Karnow, Stanley. *Vietnam: A History*[M]. New York: Viking, 1984.

Kierk, G. S. *The Nature of Greek Myths*[M]. New York: Penguin Books,

1983.

Kuhns, W. *The Post-industrial Prophets*: *Interpretations of Technology* [M]. New York: Weybright & Talley, 1971.

Levinson, P. *Mind at Large*: *Knowing in The Technological Age* [M]. Greenwich, CT: JAI Press, 1988.

Levinson, P. *The Soft Edge*: *A Natural History and Future of the Information Revolution* [M]. New York: Routledge, 1997.

Logan, Robert K. *The Alphabet Effect*: *The Impact of the Phonetic Alphabet on the Development of Western Civilization* [M]. New York: Avon. [Reprint edition in press, 1986.]

Luhmann, N. *The Differentiation of Society* [M]. New York: Columbia University Press, 1982.

Lum, Casey M. K. *In Search of a Voice*: *Karaoke and the Construction of identity in Chinese America* [M]. Mahwah: Lawrence Erlbaum Associates, 1996.

Marchand, Roland. *Advertising the American Dream*: *Making Way for Modernity*, 1920—1940 [M]. Berkeley: University of California Press, 1985.

Mathews, Freya. *The Ecological Self* [M]. London: Routledge, 1991.

McHarg Ian L. Human Ecological Planning at Pennsylvania[J]. *Landscape Planning*, 1981,8(2):112-113.

McLuhan, M. & McLuhan, E. *Laws of Media*: *The New Science* [M]. Toronto: University of Toronto Press, 1988.

McLuhan, M. & Parker, H. *Counterblast* [M]. New York: Harcourt Brace & World, 1969.

Mei, Zhaoyang. Media Ecology with Chinese Characteristics: A Reperusal [J]. *Critical Arts*, 2019(33):99-101.

Metzger, G. The Artist in the Eye of the Storm. In Wood J. (ed.). *The Virtual Embodied*: *Presence/Practice/Technology* [M]. London: Routledge, 1998:107.

Meyrowitz, J. *No Sense of Place* [M]. New York: Oxford University Press, 1985.

Miller, D. L. (ed.). *The Lewis Mumford Reader* [M]. New York: Pantheon, 1986.

Miller, D. L. *Lewis Mumford: A Life* [M]. New York: Weidenfeld & Nicolson, 1989.

Mumford, L. *My Works and Days: A Personal Chronicle* [M]. New York: Harcourt Brace Jovanovich, 1979.

Mumford, L. *Sketches From Life: The Autobiography of Lewis Mumford* [M]. New York: Dial, 1982.

Mumford, L. *The City in History: Its Origins, Its Transformations, and Its Prospects* [M]. New York: Harcourt and World, 1961.

Murray, Stephen O. *Theory Groups and the Study of Language in North America* [M]. Amsterdam: John Benjamins Publishing Co, 1994.

Novak, F. G., Jr. (ed). *Lewis Mumford and Patrick Geddes: The Correspondence* [M]. London: EnglandL Routledge, 1995.

Nystrom, Christine. *Towards a Science of Media Ecology: The Forumlation of Integrated Goceptual Paradigms for the Study of Human Communication System* [D]. New York: New York University, 1973.

Ong, Walter J. *Orality and Literacy* [M]. London: Methuen, 1982.

Postman, N. *Amusing Ourselves to Death* [M]. New York: Viking, 1985.

Postman, N. *Building a Bridge to the Eighteenth Century: How the Past Can Improve Our Future* [M]. New York: Alfred A. Knopf, 1999.

Postman, Neil. *Conscientious Objections: Stirring Up Trouble About Language, Technology, and Education* [M]. New York: Alfred A. Knopf, 1988.

Postman, Neil. *Teaching as a Conserving Activity.* New York: Delta, 1979.

Postman, Neil. *Technopoly: The Surrender of Culture to Technology* [M]. New York: Vintage Books, 1992.

Postman, Neil. *The Disappearance of Childhood* [M]. New York: Delacorte Press, 1982.

Postman, Neil. What Is Media Ecology, " The Reformed English

Curriculum." [M]//Eurich A. C., (ed.). *High School 1980：The Shape of the Future in American Secondary Education*. New York：Pitman，1970.

Ramirez R. Value Co-Production：Intellectual Origins and Implications for Practice and Research [J]. *Strategic Management Journal*，1999，20 (1)：49-65.

Schmandt-Besserat，Denise. *How Writing Came About* [M]. Austin，Texas：University of Texas Press，1996.

Schramm，Wilbur. *Mass Media and National Development* [M]. Stanford：Stanford University Press &. UNESCO，1964.

Shao，Peiren. The Chinese Traditional Acceptance of Information In Perspective of Contemporary Communication Study [J]. *China Media Research*，2014，10(1)：47-58.

Stamps，J. *Unthinking Modernity：Innis，McLuhan，and the Frankfurt School* [M]. Montreal：McGill-Queens University Press，1995.

Strate，Lance. An Overiew of Media Ecology,"Understanding MEA" [J/OL]. Medias Res1 (1)，1999 (Fall) [2021-07-01]. www. media-ecology. org.

Strate Lance，Lum，Casey M. K. Lewis Mumford and the Ecology of Technics [J]. *New Jersey Journal of Communication*，2000，8(1)：56-78.

二、中文参考文献

1. 著作

阿姆斯特朗. 轴心时代：人类伟大思想传统的开端 [M]. 孙艳燕，白彦兵，译. 上海：上海三联书店，2019.

阿什德. 传播生态学——控制的文化范式 [M]. 邵志择，译. 北京：华夏出版社，2003.

奥恩. 教育的未来：人工智能时代的教育变革 [M]. 李海燕，译. 上海：机械工业出版社，2018.

奥斯姆. 生态学基础 [M]. 孙儒泳，等译. 北京：人民教育出版社，1981.

巴克斯特. 生态主义导论[M]. 曾建平,译. 重庆:重庆出版社,2007.

巴兰,戴维斯. 大众传播理论:基础、争鸣与未来[M]. 曹书乐,译. 北京:清华
　　大学出版社,2004.

贝尔纳. 科学研究的方法论[M]. 陈体芳,译. 北京:科学出版社,1984.

伯恩鲍姆,卡尔森. 美国景观设计的先驱[M]. 孟雅凡,俞孔坚,译. 北京:中国
　　建筑工业出版社,2003.

蔡晓明,尚玉昌. 普通生态学(下册)[M]. 北京:北京大学出版社,1995.

陈阜. 农业生态学[M]. 北京:中国农业大学出版社,2002.

陈鼓应. 庄子今注今译(上册)[M]. 北京:商务印书馆,2012.

陈明欣. 成人教育传播研究:以媒介生态学为基本视角[M]. 济南:山东教育
　　出版社,2018.

陈胜前. 中国文化基因的起源:考古学的视角[M]. 北京:中国人民大学出版
　　社,2021.

陈亚旭. 媒介生态与地域性传播:中国地市报生存发展态势研究[M].桂林:广
　　西师范大学出版社,2012.

陈业新. 儒家生态意识与中国古代环境保护研究[M]. 上海:上海交通大学出
　　版社,2012.

戴元光,邵培仁,龚炜. 传播学原理与应用[M]. 兰州:兰州大学出版社,1988.

德波. 景观社会[M]. 王昭凤,译. 南京:南京大学出版社,2006.

德弗勒,鲍尔-洛基奇. 大众传播学诸论[M]. 杜力平,译. 北京:新华出版
　　社,1990.

费斯克,等.关键概念:传播与文化研究辞典[M]. 李彬,译. 北京:新华出版
　　社,2004.

费孝通. 费孝通全集(第十六卷)[M]. 呼和浩特:内蒙古人民出版社,2009.

冯友兰. 中国哲学史[M]. 上海:华东师范大学出版社,2000.

福勒. 媒介生态学:艺术与技术文化中的物质能量[M]. 麦颠,译. 上海:上海
　　社会科学院出版社,2019.

高伟,姜飞. 全球传播生态发展报告[M]. 北京:社会科学文献出版社,2020—
　　2021.

戈尔. 濒临失衡的地球:生态与人类精神[M]. 陈嘉映,等译. 北京,中央编译
　　出版社,1997.

戈峰. 现代生态学[M]. 2版. 北京:科学出版社,2008.

戈峰. 现代生态学[M]. 2 版. 北京:科学出版社,2019.

格里芬. 后现代精神[M]. 王成兵,译. 北京:中央编译出版社,1998.

根特城市研究小组. 城市状态:当代大都市的空间、社区和本质[M]. 敬东,谢
　　倩,译. 北京:中国水利水电出版社,2005.

谷鹏. 媒介生态与奥运报道[M]. 苏州:苏州大学出版社,2017.

哈特向. 地理学的性质:当前地理学思想述评[M]. 叶光庭,译. 北京:商务印
　　书馆,1996.

赫尔曼,麦克切斯尼. 全球媒体:全球资本主义的新传教士[M]. 甄春亮,等
　　译. 天津:天津人民出版社,2001.

吉登斯. 社会学[M]. 赵旭东,等译. 北京:北京大学出版社,2005.

卡伦,朴明珍. 去西方化媒介研究[M]. 卢家银,等译. 北京:清华大学出版
　　社,2011.

凯尔纳. 媒体奇观——当代美国社会文化透视[M]. 史安斌,译. 北京:清华
　　大学出版社,2003.

克拉克. 生物学与基督教伦理学[M]. 李曦,译. 北京:北京大学出版
　　社,2006.

克朗. 文化地理学[M]. 杨淑华,宋慧敏,译. 南京:南京大学出版社,2003.

克里斯蒂安. 媒体伦理学——案例与道德论据[M]. 张晓辉,等译. 北京:华夏
　　出版社,2000.

肯顿. 行为互动:小范围相遇中行为模式[M]. 张凯,译. 北京:社会科学文献
　　出版社,2001.

拉扎列夫,等. 认识结构与科学革命[M]. 柳延延,王炯华,译. 长沙:湖南人
　　民出版社,1986.

拉兹洛. 布达佩斯俱乐部全球问题最新报告[M]. 王宏昌,译. 北京:社会科
　　学文献出版社,2004.

莱文森. 数字麦克卢汉[M]. 何道宽,译. 北京:社会科学出版社,2001.

朗西埃. 无知的教师:智力解放五讲[M]. 赵子龙,译. 西安:西北大学出版
　　社,2020.

雷毅. 深层生态学思想研究[M]. 北京:清华大学出版社,2001.

李娟. 媒体生态与新闻主导力研究[M]. 北京:中国广播影视出版社,2021.

李林容,陈成,赵红勋. 微信与媒介生态环境[M]. 北京:知识产权出版
　　社,2020.

里夫金. 零碳社会——生态文明的崛起和全球绿色新政[M]. 赛迪研究院专家组,译. 北京:中信出版集团,2020.

联合国教科文组织. 全民信息计划政府间理事会(第三届会议文件),IFAP-2004/COUCIL. 111/2,2004-03-01.

联合国教科文组织国际传播问题研究委员会. 多种声音,一个世界:交流与社会·现状和展望[M]. 中国对外翻译出版公司第二编译室,译. 北京:中国对外翻译出版公司、教科文组织出版办公室,1981.

联合国教科文组织国际教育发展委员会. 学会生存——教育世界的今天和明天[M]. 北京:教育科学出版社,1996.

列尔涅尔. 控制论基础[M]. 刘定一,译. 北京:科学出版社,1980.

列宁. 列宁全集(第30卷)[M]. 北京:人民出版社,1990.

林育真. 生态学[M]. 北京:科学出版社,2004.

刘大椿,岩佐茂. 环境思想研究[M]. 北京:中国人民大学出版社,1998.

刘宗超. 生态文明观与中国可持续发展走向[M]. 北京:中国科学技术出版社,1997.

卢剑波. 信息生态学[M]. 北京:化学工业出版社,2005.

卢升高,吕军. 环境生态学[M]. 杭州:浙江大学出版社,2004.

陆高峰. 中国新闻人从业生态研究[M]. 北京:知识产权出版社,2013.

吕坤维. 中国人的情感:文化心理学阐释[M]. 谢中,译. 北京:北京师范大学出版社,2019.

罗尔斯顿. 环境伦理学[M]. 杨通进,译. 北京:中国社会科学出版社,2000.

罗尔斯顿. 哲学走向荒野[M]. 刘耳,叶平,译. 长春:吉林人民出版社,2000.

罗志勇. 知识共享机制研究[M]. 北京:北京图书馆出版社,2003.

洛伦茨. 文明人类的八大罪孽[M]. 徐筱春,译. 北京:中信出版社,2013.

马尔腾. 人类生态学[M]. 顾朝林,等译. 北京:商务印书馆,2021.

马古利斯. 生物共生的行星[M]. 易凡,译. 上海:上海科技出版社,1997.

马克思,恩格斯. 马克思恩格斯选集(第1卷)[M]. 北京:人民出版社,1972.

马克思,恩格斯. 马克思恩格斯选集(第3卷)[M]. 北京:人民出版社,1972.

马克思,恩格斯. 马克思恩格斯选集(第4卷)[M]. 北京:人民出版社,1972.

马克思,恩格斯. 马克思恩格斯全集(第42卷)[M]. 北京:人民出版社,1979.

马克思. 资本论(第1卷)[M]. 北京:人民出版社,1975.

马林诺夫斯基. 巫术科学宗教与神话[M]. 李安宅,译. 上海:上海文艺出版社,1987.

麦奎尔. 麦奎尔大众传播理论[M]. 崔保国,李琨,译. 北京:清华大学出版社,2006.

尼克松. 1999:不战而胜[M]. 王观声,等译. 北京:中国人民公安大学出版社,1989.

诺克斯,平奇. 城市社会地理学导论[M]. 柴彦威,张景秋,等译. 北京:商务印书馆,2005.

潘淑满. 质性研究:理论与应用[M]. 台北:心理出版社,2003.

庞廷. 绿色世界史:环境与伟大文明的衰落[M]. 王毅,张学广,译. 上海:上海人民出版社,2002.

佩奇. 世界的未来:关于未来问题一百页[M]. 王肖萍,蔡荣生,译. 北京:中国对外翻译出版公司,1985.

钱俊生,余谋晶. 生态哲学[M]. 北京:中共中央党校出版社,2004.

切特罗姆. 传播媒介与美国人的思想[M]. 黄静生,黄艾禾,译. 北京:中国广播电视出版社,1991.

任俊华,刘晓华. 环境伦理的文化阐释——中国古代生态智慧探考[M]. 长沙:湖南师范大学出版社,2004.

萨克塞. 生态哲学[M]. 文韬,佩云,译. 北京:东方出版社,1991.

萨义德. 知识分子论[M]. 单德兴,译. 上海:三联书店,2002.

塞弗林,坦卡德. 传播理论起源、方法与应用[M]. 郭镇之,等译. 北京:华夏出版社,2000.

赛弗林,坦卡德. 传播学的起源、研究与应用[M]. 陈韵昭,译. 福州:福建人民出版社,1985.

尚玉昌,蔡晓明. 普通生态学(上册)[M]. 北京:北京大学出版社,1992.

邵培仁. 政治传播学[M]. 南京:江苏人民出版社,1991.

邵培仁. 媒介管理学[M]. 北京:高等教育出版社,2002.

邵培仁. 传媒的魅力——邵培仁谈传播的未来[M]. 北京:首都经济贸易大学出版社,2014.

邵培仁. 传播学[M]. 3版. 北京:高等教育出版社,2015.

邵培仁. 走向绿色:华莱坞电影生态研究[M]. 北京:首都经贸大学出版社,2019.

邵培仁. 媒介地理学新论[M]. 杭州:浙江大学出版社,2021.

邵培仁,等. 文化产业经营通论[M]. 成都:四川大学出版社,2007.

邵培仁,等. 媒介生态学:媒介作为绿色生态的研究[M]. 北京:中国传媒大学
出版社,2008.

邵培仁,等. 亚洲传播理论:国际传播研究中的亚洲主张[M]. 杭州:浙江大学
出版社,2017.

邵培仁,刘强. 媒介经营管理学[M]. 杭州:浙江大学出版社,1998.

邵培仁,姚锦云. 华夏传播理论[M]. 杭州:浙江大学出版社,2020.

邵培仁,周颖. 媒介地理视阈下的华莱坞[M]. 北京:首都经贸大学出版
社,2018.

邵鹏,邵培仁. 全球传播愿景:新世界主义媒介理论研究[M]. 杭州:浙江大学
出版社,2021.

邵鹏. 媒介记忆理论:人类一切记忆研究的核心与纽带[M]. 杭州:浙江大学
出版社,2017.

邵鹏. 媒介融合语境下的新闻生产[M]. 杭州:浙江工商大学出版社,2013.

世界环境与发展委员会. 我们共同的未来[M]. 王之佳,柯金良,译. 长春:吉
林人民出版社,1997.

世界银行. 2006 年世界发展报告:公平与发展[M]. 中国科学院—清华大学
国情研究中心,译. 北京:清华大学出版社,2006.

舒尔茨. 应用心理学[M]. 邵瑞珍,等译. 广州:广东高等教育出版社,1987.

司马迁. 太史公自序[M]/司马迁.史记·卷一百三十. 北京:中华书局,1982:
3290.

斯坦纳. 生命的景观——景观规划的生态学途径[M]. 周年兴,等译. 北京:
中国建筑工业出版社,2004.

斯特拉特. 麦克卢汉与媒介生态学[M]. 胡菊兰,译. 开封:河南大学出版
社,2016.

索安. 西方道教研究编年史[M]. 吕鹏志,等译. 北京:中华书局,2002.

汤因比,池田大作. 展望 21 世纪:汤因比与池田大作对话录[M]. 荀春生,等
译. 北京:国际文化出版公司,1997.

涂子沛. 大数据:正在到来的数据革命[M]. 桂林:广西师范大学出版
社,2012.

王冰. 北美媒介环境学的理论想象[M]. 北京:光明日报出版社,2010.

王怡红,胡翼青. 中国传播学 30 年(1978—2008)[M]. 北京:中国大百科全书

出版社,2010.

吴家骅. 景观形态学[M]. 叶南,译. 北京:中国建筑工业出版社,1999.

吴玉兰. 中国财经类媒体发展研究:以媒介生态学为视角[M]. 北京:中国社会科学出版社,2010.

西美尔. 金钱、性别、现代生活风格[M]. 欣仁明,译. 上海:学林出版社,2000.

西蒙. 管理行为[M]. 杨砾,等译. 北京:北京经济学院出版社,1988.

小约翰. 传播理论[M]. 陈德明,叶晓辉,译. 北京:中国社会科学出版社,1999.

徐宝璜. 新闻学纲要[M]. 上海:上海书店出版社,2011.

雅思贝斯. 历史的起源与目标[M]. 李夏菲,译. 桂林:漓江出版社,2019.

岩佐茂. 环境的思想:环境保护与马克思主义的结合处[M]. 韩立新,等译. 北京:中央编译出版社,1997.

杨伯峻. 论语译注[M]. 北京:中华书局,1980.

杨艳妮. 社会化媒体生态演化研究[M]. 北京:科学出版社,2019.

杨忠直. 企业生态学引论[M]. 北京:科学出版社,2003.

印顺. 佛法概论[M]. 上海:上海古籍出版社,1998.

詹森. 梦想社会:第五种社会形态[M]. 王茵茵,译. 大连:东北财经大学出版社,1999.

詹石窗,谢清果. 中国道家之精神[M]. 上海:复旦大学出版社,2009.

张健康. 和谐传播论:媒介生态的失衡与调适[M]. 北京:科学技术文献出版社,2009.

张立文. 人之辨:儒学与生态文明[M]. 北京:人民出版社,2013.

郑保章,何苗,李良玉. 新媒体环境下中国科技传播生态及其评价体系建构分析[M]. 北京:科学出版社,2021.

支庭荣. 大众传播生态学[M]. 杭州:浙江大学出版社,2004.

周岩. 基于知识图谱的中国传播学发展研究[M]. 北京:首都经贸大学出版社,2021.

竹内弘高,野中郁次郎. 知识创造的螺旋:知识管理理论与案例研究[M]. 李萌,译. 上海:上海人民出版社,1995.

    2.文章

陈兵. 拯救传播:论传播生态的失衡与重建[J]. 中国传媒报告,2004(2):

36-41.

陈欢欢. 中国生物圈保护区网络成员增加到 185 家[N]. 中国科学报,2020-12-16(4).

陈映芳. 城市与市民的生活[J]. 城市管理,2005(4):16-18.

程铭劼. 98 家园区获评北京市级文化产业园区[N]. 北京商报,2020-08-21(4).

崔保国. 媒介是条鱼:理解媒介生态学[J]. 中国传媒报告,2003(2):17-26.

冬天来临时我们不能互斗[N]. 参考消息,2021-12-10(1).

杜维明,安乐哲. 中国哲学研究的世界视野与未来趋向[J]. 哲学动态.2018(8):5-16.

方阳麟. 中国动漫产业在艰难中前行[N]. 民营经济报,2006-04-17.

高伟洁. 秦汉时代生态思想研究[D]. 郑州:郑州大学 2017.

郜书锴. 中国特色的媒介生态学理论——邵培仁教授媒介生态学最新研究述略[J]. 东南传播,2009(10):4-6.

郭建勋,吴春光. 《周易》与"中和"的美学观[N]. 光明日报,2007-08-10(11).

郭小平. 论媒介的生态共生与信息互补[J]. 当代传播,2002(4):69-71.

国务院新闻办公室. 胡锦涛在党的十七大上的报告(全文)[EB/OL]. (2007-10-26)[2021-07-01]. http://www. scio. gov. cn/tp/Document/332591/332591_7. htm.

国务院新闻办公室. 中国的生物多样性保护(白皮书)[N]. 光明日报,2021-10-08(10).

韩焕忠. 佛教对中国和文化的贡献[J]. 中国宗教,2009(12):29-31.

何道宽. 异军突起的第三学派——媒介环境学评论之一[J]. 深圳大学学报(人文社会科学版),2006(6):104-108.

何镇飚. 从媒介生态角度论媒介的广告自律——以《广播电视广告播放管理暂行办法》为例[J]. 当代传播,2004(2):71-72.

蒋晓丽,杨琴. 媒介生态与和谐准则[J]. 西南民族大学学报(哲学社会科学版),2005(7):36-38.

蒋永福,刘鑫. 信息公平(上)[J]. 图书与情报,2005(6):2-5.

蒋永福,刘鑫. 信息公平(下)[J]. 图书与情报,2006(1):26-27.

斯瑞特,曼孔卢姗. 刘易斯·芒福德与科技生态学[J]. 杨蕾萍,译. 中国传媒报告,2003(4):30-45.

劳凯声. 人文社会科学研究的问题意识、学理意识和方法意识[J]. 北京师范大学学报(哲学社会科学版),2009(1):5-15.

李红艳,王刚. 信息来源与媒介从业人员的价值观[J]. 新闻界,2010(5):21-24.

李蕾蕾,等. 城市广告业集群分布模式——以深圳为例[J]. 地理学报,2005(2):257-265.

李湘崀. 马克思关于人与自然、社会与自然相统一的社会历史观:对当代生存环境危机的几点看法[J]. 牡丹江师范学院学报(哲学社会科学版),1994(4):1-5.

林文刚. 媒介生态学在北美之学术起源简史[J]. 陈星,译. 中国传媒报告,2003(4).

陆健,柯溢能. 长三角:打造全国强劲增长极[N]. 光明日报,2021-11-07(2).

《世界文化多样性宣言》,联合国大会 2001 年 11 月 2 日第二十次全体会议根据第 IV 委员会的报告通过.

陆益峰. 2025 年中国数据量全球第一[N]. 文汇报,2022-03-08(2).

罗尔斯顿. 尊重生命:禅宗能帮助我们建立一门环境伦理学吗[J]. 初晓,译. 哲学译丛,1994(5):11-18,4.

马桂花. 英国:伦敦人每天被拍 300 次[N]. 参考消息,2007-07-19(12).

马剑. 让绿色成为冬奥筹办鲜亮底色("北京冬奥会准备好了"系列报道)[N]. 人民日报,2022-01-05(10).

马科斯. 拨准你的生物钟[N]. 参考消息,2007-06-06(4).

盘剑. 中国动漫产业和动画艺术的发展趋势与流变. 人民论坛,2021(1):134-138.

邱耕田. 落实科学发展观要走低代价发展之路[N]. 光明日报,2007-06-26.

曲晓燕. 中国文化产业发展初探[D]. 北京:首都经济贸易大学,2004.

沙莲香. 人文精神传播:对人性的关照和责任[J]. 文明(文明论坛特刊),2006(12):50-51.

邵培仁. 论人类传播史上的五次革命[J]. 中国广播电视学刊,1996(7):5-8.

邵培仁. 传播观念断想[J]. 杭州大学学报(哲学社会科学版),1997(4):128-133.

邵培仁. 论传播生态规律与媒介生存策略[J]. 新闻界,2001(3):26-27,29.

邵培仁. 论媒介生态的五大观念[J]. 新闻大学,2001(4):20-22,45.

邵培仁. 传播生态规律与媒介生存策略[J]. 新闻界,2001(5):26-27,29.

邵培仁. 新闻与传播研究应确立五种生态观念[J]. 中国传媒报告,2002
　　(2):1.

邵培仁. 广播节目的资源构成与良性循环[J]. 现代传播:中国传媒大学学报,
　　2002(4):59-60.

邵培仁. 媒介地理学:行走和耕耘在媒介与地理之间[J]. 中国传媒报告,2005
　　(3):63-66.

邵培仁. 作为最新研究视野的媒介地理学[J]. 媒介方法,2006(1):55-56.

邵培仁. 论中国媒介的地理群集与能量积聚[J]. 新闻大学,2006(3):
　　102-106.

邵培仁. 重建和谐统一的"媒介身份"[J]. 青年记者,2006(13):36-38.

邵培仁. 大众传播中的信息污染及其治理[J]. 新闻与写作,2007(3):22-23.

邵培仁. 媒介生态城堡的构想与建设[J]. 当代传播,2008(1):15-17.

邵培仁. 媒介生态学研究的基本原则[J]. 新闻与写作,2008(1):25-26.

邵培仁. 媒介生态学研究的新视野:媒介作为绿色生态的研究[J]. 徐州师范
　　大学学报(哲学社会科学版),2008(1):135-144.

邵培仁. 论媒介生态系统的构成、规划与管理[J]. 浙江师范大学学报(哲学社
　　会科学版),2008(2):1-9.

邵培仁. 信息公平论:追求建立世界信息传播新秩序[J]. 浙江传媒学院学报
　　(哲学社会科学版),2008(2):25-29.

邵培仁. 中国古代的生态平衡和生态循环思想[J]. 嘉兴学院学报(哲学社会
　　科学版),2008(2):66-68.

邵培仁. 景观:媒介对世界的描述与解释[J]. 当代传播,2010(4):4-7,12.

邵培仁. 当代传播学的生态转向与发展路径[J]. 当代传播,2010(5):1.

邵培仁. 当"看到"打败"听到":论景观在传媒时代的特殊地位[J]. 浙江师范
　　大学学报(哲学社会科学版),2010(6):1-5.

邵培仁. 建设平衡和谐、良性循环的中国媒介生态系统[J]. 今传媒,2010(7):
　　27-29.

邵培仁. 中国传播学研究需要多元视维[J]. 中国传媒报告,2012(3):1.

邵培仁. 华人本土传播学研究的进路与策略[J]. 当代传播,2013(1):1.

邵培仁. 走向整体的传播学[J]. 中国传媒报告,2013(1):1.

邵培仁. 新闻媒体同质化的根源及突破[J]. 传媒评论,2014(4):41-42.

邵培仁. 作为全球战略和现实考量的新世界主义[J]. 当代传播,2017(3):1.

邵培仁. 共同构建人类整体传播学[J]. 中国传媒报告,2017(4):1.

邵培仁. 多样与平衡:建构良好的新闻传播生态[J]. 中国传媒报告,2018(1):1.

邵培仁. 共同建设美好的传播世界[J]. 中国出版,2018(1):1.

邵培仁. 携手共同构建人类整体传播学[J]. 国际新闻界,2018(2):62-65.

邵培仁. 打造中国文化全球传播新景观[J]. 现代视听,2019(2):85.

邵培仁. 主动智能化:中国媒体发展繁荣的新引擎[J]. 现代视听,2019(4):82.

邵培仁. 媒介是全球的,文化不是![J]. 现代视听,2019(7):86.

邵培仁. 开放共享:构建全球信息传播新模式[J]. 现代视听,2019(8):86.

邵培仁. 数据素养:媒体人走向智能时代的前提[J]. 现代视听,2019(6):86.

邵培仁. 警惕和防止新闻传播研究的同质化[J]. 现代视听,2019(10):84.

邵培仁. 新闻报道要用事实说话,新闻传播研究呢?[J]. 现代视听,2019(11):82-83.

邵培仁. "万事通"新闻媒体的"四根软肋"[J]. 现代视听,2020(1):81.

邵培仁. 文化基因:中华文化历久弥新的根基与力量源泉[J]. 现代视听,2020(3):84-85.

邵培仁. 面向现在、未来和世界的华夏传播研究[J]. 现代视听,2020(6):85.

邵培仁. 新世界主义媒介理论的构想与愿景[J]. 教育传媒研究,2020(6):57-58.

邵培仁. 作为天地人三极视维的中国古代生态思想[J]. 华夏传播研究,2020(12):3-14.

邵培仁,陈江柳. 人类整体传播学:人类命运共同体视域下的传播研究[J]. 现代传播(中国传媒大学学报),2019(7):13-20.

邵培仁,陈江柳. 整体全球化:"一带一路"的话语范式与创新路径——基于新世界主义的分析视角[J]. 暨南学报(哲学社会科学版),2018(11):13-23.

邵培仁,李一峰. 从全民阅读时代到全民写作时代:论世界"参与新闻"运动[J]. 山东理工大学学报(哲学社会科学版),2007(3):104-109.

邵培仁,廖卫民. 思想·理论·趋势:对北美媒介生态学研究的一种历史考察[J]. 浙江大学学报(哲学社会科学版),2008(3):180-190.

邵培仁,林群. 时间、空间、社会化——传播情感地理学研究的三个维度[J].

中国传媒报告,2011(1):17-29.

邵培仁,林群. 中华文化基因抽取与特征建模探索[J]. 徐州师范大学学报(哲学社会科学版),2012(2):107-111.

邵培仁,潘戎戎. 坚守和追求传播学研究中的人文情怀[J]. 当代传播,2019(5):1.

邵培仁,潘戎戎. 论城市形象塑造与传播的灵魂及根本[J]. 东南传播,2020(1):1-2.

邵培仁,彭思佳. 信息低保:构建信息公平社会的基本保障[J]. 现代传播,2009(5):28-30.

邵培仁,沈珺. 构建基于新世界主义的媒介尺度与传播张力[J]. 现代传播,2017(10):70-74.

邵培仁,沈珺. 新世界主义语境下国际传播新视维[J]. 新疆师范大学学报(哲学社会科学版),2018(2):1-9.

邵培仁,王军伟. 传播学研究需要新世界主义的理念和视维[J]. 教育传媒研究,2018(2):29-32.

邵培仁,夏源. 媒介尺度论:对传播本土性与全球性的考察[J]. 当代传播,2010(6):9-12.

邵培仁,夏源. 文化本土性的特点、呈现及其危机与生态重建:以媒介地理学为分析视野[J]. 当代传播,2012(2):4.

邵培仁,张健康. 关于中国跨越数字鸿沟的瓶颈与对策[J]. 浙江大学学报(人文社会科学版),2003(1):9.

邵培仁,章东轶. 市民新闻学的兴起、特点及其应对[J]. 新闻界,2004(4):52-53.

邵培仁,周颖. 江南核心性:媒介地理学视野下的华莱坞电影史研究[J]. 西南民族大学学报(人文社会科学版),2017(8):154-160.

沈珺,邵培仁. 整体全球化与中国传媒的全球传播[J]. 当代传播,2019(1):46-52.

孙彦泉,蒋洪华. 生态文明的生态科学基础[J]. 山东农业大学学报(哲学社会科学版),2000(1):45-49.

王丁,刘宁,陈向军,等. 推动人与自然和谐共处和可持续发展:人与生物圈计划在中国[J]. 中国科学院院刊,2021,36(4):448-455.

王怡红. 和而不同:北欧国家对境外媒体影响的有机互动策略[J]. 中国传媒

报告,2004(3):18-33.

王正平. 深生态学:一种新的环境价值理念[J]. 上海师范大学学报(哲学社会
科学版),2000(4):1-14.

吴必虎. 中国文化区形成与划分[J]. 学术月刊,1996(3):10-15.

肖容. 整体互动论:独树一帜的传播模式——略论邵培仁的传播学研究[J].
徐州师范学院学报(哲学社会科学版),1992(3):138-141.

肖治华. 论林语堂的"中庸哲学"[J]. 云梦学刊,2006(1):61-64.

谢立文,欧阳谨文. 媒介生态位与电视新闻栏目创新[J]. 电视研究,2004
(12):38-39.

新华社. 中办国办印发:农村人居环境整治提升五年行动方案(2021—2025
年)[N]. 人民日报,2021-12-06(1).

熊铁基. 重视对道家思想中生态智慧的研究[N]. 人民日报,2018-07-24(7).

徐钱立. 中国媒介生态学研究的知识结构与学术视野[J]. 湖州师范学院学报
(哲学社会科学版),2014(5):61-66.

闫欢. 邵培仁教育传播理论与实践探析[J]. 湖州师范学院学报(哲学社会科
学版). 2021,43(11):98-105.

杨宗元. 论公平范畴[J]. 道德与文明,2003(5):38-41.

杨谷. "信息爆炸"首次有定量分析结果[N]. 光明日报,2007-07-12(1).

叶芳,庚月娥. 中国大陆"媒介生态理论"研究述评[J]. 新闻知识,2006(7):
31-34.

袁靖华. 生态范式:走出中国传播学自主性危机的一条路径[J]. 徐州师范大
学学报(哲学社会科学版),2010(3):68-74.

张健康. 中国媒介理论研究的总结与展望[J]. 浙江传媒学院学报(哲学社会
科学版),2013(5):2-12,136.

张健康. 中国媒介生态学研究的量化考察、焦点回顾与质化分析[J]. 江苏师
范大学学报(哲学社会科学版),2015(2):150-157.

张健康. 中国媒介生态研究历程回顾及其发展趋势[J]. 华夏传播研究,2020
(2):303-320.

张莉,风笑天. 转型时期我国第三部门的兴起及其社会功能[J]. 社会科学,
2000(9):64-67,18.

赵启正. 文化复兴是民族振兴的基础. 中国证券报,2006-03-10(1).

支庭荣. 从隐喻到思辩:一个学术种群成长的样本——读邵培仁教授新著《媒

介生态学〉[J]. 中国传媒报告,2008(2):16-19.

周瀚光. 中国古代有没有科学哲学思想[N]. 中华读书报,2021-11-24(9).

周岩. 中国大陆传播学交叉研究的回顾与前瞻[J]. 中国传媒报告,2010(2):
34-42.

朱高峰. 以信息公平促进经济社会公平[N]. 人民邮电报,2005-05-19(7).

3. 网络资源

2020 年全国文化及相关产业增加值占 GDP 比重为 4.43%[EB/OL]. (2021-
12-30) [2022-07-04]. http://www. gov. cn/xinwen/2021/12/30/content_
5665353. htm.

冯友兰. 国立西南联合大学纪念碑碑文[EB/OL]. (2014-02-14)[2021-07-
01]. http://www. cssn. cn/xr/201402/t20140214_963662. shtml.

Inpander 海外 KOL. 2021 年 Q3 全球互联网发展数据分析[EB/OL]. (2021-
12-09)[2022-05-17]. https://zhuanlan. zhihu. com/p/442863061.

栗振宇. 战争之殇与文化觉醒[EB/OL]. (2014-07-26)[2021-08-30]. http://
military. people. com. cn/n/2014/0726/c172467-25345522. html.

新华社. 习近平出席"共商共筑人类命运共同体"高级别会议并发表主旨演讲
[EB/OL]. (2017-01-18)[2021-08-30]. http://www. xinhuanet. com//
world/2017-01/19/c_1120340049. htm.

新华社. 习近平在"一带一路"国际合作高峰论坛开幕式上的演讲[EB/OL].
(2017-05-14) [2021-08-30]. http://www. xinhuanet. com//politics/
2017-05/14/c_1120969677. htm.

新华社. 中国宣告消除千年绝对贫困[EB/OL]. (2021-02-25)[2021-08-30].
http://www. xinhuanet. com//mrdx/2021-02/26/c_139769584. htm.

新华社. 新华社国家高端智库向全球发布《中国减贫学》智库报告[EB/OL].
(2021-02-28) [2021-08-30]. http://www. xinhuanet. com/politics/
2021-02/28/c_1127150384. htm.

新华社. 习近平出席《生物多样性公约》第十五次缔约方大会领导人峰会并发
表主旨讲话[EB/OL]. (2021-10-12)[2021-08-01]. http://www. gov.
cn/xinwen/2021-10/12/content_5642065. htm.

新华网. 央视快评|共创普惠平衡、协调包容、合作共赢、共同繁荣的全球发展
新时代[EB/OL]. (2022-06-25)[2022-06-30]. http://www. xinhuanet.

com/2022-06/25/c_1128775837.htm.

雅克. TED 演讲集：马丁·雅克谈了解中国的崛起［EB/OL］. （2014-09-10）
　　［2021-08-30］. http://www.le.com/ptv/vplay/20616740.html.

央视网. "中非媒体合作论坛"推动"非洲视频媒体联盟"发展壮大［EB/OL］.
　　（2018-06-27）［2021-08-30］. http://news.cctv.com/2018/06/27/
　　ARTIJc9kaX9noEIB6RzF4ItJ180627.shtml.

运行监测协调局. 2021 年通信业统计公报［EB/OL］. （2022-01-25）［2022-05-
　　17］. https://www.miit.gov.cn/gxsj/tjfx/txy/art/2022/art_e8b64ba8f
　　29d4ce18a1003c4f4d88234.html.

中华人民共和国国家发展和改革委员会. 国家发展改革委等部门关于印发
　　《促进绿色消费实施方案》的通知［EB/OL］. （2022-01-18）［2021-08-30］.
　　https://www.ndrc.gov.cn/xxgk/zcfb/tz/202201/t20220121_1312524.
　　html? code=&state=123.

中华人民共和国国家生态环境部. 2021 年全国生态环境宣传教育工作会议
　　召开［EB/OL］. （2021-11-16）［2021-12-30］. https://www.mee.gov.
　　cn/ywdt/hjywnews/202111/t20211116_960534.shtml.

中华人民共和国生态环境部. 全国生态环境保护工作会议在京召开［EB/
　　OL］. （2021-01-21）［2021-08-30］. http://www.xinhuanet.com//world/
　　2017-01/19/c_1120340049.htm.

后　记

一、写作缘起

传播学界有学者从知识发生学的视角考察,认为:"中国媒介生态学思想最早可以追溯到《政治传播学》①一书提出的影响深远的'整体互动模式'。这一模式很好地反映了……传播理论研究的先进理念——'整体互动论',"②而且"整体互动论"也贯穿和渗透于中国媒介生态学研究的全部过程之中。③

笔者在《论人类传播史上的五次革命》一文中,曾针对"传统媒介死亡论"提出"媒介生态规律可能有别于自然生态规律"的观点,认为"媒介的生存与发展似乎并不遵循优胜劣汰、物竞天择的法则,好像更符合互动互助、共进共演的原理"。"它们的发展似乎是一种相互竞争、相互借鉴、相互协调的关系。"④"整体互动""共进共演"体现了媒介生存和发展的生态法则,在理论与实践中也得到了比较广泛的认同和验证。

但是,作为真正的专门的学术研究,并引起较大反响的是笔者在 2001 年首次发表的《传播生态规律与媒介生存策略》和《论媒介生态的五大观念》⑤两篇论文,以及出版的《媒介生态学:媒介作为绿色生态的研究》⑥一书。媒介生态学研究也是国内最先得到浙江大学学科交叉预研基金项目、浙江大学基督教与跨文化研究中心"985 工程"建设项目和浙江省哲学社会科学基金重大项目等资助的课题及成果,现在又成为我在清华大学沈阳教授主持的国家社科

---

① 邵培仁. 政治传播学[M]. 南京:江苏人民出版社,1991.
② 肖容. 整体互动论:独树一帜的传播模式——略论邵培仁的传播学研究[J]. 徐州师范学院学报(哲学社会科学版),1992(3):138-141.
③ 张健康. 中国媒介生态研究历程回顾及其发展趋势[J]. 华夏传播研究,2020(12):303-320.
④ 邵培仁. 论人类传播史上的五次革命[J]. 中国广播电视学刊,1996(7):5-8.
⑤ 邵培仁. 论媒介生态的五大观念[J]. 新闻大学,2001(4):20-22,45;邵培仁. 传播生态规律与媒介生存策略[J]. 新闻界,2001(5):26-27,29.
⑥ 邵培仁,等. 媒介生态学:媒介作为绿色生态的研究[M]. 北京:中国传媒大学出版社,2008.

基金重大招标项目(19ZDA329)中主持的子项目"网络信息传播生态研究"的成果之一。

自从 2008 年正式出版《媒介生态学：媒介作为绿色生态的研究》一书以来，笔者又先后发表了十多篇媒介生态研究论文，积累了大量国内外媒介生态研究历史、理论和实践方面的文献资料、数据和案例，产生了许多媒介生态研究的新观点、新思路、新视角，有一种强烈的不吐不快的学术发表和交流欲望。于是，经过断断续续十几年的研究和写作，就有了现在呈现在各位朋友面前的拙作《媒介生态学新论》。

二、写作构思

"生态文明"是中国近年来才提出来的，并且写进宪法的与"物质文明"和"精神文明"相并列的人类文明发展进入新的历史阶段的一个重要概念，也是继"可持续发展""和谐社会"之后中国提出的迈入新的社会阶段的一个重要概念。它不仅强烈地推动了中国学者对于生态文明和生态环境的研究和建设，而且也极大地促进了中国学者对于媒介生态学领域的关注和研究，同时也意味着从国家层面确认了媒介生态学研究的重要性、必要性和合理性。

生态文明是人类遵循人、自然、社会和谐发展这一客观规律而取得的物质文明与精神文明的总和。媒介既反映物质文明、承载精神文明和传播生态文明，又汇聚、融合物质文明、精神文明和生态文明，而它的载体、内容、生态则分别属于物质文明、精神文明和生态文明。生态文明的核心是以人与自然、人与人、人与社会、国与国和谐共生、友好互动、共进共演、共赢共荣为基本宗旨的社会形态，而媒介生态传播则服从、服务于人类三大文明融合发展的社会形态，为人类三大文明协调发展提供信息、知识、理论和智慧。因此，媒介及传播活动就成了人类三大文明建设和发展中信息沟通、知识传播和思想交流的桥梁和纽带，媒介生态学研究及其实践也就成为人类三大文明建设与研究的一个有机组成部分。

当今世界正在进入全新的零碳时代，生态文明和"绿色发展"已经发展成为人类社会的某种时尚和潮流。绿色发展也不再只是发展绿色环境、绿色经济，倡导绿色生产、绿色消费，而且要推行绿色政治、绿色治理、绿色文化和绿色生活。坚持绿色发展、构建生态文明，既是中国实现可持续发展的必由之路，也是整个人类社会良性发展的历史启迪和必然要求。媒介作为人类社会大系统的一个子系统,应该也必须为人类社会的绿色发展和生态文明建设提供有力的信息、知识、理论和思想支撑,不仅要积极发挥耳目喉舌的作用,而且要积极投身到绿色发展和生态文明建设特别是媒介生态研究及建设的过程中。因此,媒介生态学研究不能局限于自身狭隘的范围之内,而必须以开放、包容、宽广的心胸或视野,面向整个人类社会、自然、地球和宇宙的生态系统。

在全球性的生态学研究中,似乎出现了往两种不同方向狂奔的研究偏向,并有一种不可调和的趋势。这就是浅生态学与深生态学、以人类为中心与以生物为中心、人类生存与荒野保护的两种研究极端。从宗教、文化和科学传统来看,好像后者要占上风。问题是,这两者都有其片面性。如果让它们分别在世界范围内付诸实践,都将导致相当严重的社会后果。人类社会的生态文明观作为一种整体世界观和互动世界观,把人与其他生物形式视为生命共同体,既重视人与人之间的社会公正,也重视人与自然之间的公正,从而成功化解和纠正了人类中心主义和生物中心主义生态观的危机和偏向。

同样,作为绿色媒介生态的研究,也将以追求真理为首要目标,以推动社会进步和国家发展为学术使命,主张整体生态公正,强调代内公平、代际公平和种际公平,坚守不深不浅、不偏不倚、不左不右、整体互动、共存共荣、平衡循环的研究方针,高举媒介作为绿色生态和生态文明研究的学术旗帜,以"循环式食物链"代替"单程式食物链",以"绿色生态链"替代"灰色生态链"和"黑色生态链",促进物质文明、精神文明和生态文明建设和谐、协调发展。同时,相信没有社会的革新和人类的干预,不论是自然环境、物理环境的恢复和美化,还是社会环境、媒介环境的净化和完善,几乎都是不可能的;相信媒介生态学的核心理念和基本原理必将越过原有的边界,进入更加广阔的政治、经济、文化、社会等领域,以不同的形式生根、开花、结果。

三、内容及特色

媒介生态学研究不应执拗于内,而应内外兼容;不要执意于今,而要古今贯通。我们需要以谦逊、诚恳的心态面对和学习西方媒介生态理论和媒介环境理论,但又不能简单地机械地照搬或套用,而应该在研究中予以批判性的吸收和借鉴,有些内容可能还需要予以适当的融合、转换,甚至需要我们在研究和探索中不断地改造和创新,从而避免学术思维的西方化,不断强化学术思维的中国化和主体性,逐步形成原创性、独特性和本土性的媒介生态理论。同时,还要切实预防过度关注当下的学术传播和生态现实,而忘却人类历史上的生态思想和传播智慧。当下,中国媒介生态学也正在面临着法国媒介学者德布雷的"焦虑":法国(以及许多欧洲国家)"应该从过去历史中提取什么东西才能够面对未来"?中国有着五千年悠久的文明传统和辉煌的文化宝藏,但如何传承过去并面对未来,却是一个让人"焦虑"的和亟待解决的问题。本书进行了初步尝试,并以此表明,中国媒介生态学研究应该既是立足中国本土、历史的学问,也是面向当下、未来和世界的生态研究。

为此,媒介生态学设计了融合性的"三向结合"的研究取向:"纵向"之条贯,追根溯源,深挖文化之基因和脉络;"横向"之横通,无边无际,审视世界之历史和多元;"竖向"之贯注,顶天立地,上下贯通,层级分明,上接理论之"天气",下接实践之"地气"。①所谓力求前后条贯、左右横通、上下贯注,三者有机融合、立体多层、互为补充、整体互动。可以说,没有"纵向"的时间性的条贯之史识,媒介生态学研究难免繁碎空疏;缺少"横向"的空间性的横通之视野,媒介生态学研究易流于僵化简略;缺乏"竖向"的层级性贯注之尺度,媒介生态学又极易成为"空中楼阁"。因此,在《媒介生态学新论》中,在基于时间性的追根溯源研究中,我们会发现空间性的横通视野;在侧重空间性的世界视维中,会出现时间性的历史纵深;而上下一体、理论与实际结合的"竖向"贯注思维也是无处不在。

本书还采用宏观、中观、微观相结合的研究视角,但以宏观、中观研究为主,侧重质化分析和定性研究;坚持以"媒介生态学"为主要研究方向,以媒介生态构成要素为研究重点,但也涉及"媒介环境""环境传播"和"气候传播"以及生态文明、和谐社会、文化生态等议题;既着重对媒介生态分子、种群、集群、环境、系统五个核心概念和信息生态、环境生态、生物圈等基本问题进行深入分析和探讨,对人、媒介、智能、社会、自然五个维度之间的相互关系及其发展变化的本质和路径进行探索和阐述,又对媒介生态学的研究对象、内容和原则以及媒介生态观念与生态规律进行分析和论证,还对人类生态 4.0 的

---

① 闫欢. 邵培仁教育传播理论与实践探析[J]. 湖州师范学院学报(哲学社会科学版). 2021,43
(11):98-105.

发展历程、中国生态思想和媒介生态学的历史进行了回顾和总结；既积极倡导建构基于文明平等交流和传播整体互动视野的面向亚洲、面向世界的传播生态系统，也主张努力打造既立足于本土又放眼于世界的、具有中国特色又文化多元的话语研究范式和生态研究体系，使媒介生态学研究扎根于肥沃丰厚的中国传统文化和充满活力的中国现代学术的土壤之中，并使之具有中国立场、亚洲眼光和全球视野。

四、苦衷与鸣谢

在具体的研究中，越是广泛、深入地阅读古今中外各种媒介生态研究的文献资料，就越觉得自己知识的贫乏和能力的不足，也越感到困惑和缺乏自信。犹如置身于汪洋大海之中的一叶扁舟，尽管奋力划桨，但知识的彼岸似乎没有尽头；又犹如置身于崇山峻岭之中的一位旅者，终于全力登上了一座高山，抬头一望，前方还有许多高山等待攀登。熟悉媒介生态学研究的专家学者都知道，虽然研究资料或数字文献浩如烟海，但真正可供直接使用的资料或文献并不多，而可以间接使用的资料却往往又似是而非，让人难以辨识、捉摸不定。因此，不但在中国历史悠久的传统文化中有许多短小、细微的材料需要深入挖掘、辨识，而且在世界范围内飞速发展的生态学在大举进入各门学科（包括传播学、经济学、文化学等）之后也累积了大量成果，需要鉴别、整理和提炼。面对如此繁多的文献资料，起初的那种惶恐、困惑一直萦绕不散，遗漏已是在所难免，甚至还可能会出现一些重大的理解和解读的偏差。这与其说这是一项科学研究，倒不如说这是一次科学探险或科学试验。我感觉随时随地都有可能踩上地雷，或者掉下深渊。事实上，我已经经历过无数次的学术探险和思想冒险。当我决定结束全书、准备出版时，实际上已经有点无所畏惧了。

因《媒介生态学新论》一书出版字数限制和内容简约的需要，我已将其他人撰写的第九章之后内容全部删除，只对自己撰写的第一章到第九章内容进行了增删和重要修订，不仅果断删除了自己过去所写的约 4 万字比较陈旧的内容，而且新增写了自己十几年来相关研究成果和最新思考约 10 万字；在保留的章节中，几乎每一段落甚至每一行字都有修改、润色，改动的字数更是无法计算。唐代诗人卢延让在《苦吟》诗中写道："吟安一个字，捻断数茎须。险觅天应闷，狂搜海亦枯。"我没有达到此种境界，但也有绞尽脑汁、搜肠刮肚的时候。

　　最后,我要感谢我的太太——浙江大学党委宣传部原副部长彭凤仪研究员,她作为全书的第一个读者贡献了许多智慧和建议;感谢我的儿子——浙江工业大学人文学院副院长、清华大学新闻传播学博士后邵鹏教授,他提供了许多媒介生态学研究的最新成果和信息,包括一些批评性意见;感谢我的弟子们的建议和意见;更要感谢浙江大学出版社,特别是包灵灵编辑。正是你们同我一起完成了《媒介生态学新论》一书的写作和出版。谢谢你们!

邵培仁

2022 年 1 月 26 日

于杭州市青山湖畔寓所